Schriften des Vereins für Socialpolitik
Gesellschaft für Wirtschafts- und Sozialwissenschaften
Neue Folge Band 99

SCHRIFTEN DES VEREINS FÜR SOCIALPOLITIK
Gesellschaft für Wirtschafts- und Sozialwissenschaften
Neue Folge Band 99

Probleme der Geldmengensteuerung

DUNCKER & HUMBLOT / BERLIN

Probleme der Geldmengensteuerung

Von

Horst Bockelmann, Dieter Duwendag, Claus Köhler,
Alois Oberhauser, Erich Streissler/Gunter Tichy
und Manfred Willms

Herausgegeben von Werner Ehrlicher und Alois Oberhauser

DUNCKER & HUMBLOT / BERLIN

Gedruckt 1978 bei Berliner Buchdruckerei Union GmbH., Berlin 61
Printed in Germany

ISBN 3 428 04239 5

Vorwort

Mit diesem Band gibt der im Jahre 1976 gegründete Ausschuß für Geldtheorie und Geldpolitik der Gesellschaft für Wirtschafts- und Sozialwissenschaften — Verein für Socialpolitik — einen ersten Bericht über seine bisherige Tätigkeit. Monetäre Probleme sind in der Geschichte des Vereins für Socialpolitik oft der Gegenstand von Tagungen sowie der von ihm herausgegebenen Gutachten und wissenschaftlichen Untersuchungen gewesen. So spiegelt sich in den einschlägigen Titeln der Schriftenreihe des Vereins auch in gewisser Weise die wechselvolle Geschichte des Geldwesens und der Geldtheorie der letzten 100 Jahre wider. In jüngerer Zeit wurden geldpolitische Themen wiederholt auf den Tagungen, geldtheoretische Themen im Rahmen des theoretischen Ausschusses behandelt, der die Geldtheorie als Teil seines Untersuchungsgegenstandes betrachtet.

Die Gründung eines Ausschusses, der sich auf Fragen der Geldtheorie und Geldpolitik konzentriert, erschien aus mehreren Gründen naheliegend. Zum einen sind in den Jahren nach dem 2. Weltkrieg die Fragen der Entwicklung des Geldwertes und der monetären Steuerung der Wirtschaft sowohl in der wissenschaftlichen als auch in der politischen Diskussion so in den Vordergrund getreten, daß eine nur gelegentliche Behandlung dieser Probleme der Bedeutung dieses Gebietes nicht mehr gerecht werden kann. Zum anderen ist es im monetären Bereich besonders wichtig, die theoretischen und politischen Probleme gleichzeitig zu behandeln, da die isolierte Erörterung der theoretischen und der politischen Aspekte den Erkenntnisfortschritt behindert.

Die Verbindung der theoretischen und politischen Aspekte war auch seit der konstituierenden Sitzung des Ausschusses am 14./15. Mai 1976 für die Auswahl der Themen und die Art ihrer Behandlung maßgebend. Für die Ausschußarbeit lagen eine Reihe von Vorschlägen vor. Der Leiter der ersten Sitzung, Alois Oberhauser, wählte für diese das Thema „Geldmengensteuerung“ aus, zu dem die Referate von Claus Köhler „Probleme der Zentralbankgeldmengensteuerung“, von Horst Bockelmann „Streitfragen zur Kontrolle der Geldschöpfung durch die Notenbank“ und Dieter Duwendag „Alternative Ansätze der Geldmengensteuerung“ zur Diskussion gestellt wurden. Durch die in diesem Band weiter veröffentlichten Referate von Manfred Willms „Steuerung der Geldmenge der Bundesrepublik Deutschland“, von Alois Oberhauser

„Steuerung der Bankenliquidität als geldpolitische Aufgabe“ und von Erich Streissler/Gunter Tichy „Transmission monetärer Impulse über den Kreditmarkt“ wurden diese Arbeiten ergänzt bzw. vom Liquiditätsaspekt und aus der Kreditmarktsicht relativiert. Die Intention der Themenwahl, eine möglichst enge Verbindung zur geldpolitischen Praxis zu halten, wurde besonders dadurch gefördert, daß sich an der Arbeit des Ausschusses regelmäßig mehrere Mitglieder des Direktoriums der Deutschen Bundesbank beteiligt haben.

Der Ausschuß hat die Absicht, die in den ersten Sitzungen eingeschlagene Richtung, die nach seiner Auffassung in besonderem Maße der Tradition des Vereins gerecht wird, auch in der zukünftigen Arbeit weiter zu verfolgen.

Im Juli 1978

Werner Ehrlicher

Alois Oberhauser

Inhaltsverzeichnis

Probleme der Zentralbankgeldmengensteuerung

Von *Claus Köhler*, Frankfurt a. M.

1. Ein monetäres Ziel: die Zentralbankgeldmenge

Erstmals in der Geschichte der deutschen Zentralbank hat die Deutsche Bundesbank am 5. Dezember 1974 ein quantitatives monetäres Ziel für das kommende Jahr 1975 festgelegt: eine Zunahme der Zentralbankgeldmenge im Jahresverlauf 1975 um 8 vH. Im Dezember 1975 wurde eine solche Quantifizierung für das Jahr 1976 wiederholt. Die Bundesbank hat damit deutlich gemacht, daß sie das Ziel der allgemeinen Wirtschaftspolitik der Bundesregierung unterstützt, eine bestimmte Zuwachsrate der Gesamtnachfrage zu verwirklichen, die helfen soll, bestehende Fehlentwicklungen abzubauen und eine störungsfreie Wirtschaftsentwicklung zu ermöglichen. Während die Bundesregierung bereits seit 1968 eine Jahresprojektion in der Form der volkswirtschaftlichen Gesamtrechnung vorlegen muß[1], hat nunmehr auch die Geld- und Kreditpolitik den Weg einer Jahresprojektion eingeschlagen.

Der Begriff der Zentralbankgeldmenge, der den Beschlüssen des Zentralbankrates der Deutschen Bundesbank zugrunde liegt, weicht von dem allgemeinen gebräuchlichen Begriff der Zentralbankgeldmenge, Bargeldumlauf und Sichteinlagen bei der Zentralbank, ab. Er umfaßt vielmehr nur den Bargeldumlauf und das von Mindestreservesatzänderungen bereinigt Reservesoll auf Inlandsverbindlichkeiten. Unberücksichtigt bleiben also die Sichteinlagen bei der Zentralbank von öffentlichen Haushalten, von Wirtschaftsunternehmen (Bundespost und Bundesbahn) und des Auslandes sowie die Überschußreserven der Banken und das Mindestreservesoll auf Auslandsverbindlichkeiten. In dieser Abgrenzung der Zentralbankgeldmenge ist der Versuch zu sehen, die komplizierten Zusammenhänge des Entstehens und des Verlaufs einer monetären Expansion — d. h. die Zunahme der Mittelbereitstellung an Nichtbanken und die damit verbundene Erhöhung des Mittelaufkommens von Nichtbanken — sowie deren Wirkung auf den inländischen Wirtschaftskreislauf möglichst in einer Größe auszudrücken. So ist die Zunahme des Mindestreservesolls auf Inlandsverbindlich-

[1] Gesetz zur Förderung der Stabilität und des Wachstums der Wirtschaft vom 8. Juni 1967, § 2, Abs. 1, Ziff. 2.

keiten, da Mindestreservesatzänderungen ausgeschlossen werden, ein Spiegelbild der Expansion der Sicht-, Termin- und Spargelder von Inländern, die sich mit zunehmender Kreditgewährung vollzieht.

Auch der Bargeldumlauf erhöht sich mit zunehmendem Einkommen. Die nicht in dem engen Begriff der Zentralbankgeldmenge enthaltenen Größen Überschußreserve, Mindestreservesoll auf Auslandsverbindlichkeiten, Sichteinlagen öffentlicher Haushalte, Sichteinlagen von Wirtschaftsunternehmen (Bundespost und Bundesbahn) und Sichteinlagen des Auslandes spiegeln den Expansionsprozeß der Mittelbereitstellung der Banken und des Mittelaufkommens bei Banken nicht wider; ihre Veränderungen sind von der Kreditgewährung der Banken unabhängiger als die Sicht-, Termin- und Spargelder bei den Kreditinstituten.

Die monetäre Zielgröße der Bundesbank (Zwischenziel) besteht nur aus Bestandteilen, die sie selbst schaffen kann, nämlich aus Zentralbankgeld. Daher wählte man als monetäre Zielgröße auch nicht die mit dem engen Begriff der Zentralbankgeldmenge verbundenen Sicht-, Termin- und Spargelder auf Inlandsverbindlichkeiten bei den Banken oder die Geldmenge *M 3* (Bargeld und sämtliche Sicht-, Termin- und Spargelder).

Die Zentralbankgeldmenge — im folgenden immer in der Abgrenzung der Deutschen Bundesbank verwendet — spiegelt nur einen Teil der monetären Expansion wider, nämlich soweit er sich in Bargeld, Sicht-, Termin- und Spargeldern auf Inlandsverbindlichkeiten niederschlägt. Andere Teile des Mittelaufkommens, insbesondere die Bankschuldverschreibungen, bleiben unberücksichtigt. Je geringer der Anteil der monetären Zielgröße am Gesamtaggregat Mittelaufkommen oder Mittelbereitstellung ist, um so größer ist die Gefahr, daß diese Größe die monetäre Expansion nicht richtig wiedergibt.

So sind, wie die letzten Jahre deutlich gezeigt haben, der Bargeldumlauf zuzüglich nur der Sichtgelder *(M 1)* oder der Bargeldumlauf zuzüglich der Sicht- und Termingelder *(M 2)* nicht geeignet, in den für kreditpolitisches Handeln relevanten Zeiträume eine Orientierungshilfe zu sein. Die Veränderungsraten dieser Größen gaben in kreditpolitisch relevanten Zeiträumen weder einen Hinweis auf die Stärke der monetären Expansion noch auf die Intensität der Nachfragesteigerung.

2. Potentialorientierte Zielfixierung

Wenn in einer Volkswirtschaft das Preisniveau stabil bleiben soll, dann muß die Wirtschaftspolitik dafür sorgen, daß die Ansprüche an das Sozialprodukt nicht größer sind als das produzierbare Güterangebot, d. h. die Angebotsmöglichkeiten. Vollbeschäftigung und ein angemessenes Wirtschaftswachstum setzen voraus, daß die Nachfrage, d. h. die Ansprüche an das Sozialprodukt, nicht geringer sind als das produzierbare Güterangebot. Mit anderen Worten: Preisstabilität, Vollbeschäftigung und ein angemessenes Wirtschaftswachstum lassen sich gleichzeitig, wie es das Gesetz zur Förderung der Stabilität und des Wachstums der Wirtschaft fordert, nur erfüllen, wenn es der Wirtschaftspolitik gelingt, das Nachfragevolumen in Übereinstimmung zu halten mit den Angebotsmöglichkeiten, d. h. dem Produktionspotential. Die Steuerung des Nachfragevolumens mit dem Ziel, es den Angebotsmöglichkeiten anzupassen, ist der Kern einer mittelfristigen Verstetigungsstrategie[2]. Eine Wirtschaftspolitik, die ein solches Ziel verfolgt, ist potentialorientiert. Auch die Entscheidungen des Zentralbankrats der Deutschen Bundesbank basieren auf der Veränderung des Produktionspotentials.

Bei einer potentialorientierten Geld- und Kreditpolitik sind die anzustrebenden Veränderungenraten monetärer Aggregate grundsätzlich nur am Produktionspotential auszurichten. Von dieser Regel muß allerdings abgewichen werden, wenn die wirtschaftliche Entwicklung in der Vergangenheit nicht störungsfrei verlaufen ist. Im allgemeinen lag vor der zu projizierenden Periode entweder ein Aufschwung mit steigenden Preisen oder eine Rezession mit Arbeitslosen oder sogar eine Stagflation mit beiden Erscheinungen. Die Wirtschaftspolitik hat dann die Aufgabe, die wirtschaftliche Entwicklung nicht nur auf der vom Wachstum des Produktionspotentials vorgezeichneten Zuwachsrate zu halten, sondern die bestehenden Fehlentwicklungen zu beseitigen. Das bedeutet, Abweichung des Auslastungsgrades von der Normalauslastung und unvermeidliche Preissteigerung sind zu berücksichtigen. Unvermeidlich bei einer vorangegangenen Preissteigerung ist der Preisüberhang. Selbst wenn es gelänge, den Preisanstieg zu stoppen und vom Beginn des projizierten Jahres an die Preise unverändert zu lassen, ergibt sich gegenüber dem Durchschnitt des Vorjahres ein rechnerischer Preisanstieg. Zu berücksichtigen sind ferner Preissteigerungen, die in der Vorperiode auf der Erzeugerstufe vorhanden waren und mit zeitlicher Verzögerung nunmehr auf die Verbraucherstufe durchschlagen sowie Einfuhrpreisveränderungen. Viele Jahre sah der Sachverständigenrat Preissteigerungsraten für unvermeidlich an, die keine marktwirtschaftliche Strategie zu verhindern vermag, es sei denn man nähme Beschäftigungsrisiken in Kauf, die von der Gesellschaft als un-

[2] *Cl. Köhler*, in: Jahresgutachten 1971/72 des Sachverständigenrats zur Begutachtung der gesamtwirtschaftlichen Entwicklung, Ziff. 369 ff.

tragbar beurteilt werden[3]. Angesichts einer Million Arbeitsloser im Herbst 1975 waren für den Sachverständigenrat Preissteigerungen unvermeidlich, „die sich auch bei Stabilisierung des inländischen Kostenniveaus nicht vermeiden lassen, ohne die Beschäftigung zusätzlich zu beeinträchtigen[4]."

Die potentialorientierte Kreditpolitik richtet sich mithin aus am Produktionspotential, dem Auslastungsgrad des Anlagevermögens und der unvermeidlichen Preissteigerungsrate. Eine solche Politik ist also nicht regelgebunden, d. h. auf eine bestimmte über einen längeren Zeitraum gültige Zuwachsrate monetärer Aggregate fixiert. Vielmehr berücksichtigt sie die jeweilige konjunkturelle Ausgangslage und die vorhandenen Fehlentwicklungen. Eine mittelfristig fixierte Zuwachsrate birgt die Gefahr, daß sie im Aufschwung — zusammen mit den Selbstverstärkungskräften in der Wirtschaft — zu hoch und in der Rezession bei allgemein erlahmenden Aktivitäten zu niedrig ist. „Geldmengenregeln Friedman'scher Prägung können jedenfalls keinen vollgültigen Ersatz für eine flexible und auf die jeweilige konjunkturelle Situation abgestellte Geld- und Fiskalpolitik bieten, vor allem auch deshalb, weil durch sie möglicherweise ein weiteres destabilisierendes Element in den Wirtschaftsprozeß hineingetragen wird[5]." Der Notwendigkeit, auch in der Zielfixierung flexibel zu bleiben, können sich angesichts der immer wieder auftretenden Fehlentwicklungen auch Anhänger einer Regelbindung nicht mehr ganz entziehen. Das läßt jedenfalls die Äußerung Manfred J. M. Neumann's erkennen: „Die trendorientierte Regelbindung der Geldpolitik ist so lange auszusetzen, wie die gesamtwirtschaftliche Arbeitslosenquote saisonbereinigt den Stand von 1,8 vH übersteigt[6]."

3. Zielfixierung und Nichtbankenverhalten

Die Zunahme des Produktionspotentials, Auslastungsschwankungen der Kapazitäten und die unvermeidliche Preissteigerungsrate sind die Basis, um quantitative Vorstellungen über monetäre Größen zu ermitteln, die dem gesetzten Nachfrageziel entsprechen. Keine monetäre Projektion kann jedoch die Einflüsse des Nichtbankenverhaltens und Bankenverhaltens unberücksichtigt lassen, die den Zusammenhang zwi-

[3] Jahresgutachten 1974/75 des Sachverständigenrats zur Begutachtung der gesamtwirtschaftlichen Entwicklung, Ziff 309.

[4] Jahresgutachten 1975/76 des Sachverständigenrates zur Begutachtung der gesamtwirtschaftlichen Entwicklung, Ziff. 398.

[5] *M. Neldner,* Einige problematische Aspekte der monetaristischen Stabilisierungspolitik, in Konjunkturpolitik, Heft 1 1975, S. 34.

[6] *M. J. M. Neumann,* Stabilisierungspolitik stabilisieren, in: Wirtschaftswoche Nr. 25, 14. 6. 1974, S. 70.

schen den monetären Größen und der Nachfrage lockern oder verstärken können. Wird eine Veränderungsrate der Zentralbankgeldmenge als monetäres Ziel fixiert, die die Veränderung der mindestreservepflichtigen Verbindlichkeiten, also von Einlagen, und des Bargeldes widerspiegelt, dann ist Nichtbankenverhalten nur insoweit zu berücksichtigen, wie es auf dem Wege zwischen der Veränderung der Einlagen und den Veränderungen der Nachfrage auftritt.

Unterschiedliche Entwicklungen der Nachfrage und der Geldmenge lassen sich mit der Einkommenskreislaufgeschwindigkeit des Geldes messen. Eine Verhaltenskomponente der Nichtbanken ist ihr Bestreben, während eines Aufschwungs bei kontinuierlichen Zahlungseingängen und Zahlungsausgängen die Kassenhaltung möglichst gering zu halten. Umgekehrt erhöhen Unternehmen ihre Kassenhaltung, wenn die Zahlungseingänge in einer rezessionalen Entwicklung schleppend sind, um nicht in Liquiditätsschwierigkeiten zu geraten. Hohe Zinsen für die Geldkapitalbildung lassen Nichtbanken dazu tendieren, ihre Kassenbestände klein zu halten und umgekehrt. Wenn Markteinflüsse, wie z. B. Devisenkäufe der Zentralbank, zu einer relativ starken Zunahme der Guthaben der Nichtbanken führen, können sich die Finanzierungsvorgänge zunehmend auf der Passivseite der Bankbilanzen vollziehen. Alle diese Einflüsse — Konjunktureinflüsse, Zinseinflüsse und Markteinflüsse — verändern die Umlaufsgeschwindigkeit des Geldes, d. h. das Verhältnis von Zahlungsvolumen und Geldmenge. Hinzu kommt, daß lagerzyklische Bewegungen die Relation von zu finanzierenden Endleistungen und Vorleistungen beeinflussen. Außerdem können Verschiebungen zwischen reinen Finanztransaktionen und Leistungstransaktionen auftreten. In diesen Fällen ändert sich der Zahlungskoeffizient, das Verhältnis von Zahlungen und Nachfrage. Der Quotient von Umlaufsgeschwindigkeit des Geldes und dem Zahlungskoeffizient ist die Einkommenskreislaufgeschwindigkeit des Geldes[7].

Die Veränderungsrate der Einkommenskreislaufgeschwindigkeit des Geldes ist zu schätzen. Dabei ist davon auszugehen, daß der empirisch durch Regressionsanalysen ermittelte strenge Zusammenhang zwischen Gesamtnachfrage und Geldmenge und die damit implizierte Konstanz der Einkommenskreislaufgeschwindigkeit bzw. der festgestellte leicht fallende Trend keine Hilfe bedeuten. Die Feststellung, „the time trend

---

[7] *J. M. Keynes*, hat diese Einflüsse auf die Einkommenskreislaufgeschwindigkeit des Geldes mit folgenden Worten umschrieben: „Sein Wert wird von dem Aufbau der Banken und der Industrie abhängen, von gesellschaftlichen Gewohnheiten, von der Verteilung des Einkommens zwischen verschiedenen Klassen und von den tatsächlichen Kosten des Haltens von müßigem Bargeld." (Allgemeine Theorie der Beschäftigung, des Zinses und des Geldes, Berlin 1952, S. 169).

is satisfactory as long as it correctly tracks long-run influences“[8] ist eben nicht befriedigend. Schätzgleichungen haben die unangenehme Eigenschaft, daß Veränderungen der zu schätzenden Größe innerhalb eines Zeitraumes, der für wirtschaftspolitisches und damit auch kreditpolitisches Handeln relevant ist, nicht angezeigt werden, weil sie im Durchschnitt des Regressionskoeffizienten, der auf langen Reihen batiert, verschwinden. Man muß wohl einmal mit aller Deutlichkeit sagen, daß die Wirtschaftswissenschaft heute keine Methode besitzt, die eine befriedigende Schätzung von Veränderungsraten ermöglicht, die Nichtbankenverhalten widerspiegeln. Für die Umlaufsgeschwindigkeit des Geldes, z. B. ermittelte Honeck[9] eine Schätzgleichung, mit der er in den Jahren 1959 bis 1970 85 vH der Bewegungen der Umlaufsgeschwindigkeit des Geldes erklären konnte. Aber auch diese Gleichung versagt bei der kurzfristigen Prognose. Die in ihr enthaltenen exogenen Variablen bieten allenfalls Anhaltspunkte, von denen eine iterative Schätzung ausgehen kann. Für einen Theoretiker mag dieser Zustand niederschmetternd sein, leider ist er aber die Realität. Hinweise in wissenschaftlichen Arbeiten auf sogenannte analytische Konsistenz der Ergebnisse täuschen eine Exaktheit vor, die nicht besteht.

Die Festlegung einer Zuwachsrate der Zentralbankgeldmenge setzt voraus, daß nicht die Umlaufsgeschwindigkeit des Geldes oder die Einkommenskreislaufgeschwindigkeit des Geldes geschätzt wird, sondern die Einkommenskreislaufgeschwindigkeit der Zentralbankgeldmenge. Bei dieser Größe ist die Gesamtnachfrage auf die Zentralbankgeldmenge, also auf eine fiktive Größe bezogen. Das macht es schwer, eine Veränderung dieser Größe plausibel zu begründen. Außerdem können bei dieser Größe leicht Änderungen der rechnerischen Einkommenskreislaufgeschwindigkeit der Zentralbankgeldmenge auftreten, wenn Umschichtungsprozesse vor allem zwischen Einlagen und Bargeld stattfinden. Solche rechnerischen Änderungen ergeben sich vor allem wegen der unterschiedlichen Gewichtung der Bestandteile der Zentralbankgeldmenge. Die Sichteinlagen gehen in die Zentralbankgeldmenge ein mit dem Gewicht 17 (durchschnittlicher Mindestreservesatz Januar 1974), die Termineinlagen mit dem Gewicht 11 und die Spareinlagen mit dem Gewicht 8. Das Bargeld wird dagegen ohne Abstriche berücksichtigt, d. h. erhält das Gewicht 100. Eine Verlagerung von Sichteinlagen zum Bargeld erhöht die Zentralbankgeldmenge stark, ohne daß die damit ceteris paribus verbundene rechnerische Ver-

[8] *Ph. Cagan* und *J. Schwartz*, Has the growth of money substitutes hindered monetary policy?, in: Journal of Money, Credit and Banking, Vol. 7 No. 2, Mai 1975, S. 149.

[9] *G. Honeck*, Friedman-Plan und potentialorientierte Kreditpolitik, Berlin 1975, S. 257 ff.

ringerung dieser „Umlaufsgeschwindigkeit" Veränderungen des Nichtbankenverhaltens wiedergeben würde.

Im Dezember 1975 hat der Zentralbankrat der Deutschen Bundesbank die Zuwachsrate der Zentralbankgeldmenge auf 8 vH im Durchschnitt 1976 gegenüber dem Durchschnitt 1975 festgelegt. Diese Projektion beruhte auf den Berechnungen des Sachverständigenrats in seinem Jahresgutachten 1975/76 (Ziffer 404) und auf eigenen Berechnungen. Der Sachverständigenrat legte eine Wachstumsrate des Produktionspotentials von $2^1/_2$ vH zugrunde. Er ging ferner davon aus, daß die bestehende Unterauslastung der Produktionskapazitäten in drei Jahren auf eine optimale Auslastung zurückzuführen sei. Das bedeutete eine zusätzliche Produktion im Jahre 1976 von $3^1/_2$ vH, also zusammen eine Fortschrittsrate des realen Bruttosozialprodukts von 6 vH. Die unvermeidliche Preissteigerungsrate bezifferte der Sachverständigenrat mit 4 vH und somit den Anstieg der Gesamtnachfrage mit 10 vH. In diesem ersten Jahr eines neuen Konjunkturaufschwungs rechnete er mit einer Zunahme der Umlaufsgeschwindigkeit der Zentralbankgeldmenge von 2 vH, die als expansiver Faktor angesetzt werden mußte, so daß eine Zunahme der Zentralbankgeldmenge um 8 vH als nachfragekonform anzusehen war. Zu dem gleichen Ergebnis einer anzustrebenden Fortschrittsrate der Zentralbankgeldmenge von 8 vH kam die Bundesbank. Sie ging bei ihren Überlegungen von einer Wachstumsrate des Produktionspotentials von 2 vH aus und berücksichtigte eine bessere Auslastung der Produktionskapazitäten in Höhe von 2,5 Prozentpunkten, d. h. unterstellte einen Zuwachs des realen Bruttosozialprodukts um 4,5 vH. Bei einer angenommenen unvermeidlichen Preissteigerungsrate von 4,5 vH — also einer Zuwachsrate der Gesamtnachfrage von 9 vH — wurde eine Erhöhung der Umlaufsgeschwindigkeit des Geldes um 1 vH zugrunde gelegt.

4. Laufende Rate und Vorjahresvergleich

Für das Jahr 1975 hatte der Zentralbankrat der Deutschen Bundesbank die Zuwachsrate der Zentralbankgeldmenge als Verlaufsrate festgelegt. Das bedeutete, die Zentralbankgeldmenge sollte im Verlaufe des Jahres 1975, also in der Zeit vom 1. Januar bis zum 31. Dezember 1975 um 8 vH zunehmen. Zu Beginn des Jahres 1975, im Januar, lag der Zuwachs, auf Jahresrate umgerechnet, über dieser Marke, danach näherte er sich ihr und von Mai bis August stieg die Zentralbankgeldmenge weniger als es der Zielvorstellung entsprach. Im September und Oktober lag der Zuwachs wieder nahe der Vorgabe und nur im November, insbesondere aber im Dezember, ging sie darüber hinaus und betrug im letzten Monat des projizierten Jahres 1975 10,1 vH. Das

Ergebnis des letzten Monats aber entscheidet bei einer Verlaufsrate darüber, ob ein gestecktes Ziel erreicht wird oder nicht. Von Beginn 1975 bis Ende 1975 nahm die Zentralbankgeldmenge hauptsächlich infolge der starken Expansion im Dezember um 10,1 vH statt um 8 vH zu.

Dies führte zu kritischen Kommentaren: „Verglichen mit der realwirtschaftlichen Entwicklung war die monetäre Expansion im Jahre 1975, die statt der geplanten 8 % tatsächlich 10 % erreichte, eindeutig zu hoch[10].“ Berücksichtigt man dagegen, daß in sieben Monaten des Jahres 1975 die auf Jahresbasis umgerechnete Verlaufsrate unter 8 % gelegen hatte und der Durchschnitt aller Verlaufsraten in den Monaten des Jahres 1975 8,5 vH betragen hatte, dann wird deutlich, wie problematisch es ist, das vom letzten Monat geprägte Jahresergebnis zum Maßstab der Bewertung der Geld- und Kreditpolitik zu nehmen.

Der Zentralbankrat der Deutschen Bundesbank hat bei seiner Projektion für das Jahr 1976 davon abgesehen, erneut eine Verlaufsrate festzusetzen. Das monetäre Ziel, die Zentralbankgeldmenge um 8 % steigen zu lassen, ist in diesem Fall als Zuwachs gegenüber dem Vorjahr definiert. Die Zentralbankgeldmenge soll im Durchschnitt des Jahres 1976 den Durchschnitt des Jahres 1975 um 8 vH übersteigen. Die Zunahme der Zentralbankgeldmenge vom Durchschnitt des Jahres 1975 bis zum Ende 1975 war bei der Projektion der Zentralbankgeldmenge bereits bekannt; sie betrug 5½ vH. Damit verbleibt von Anfang 1976 bis zum Durchschnitt 1976 noch ein Zuwachs von 2½ vH, so daß die Verlaufsrate für das ganze Jahr 1976 5 vH beträgt. Dies hätte jedoch nur, wenn sich die Zentralbankgeldmenge vom Jahresbeginn an linear entwickeln würde. Verläuft dagegen die Entwicklung der Zentralbankgeldmenge zuerst unterproportional, später dagegen überproportional, dann wäre — da das Dezember-Ergebnis höhere oder eine niedrigere Verlaufsrate mit dem gesetzten 8 %-Ziel im Jahresdurchschnitt gegenüber dem Vorjahr vereinbar. Das für 1976 festgesetzte monetäre Ziel im Durchschnitt des Jahres gegenüber dem Durchschnitt des Vorjahres ist also durchaus mit unterschiedlichen Verlaufsraten kompatibel.

5. Psychologische Probleme bei der Festlegung des Zentralbankgeldmengenziels

Ein psychologisches Problem ist die Überschätzung einer solchen Vorgabe. Ziel der Wirtschaftspolitik und damit auch der Kreditpolitik ist eine bestimmte Zunahme der Nachfrage, die einen störungsfreien Wirt-

---

[10] *M. Willms*, Sind 8 % Geldmengenwachstum adäquat?, in: Wirtschaftsdienst 1976-II, S. 73.

schaftsablauf und einen Abbau der Fehlentwicklung ermöglicht. Die Kreditpolitik muß dabei die monetären Aggregate so steuern, daß von der Finanzierungsseite ein ausreichender Spielraum, weder zu groß noch zu klein, gewährleistet ist. Es wäre vor allem aus Gründen der Verständlichkeit unzweckmäßig, den gesamten komplizierten Ablauf von der Bankenliquidität bis zur Nachfrage mit den zugrunde liegenden Annahmen über das Bankenverhalten und über das Nichtbankenverhalten als monetäre Projektion vorzugeben. Es ist daher durchaus verständlich, nur die Veränderungsrate einer Größe zu veröffentlichen. Jederzeit sollte man sich aber bewußt sein, daß dies eine sehr weitgehende Simplifizierung ist. Es besteht die Gefahr, daß man diese eine monetäre Größe überschätzt und ihrer Veränderung Wirkungen zumißt, die sie nicht besitzt.

Gewichtig ist das psychologische Problem, daß die Veröffentlichung eines prozentualen Zuwachses der Zentralbankgeldmenge mißverstanden und darin ein Orientierungsdatum für Lohnerhöhungen und Preissteigerungen gesehen wird. Tatsächlich aber ist in der veröffentlichten Prozentzahl nicht mehr zu erblicken als der Wille der Zentralbank, auf der monetären Seite Voraussetzungen dafür zu schaffen, daß das angestrebte Nachfragevolumen erreicht wird, d. h. daß sie z. B. 1976 „einen kräftigen Aufschwung zu finanzieren bereit ist, jedoch nicht mit Hilfe zusätzlicher Inflation[11].“ Wird dagegen zu stark betont, daß die angestrebte Zuwachsrate ein Rahmendatum für Tarifparteien und für die Preispolitik der Unternehmen sei[12], kann der Sache mehr geschadet als genutzt werden. Zu einem Rahmendatum muß derjenige, der sich an ihm orientieren soll, eine Beziehung haben. Man spürt aber immer wieder, daß weder die Tarifparteien noch die Unternehmen sich vorstellen können, was die Summe von Mindestreservesoll — von Mindestreservesatzänderungen bereinigt — und dem Bargeld, also die Zentralbankgeldmenge, für sie bedeutet. Damit besteht die Gefahr, daß weniger das monetäre Aggregat in der Vorstellung der Angesprochenen bedeutsam ist, sondern nur der Prozentsatz. Die festgesetzten 8 vH werden dann leicht zum Orientierungsdatum für Preise und Löhne. Die Deutsche Bundesbank hat ausdrücklich in ihrem Beschluß vom Dezember 1975 darauf hingewiesen, „daß die Zunahme der Zentralbankgeldmenge ausschließlich den Spielraum für die monetäre Expansion kennzeichnet, nicht dagegen für die Erhöhung der individuellen Einkommen[13].“ Aber solche Hinweise erreichen nicht alle Adressaten.

---

[11] Jahresgutachten 1975/76 des Sachverständigenrats zur Begutachtung der gesamtwirtschaftlichen Entwicklung, Ziff. 405.

[12] Rheinisch-Westfäliches Institut für Wirtschaftsforschung, Geldpolitik in der Bewährungsprobe, Konjunkturbrief Dez. 1975/II S. 2.

[13] Monatsbericht der Deutschen Bundesbank, Januar 1976, S. 5.

Eine monetäre Projektion basiert auf der Annahme einer Wachstumsrate des Produktionspotentials, eines Auslastungsgrades der Produktionskapazitäten und einer unvermeidlichen Preissteigerungsrate. Ändern sich diese Ausgangsbedingungen, so muß sich die Projektion dieser veränderten Situation anpassen. Dies wäre unmöglich, wollte man gelten lassen, was die Arbeitsgemeinschaft deutscher wirtschaftswissenschaftlicher Forschungsinstitute in ihrer Herbstdiagnose 1975 schrieb[14]: „Unter den gegenwärtigen Umständen dürfte es gerechtfertigt sein, an der bisherigen Rate festzuhalten, denn schon relativ geringe Korrekturen der monetären Zielgrößen nach oben und unten könnten in der Öffentlichkeit als ein Kurswechsel in inflatorischer oder deflatorischer Richtung interpretiert werden und damit die Unsicherheit in der Wirtschaft vergrößern." Es wäre ein hoher Preis für die Zielfixierung, wenn eine Zentralbank aus psychologischen Gründen auf die Flexibilität in der Kreditpolitik verzichten müßte. Im Gegenteil, der Öffentlichkeit muß immer wieder deutlich gemacht werden, daß eine monetäre Zielfixierung kein Selbstzweck ist, sondern allein der Aufgabe dient, den Wirtschaftsablauf störungsfrei zu halten und Fehlentwicklungen abzubauen. Dazu sollten Variationen der monetären Zielgröße selbstverständlich sein. Rüdiger Pohl ist zuzustimmen, wenn er feststellt[15]: „Vielmehr sollte sich das Bewußtsein verstärken, daß der Zielwert der Zentralbankgeldmenge immer wieder darauf zu überprüfen ist, ob nicht aufgrund neuer Entwicklungen eine Revision vorzunehmen ist."

6. Zentralbankgeldmengensteuerung und Nichtbankenverhalten

Eine Projektion monetärer Größen, wie z. B. die quantitative Fixierung des Zentralbankgeldmengenziels ändert allerdings weder etwas an den Einwirkungsmöglichkeiten der Zentralbank auf den monetären Prozeß noch an dem Weg, auf dem kreditpolitische Maßnahmen auf die Nachfrage einwirken. Nach wie vor werden durch die Veränderungen der Mindestreserven oder der Rediskontkontingente, durch Offenmarktpolitik oder Einlagenpolitik, direkt immer nur Umfang oder Verwendung des Liquiditätssaldos, also der Zentralbankgeldstrom zu den Banken oder seine Verwendung, beeinflußt. Senkungen oder Erhöhungen des Diskontsatzes und des Lombardsatzes beeinflussen — in Verbindung mit liquiditätspolitischen Maßnahmen — darüber hinaus die Zinsentwicklung an den monetären Märkten.

---

[14] Die Lage der Weltwirtschaft und der westdeutschen Wirtschaft im Herbst 1975, DIW Wochenbericht 42-43/75, S. 355.

[15] *Rüdiger Pohl*, Kreditpolitik im Konjunkturaufschwung, Geldstromanalyse für das zweite Halbjahr 1975, Diskussionspapiere der Fakultät für Wirtschaftswissenschaften der Technischen Universität Hannover, Serie C, Volkswirtschaftslehre, Nr. 1, S. 11.

Es hat sich auch nichts daran geändert, daß z. B. die Bereitstellung von Zentralbankgeld an die Kreditinstitute, also die Erhöhung des Liquiditätssaldos der Banken, keinesfalls eine Garantie dafür ist, daß dadurch ein bestimmter angestrebter monetärer Expansionsprozeß ausgelöst wird. Ob dies geschieht oder nicht, hängt vom Bankenverhalten und vom Nichtbankenverhalten ab. Wird auf dem Wege kreditpolitischer Maßnahmen den Banken Zentralbankgeld zusätzlich bereitgestellt, dann bleibt ungewiß, ob dadurch die Banken angeregt werden, zusätzliche Kredite zu gewähren. Sie werden das nur tun, wenn sie ihre Liquiditätsausstattung (Liquiditätsquote) bisher als ausreichend ansahen. Nur dann werden sie sich bemühen, der Wirtschaft Mittel zusätzlich bereitzustellen. Geschieht dies, dann ist weiterhin offen, ob die Wirtschaft bereit ist, Kredit aufzunehmen, d. h. ob entsprechend Kredite nachgefragt werden. Nur wenn das der Fall ist, kommt eine monetäre Expansion in Gang.

Der Zunahme der Mittelbereitstellung braucht jedoch nicht eine gleich hohe Zunahme des Mittelaufkommens zu entsprechen. Bei einer Bruttokreditaufnahme kommt es z. B. darauf an, ob vor allem kurzfristige oder langfristige Kredite aufgenommen werden. Ändert sich die Fristigkeitsstruktur, dann ändert sich auch die durchschnittliche Tilgungsrate, und die prozentualen Veränderungensraten von Mittelaufkommen und Mittelbereitstellung differieren. Werden Kredite zur Finanzierung von Auslandszahlungen oder zur Begleichung von Steuerschulden verwandt, dann schlagen sie sich nicht als Mittelaufkommen in den Bankbilanzen nieder, sondern fließen zur Zentralbank. Diese Einflüsse lassen sich in der Einlagenkreditrelation ablesen.

Der tatsächlichen Entwicklung widersprechen würde auch die Annahme, daß die Zunahme des Mittelaufkommens gleich sein werde der Zunahme der Geldmenge (Sichteinlagen), d. h. daß das Verhältnis, in dem Sicht-, Termin-, Spargelder- und Bankschuldverschreibungen zueinander stehen, unverändert bliebe. Ganz im Gegenteil finden immer wieder Umschichtungsprozesse innerhalb des Mittelaufkommens statt. Sie sind teil zinsorientiert, teils aber auch auf exogene Einflüsse, wie z. B. Bankzusammenbrüche, zurückzuführen. Diese Einflüsse spiegeln sich in der Liquiditätsneigung, dem Quotienten von Geldmenge (Bankengeld) und gesamten Mittelaufkommen wider. Die Veränderungsrate der Zentralbankgeldmenge wird durch die Zunahme oder Abnahme der Liquiditätsneigung beeinflußt.

Eine Steuerung der Zentralbankgeldmenge verlangt, daß die Einflüsse des Banken- und Nichtbankenverhaltens berücksichtigt werden. Es bedarf einer Vorstellung, welche Liquiditätsquote von den Kreditinstituten angestrebt wird, ob die Einlagenkreditrelation konstant bleibt oder wie sie sich verändern wird, und mit welcher Zunahme oder Abnahme der Liquiditätsneigung zu rechnen ist. Auch für die Schätzung dieser Größen gilt, was über die Schätzung der Umlaufgeschwindigkeit des Geldes gesagt wurde. Die vorhandenen Schätzgleichungen beruhen auf langen Reihen und sind untauglich, die für das Banken- und Nichtbankenverhalten wichtigen Parameter auch kurzfristig hinreichend zuverlässig vorauszuschätzen. Zwar ist es theoretisch unbefriedigend, keine exakte Schätzung vornehmen zu können — bisherige Versuche, kurzfristige Schätzgleichungen zu entwickeln, haben zu keinem brauchbaren Ergebnis geführt —, da eine Quantifizierung aber notwendig ist, bleibt nur der Weg, mit Hilfe einer iterativen Methode zu einem Ergebnis zu kommen. Eine laufende Kontrolle der Soll-Werte durch Ist-Werte ermöglicht, Schätzfehler in angemessener Zeit zu korrigieren.

Völlig unverständlich und neben der Realität liegend ist es, wenn Manfred Willms zur Kreditpolitik der Deutschen Bundesbank seit 1973 feststellt: „Die Neuorientierung bestand darin, von der zuvor geübten Praxis einer Steuerung der freien Liquiditätsreserve des Bankensystems abzugehen und stattdessen die Expansion der Zentralbankgeldmenge direkt zu kontrollieren[16]. Nach wie vor wirken die Instrumente der Deutschen Bundesbank auf die Bankenliquidität, und ohne eine zusätzliche Zentralbankgeldversorgung der Banken ist eine monetäre Expansion nicht möglich. Monetäre Expansion und Bankenliquidität gehören eng zusammen. Die Projektion einer monetären Größe, wie die der Zentralbankgeldmenge, ist keinesfalls identisch mit der Möglichkeit, diese Größe direkt zu kontrollieren. Helmut Schlesinger hat diese Zusammenhänge wie folgt ausgedrückt: „Wenn wir beispielsweise die monetäre Expansion anregen wollen, — wie 1975, als wir zunächst ein Wachstum von weit unter 8 % hatten — dann geschieht das über das übliche Zusammenspiel von Ausweitung der Bankenliquidität und Zinssenkungen mit der Folge einer schließlich wachsenden Kreditnachfrage, und damit auch einer Ausweitung des Bargeldumlaufs, der Bankeinlagen, der hierfür zu haltenden Mindestreserve und damit der Zentralbankgeldmenge. Dieser Transmissionsweg hat also eine Reihe von Zwischengliedern, und das Ergebnis von Maßnahmen der Notenbank, die bei den Notenbankzinsen oder der Bankenliquidität ansetzen, ist im Hinblick auf die Zentralbankgeldmenge keineswegs genau vorherzubestimmen[17]."

[16] *M. Willms*, Sind 8 % Geldmengenwachstum adäquat?, Wirtschaftsdienst 1976/II, S. 72.

[17] *H. Schlesinger*, Chancen der Geldpolitik in nationaler und internationaler Sicht, Vortrag gehalten am 24. 2. 1976 am Schweizerischen Institut für Auslandsforschung in Zürich, Manuskript, S. 12.

7. Zentralbankgeldversorgung und Zentralbankgeldmenge

Bei der Steuerung monetärer Aggregate sollte man unterscheiden zwischen den Größen, die man als monetäre Zielgröße ansieht, wie z. B. die Kredite, die Geldmenge oder die Zentralbankgeldmenge, die direkt jedoch nicht steuerbar sind, und den Größen, die sich kreditpolitisch beeinflussen lassen. Kreditpolitisch steuerbar ist grundsätzlich nur die Bankenliquidität, d. h. der Liquiditätssaldo, oder anders ausgedrückt, die Zentralbankgeldversorgung der Banken, denn alle kreditpolitischen Instrumente, die Zinspolitik ausgenommen, wirken direkt nur auf Umfang und Verwendung des Liquiditätssaldos. „Die Bundesbank kann also ein erwünschtes Wachstum der Zentralbankgeldmenge nicht direkt herbeiführen. Geldpolitische Erleichterungen, wie die Freigabe von Mindestreserven oder die Senkung des Diskontsatzes, verbessern im ersten Schritt lediglich die Bankenliquidität[18].“ Für die monetäre Expansion, also die Zunahme von Krediten und Einlagen und der Zentralbankgeldmenge, kann jener Teil des Liquiditätssaldos L verwendet werden, der nicht in der Mindestreserve gebunden ist, das ist die freie Liquiditätsreserve L_f. Änderungen des Mindestreservesolls beruhen einmal auf der Zunahme der Inlandsverbindlichkeiten (MRI) oder der Auslandseinladen (MRA); sie können aber auch durch Mindestreservesatzänderungen (MRS) ausgelöst sein.

$$L_f = L - (MRI + MRA + MRS)$$

In dem von der Deutschen Bundesbank verwendeten Konzept der Zentralbankgeldmenge wird die Zunahme des Mindestreservesolls auf Inlandsverbindlichkeiten als Ergebnis des monetären Expansionsprozesses angesehen. Auch die Veränderungen des Mindestreservesolls auf Auslandsverbindlichkeiten sind das Ergebnis einer Erhöhung oder einer Verringerung von Einlagen. Die Zentralbank muß, wenn die Auslandsverbindlichkeiten der Banken zunehmen, das dafür benötigte Zentralbankgeld bereitstellen. Da Veränderungen des Mindestreservesolls auf Auslandsverbindlichkeiten aber nicht den inländischen Expansionsprozeß widerspiegeln, sind sie nicht Bestandteil der Zentralbankgeldmenge. Als Spiegelbild des inländischen monetären Expansionsprozesses wird dagegen der Bargeldumlauf angesehen. Die Zentralbankgeldmenge ZG enthält somit das Mindestreservesoll auf Inlandsverbindlichkeiten MRI, um Mindestreservesatzänderungen bereinigt, und den Bargeldumlauf B.

$$ZG = MRI + B$$

[18] *K. Klasen,* Grenzen der Geldpolitik, Deutsche Bundesbank, Auszüge aus Presseartikeln 69/75, S. 1.

Die Zentralbank hat darauf zu achten, daß ein Zentralbankgeldbedarf, der infolge eines Zustroms von Auslandsverbindlichkeiten entsteht, gedeckt wird. In der erweiterten Zentralbankgeldmenge *EZG* ist mithin das Mindestreservesoll auf Auslandsverbindlichkeiten *MRA* zu berücksichtigen.

$$EZG = ZG + MRA$$

Weder die Zentralbankgeldmenge, die den inländischen monetären Expansionsprozeß widerspiegelt, noch die erweiterte Zentralbankgeldmenge, die den gesamten Zentralbankgeldbedarf aufgrund von Einlageveränderungen umfaßt, sind direkt steuerbar. Steuerbar ist dagegen der Umfang des Liquiditätssaldos und seine Verwendung durch Mindestreservesatzänderungen. Wird der Differenz zwischen dem Liquiditätssaldo *L* und dem Teil des Mindestreservesolls, der auf Mindestreservesatzänderungen *MRS* zurückzuführen ist, noch der Bargeldumlauf *B*, ein nicht steuerbarer Marktfaktor, hinzugefügt, dann erhält man die Zentralbankgeldversorgung.

$$ZV = L - MRS + B$$

Das Hinzufügen des Bargeldumlaufs geschieht allein aus dem Grunde, um die Verbindung zur Zentralbankgeldmenge herzustellen. Die Zentralbankgeldversorgung *ZV*, die mit Ausnahme des Bargeldumlaufs kreditpolitisch gesteuert werden kann, findet ihren Niederschlag in der erweiterten Zentralbankgeldmenge und in den freien Liquiditätsreserven L_f.

$$ZV = (MRI + B) + MRA + L_f$$

In der Gegenüberstellung von Entstehungsseite und Verwendungsseite der Zentralbankgeldversorgung wird deutlich, daß eine Erhöhung der weitgehend steuerbaren Zentralbankgeldversorgung keinesfalls zu einer Zunahme der Zentralbankgeldmenge führen muß.

$$L - MRS + B = (MRI + B) + MRA + L_f$$

Wird der Umfang des Liquiditätssaldos erhöht und/oder der Mindestreservesatz gesenkt, dann nimmt die Zentralbankgeldversorgung zu. Eine solche Maßnahme muß sich jedoch nicht im Mindestreservesoll auf Inlandsverbindlichkeiten niederschlagen. Bei mangelnder Kreditnachfrage werden möglicherweise nur die freien Liquiditätsreserven erhöht oder eine Zunahme der Auslandsverbindlichkeiten absorbiert einen Teil der Zentralbankgeldversorgung im Mindestreservesoll.

Im Dezember 1974 beschloß der Zentralbankrat der Deutschen Bundesbank, die Geld- und Kreditpolitik so zu führen, daß im Verlauf des

Jahres 1975 die Zentralbankgeldmenge um 8 vH steigen sollte. Ende 1974 betrug der aktuelle Wert der Zentralbankgeldmenge 91,29 Mrd DM (Mindestreservesoll auf Inlandsverbindlichkeiten 39,77 Mrd DM und Bargeldumlauf 51,52 Mrd DM). Das gesetzte monetäre Ziel hätte mithin eine zusätzliche Zentralbankgeldmenge von 7,50 Mrd DM verlangt.

Um den monetären Expansionsprozeß in Gang zu setzen, mußten den Kreditinstituten jedoch weit höhere Beträge an Zentralbankgeld bereitgestellt werden. Mehrmals wurden die Mindestreservesätze herabgesetzt. Allein auf diesem Wege konnten die Kreditinstitute über 9,01 Mrd DM bisher gebundenen Zentralbankgeldes verfügen. Offenmarktoperationen in langfristigen Wertpapieren zur Alimentierung des Geldmarktes führten den Banken weitere 7,48 Mrd DM zu, Rückgaben von Mobilisierungspapieren und Liquiditätspapieren an die Bundesbank durch Nichtbanken in Höhe von 4,60 Mrd DM lösten einen zusätzlichen Zentralbankgeldstrom zu den Banken aus und eine Erhöhung der Rediskontkontingente ließ den Liquiditätssaldo noch einmal um 3,15 Mrd DM steigen. Ebenfalls liquiditätserhöhend wirkte der Abbau der Sondereinlagen des Bundes und der Länder bei der Bundesbank in Höhe von 7,30 Mrd DM. Diese wirtschaftspolitischen Maßnahmen erhöhten das verfügbare Zentralbankgeld bei den Kreditinstituten um nicht weniger als 31,54 Mrd DM. Allerdings muß berücksichtigt werden, daß infolge von Markteinflüssen die Kreditinstitute 9,31 Mrd DM an Zentralbankgeld verloren. Vor allem der steigende Bargeldumlauf und Devisenverkäufe der Bundesbank, mit denen sie stärkeren Kursschwankungen am Devisenmarkt begegnete, entzogen den Banken liquide Mittel. Die wirtschaftspolitischen Interventionen ohne Mindestreservesatzsenkungen (22,53 Mrd DM) abzüglich der Liquiditätsverluste infolge von Markteinflüssen (9,31 Mrd DM) führten zu einem Nettozustrom an Zentralbankgeld zu den Banken, d. h. zu einer Erhöhung des Liquiditätssaldos von 13,22 Mrd DM. Werden hierzu addiert die Freigabe von Zentralbankgeld auf dem Wege der Mindestreservesatzsenkung (9,01 Mrd DM) sowie die Zunahme des Bargeldumlaufs (5,15 Mrd DM), dann erhält man die Zentralbankgeldversorgung im Jahre 1975 von 27,38 Mrd DM.

Die Zentralbankgeldmenge stieg demgegenüber um 9,88 Mrd DM, und zwar das Mindestreservesoll auf Inlandsverbindlichkeiten als Folge des monetären Expansionsprozesses um 4,73 Mrd DM und der Bargeldumlauf um 5,15 Mrd DM. Das war mehr als veranschlagt worden war, aber erheblich weniger als die Zentralbankgeldversorgung. Ein Betrag von 1,29 Mrd DM wurde von den Banken für die Erhöhung des Mindestreservesolls auf Auslandsverbindlichkeiten benötigt. Der überwiegende Teil der Zentralbankgeldversorgung, nämlich 16,21 Mrd DM erhöhte die freien Liquiditätsreserven (einschließlich inländischer Geldmarktpapiere). Daß Geldmenge und Einlagen — und damit auch die Zentralbankgeldmenge — direkt nicht steuerbar sind, hat das Jahr 1975 besonders deutlich werden lassen. Die Zentralbankgeldversorgung der Banken kann von den Veränderungen der Zentralbankgeldmenge, infolge des Einflusses von Bankverhalten und Nichtbankenverhalten, aber auch kreditpolitisch gewollt, um einen bestimmten Zinseffekt zu erreichen, erheblich abweichen.

8. Zinspolitik und Zentralbankgeldmengenziel

Die Kreditpolitik kann auf zwei Wegen die monetäre Expansion beeinflussen. Sie kann Umfang und Verwendung des Liquiditätssaldos steuern und dadurch auf die Kreditangebotsmöglichkeiten der Banken einwirken, und sie kann durch administrative Zinsänderungen die aus der Liquiditätspolitik resultierenden Zinstendenzen verstärken und auf diesem Wege die Kreditnachfrage anregen oder dämpfen. Bankenliquidität und Zinssätze muß eine Zentralbank verändern, so lange die wirtschaftliche Entwicklung zyklisch verläuft. Das wird in einer Marktwirtschaft die Regel sein; auch eine erfolgreiche Verstetigungspolitik wird die Ausschläge in der wirtschaftlichen Entwicklung nur mindern, aber nicht ausschalten können.

In der Phase des Abschwungs sind Zinssenkungen auf den monetären Märkten erforderlich. Sie können nur erreicht werden durch Herabsetzung des Diskont- und Lombardsatzes, verbunden mit einer verstärkten Zentralbankgeldversorgung der Banken. Mit dem Fortfall der Zinsbindung (Soll- und Habenzinsabkommen) kommt der Zentralbankgeldversorgung erhöhte Bedeutung zu. Verstärkte Zentralbankgeldversorgung der Banken und geringe Kreditnachfrage in dieser Konjunkturphase führen zu einer erwünschten, den Zinssenkungsprozeß ermöglichenden Zunahme freier Liquiditätsreserven.

Die im Abschwung entstandenen Liquiditätsreserven bilden im Aufschwung ein Expansionspotential. Steigt die Kreditnachfrage an, so können die Kreditinstitute diesen Anforderungen ihrer Kreditnehmer ohne Schwierigkeiten entsprechend, d. h. ohne eine zusätzliche Zentralbankgeldversorgung durch die Zentralbank. Ein hoher Ausgangsbestand liquider Mittel der Banken zu Beginn eines Aufschwungs und notwendig werdende Zinssteigerungen während dieser Konjunkturphase gebieten möglicherweise, daß eine zusätzliche Bereitstellung an Zentralbankgeld unterbleibt, ja vorhandene freie Liquiditätsreserven der Banken abgebaut werden.

Liquiditätspolitik und Zinspolitik gehören eng zusammen, beide müssen eingesetzt werden, wenn die Geld- und Kreditpolitik erfolgreich sein will. Die Vermutung von Rolf Caesar ist berechtigt, „daß sich die Bundesbank, will sie die Kreditnachfrage über Zinssenkungen anregen, bei realistischer Betrachtung kaum auf eine reine Mengenpolitik in Form von verstärkter Schöpfung von Zentralbankgeld wird verlassen können. Stattdessen müßte sie sich möglicherweise erneut der Zinspolitik bedienen[19]."

Gelegentlich wird bestritten, daß Liquiditätpolitik (Mengenpolitik) und Zinspolitik gleichzeitig betrieben werden können. Fixiert man nämlich die Mengen, dann wäre der Zins durch die Mengen bestimmt; betriebe man dagegen Zinspolitik, dann ist das nur möglich, wenn dem angestrebten Zins eine bestimmte Menge (Bankenliquidität) entspräche. Tatsächlich aber besteht die Alternative Mengen oder Zins nicht, vielmehr sind drei Faktoren involviert: das Kreditangebot, die Kreditnachfrage und der Zins. Mengenpolitik bedeutet immer Veränderung liquider Mittel der Banken. Sie beeinflußt also die Kreditangebotsmöglichkeit der Banken. Setzt eine Zentralbank gleichzeitig einen bestimmten Zins, dann besteht aufgrund ihrer dominierenden Stellung an den monetären Märkten die Chance, daß sich die Kreditnachfrage den gesetzten Mengen- und Zinsdaten anpaßt. „Die geläufigen Vorstellungen von einer Alternative zwischen Mengenfixierung und sich daraus ergebendem Preis oder Preisfixierung und sich daraus ergebender Menge sind auf diese Lage nicht anwendbar[20]."

Der enge Zusammenhang zwischen Veränderung der liquiden Mittel der Banken und Zinsänderung kann allerdings auch zu Konfliktsituationen führen. Das Ziel, die monetäre Expansion auf einem bestimmten Wachstumspfad zu halten, kann unter Umständen erforderlich machen, daß die Kreditpolitik durch restriktive Eingriffe Umfang und Verwendung des Liquiditätssaldos einschränkt. Unter diesen Bedingungen die Zinssätze unverändert zu halten, wäre nur möglich, wenn die restriktiven Eingriffe auf die Bankenliquidität sich in Grenzen hielten. Bei einem stärkeren Einsatz der liquiditätspolitischen Instrumente wäre ein gewisser Anstieg der Marktsätze selbst dann nicht zu verhindern, wenn die Zentralbank ihre administrativen Zinssätze nicht ändert. An eine ähnliche Konfliktsituation dachten Ketzel und Piel in ihrem Bericht „Zur Konjunkturlage"[21]. Auch die Aufnahmefähigkeit des Kapital-

---

[19] *R. Caesar,* Zentralbankgeldschöpfung und Zentralbankgeldmenge, Wirtschaftsdienst 1975/V, S. 271 f.

[20] *H. Bockelmann,* ... Charting monetary policy, Sparkasse 2/72, 92. Jg., S. 39.

[21] *E. Ketzel* und *M. Piel,* Sparkasse 2/76, 93. Jg., S. 67.

marktes ist von den Veränderungen der Bankenliquidität abhängig. Bei der Anfang 1976 über dem gesteckten Ziel von 8 vH liegenden Zuwachsrate der Zentralbankgeldmenge ist eine Verringerung in der zweiten Hälfte erforderlich. Die öffentlichen Haushalte sollten sich daher möglichst weitgehend schon in der ersten Jahreshälfte verschulden. „Gelingt dies nicht, so könnte das erklärte Geldmengenziel der Bundesbank — wird es konsequent verfolgt — eine Zinsentwicklung auslösen, die mit den konjunkturellen Gegebenheiten noch nicht im Einklang steht[21]." Auch in diesem Fall wird infolge restriktiver Liquiditätspolitik ein Zinsanstieg an den monetären Märkten induziert. Ließe man die administrativen Zinssätze in einem solchen Fall unverändert, dann würde sich ein solcher Anstieg allerdings in Grenzen halten. Diskontsatz und Lombardsatz bestimmen — oder sollten bestimmen — die Soll- und Habenzinsen der Banken und der Kontokorrentzins der Banken markiert den Relevanzbereich von Zinsänderungen am Kapitalmarkt[22]. Eine gewisse Kontinuität der Zinsentwicklung, insbesondere am Kapitalmarkt, könnte auf diesem Wege, wenn sie erwünscht ist, gewahrt bleiben.

9. Zentralbankgeldmengenziel und Bankenliquidität

Das Ziel der Wirtschaftspolitik, die Gesamtnachfrage um einen bestimmten Prozentsatz steigen zu lassen, verlangt eine diesem Ziel angepaßte monetäre Expansion, die von der Deutschen Bundesbank an einer projizierten Fortschrittsrate der Zentralbankgeldmenge gemessen wird. Diese Fortschrittsrate kann aber nur realisiert werden, wenn die Sicht-, Termin- und Spargelder in dem vorgesehenen Umfang zunehmen. Bei konstanten Mindestreservesätzen steigt dann das Mindestreservesoll und damit die Zentralbankgeldmenge mit der gleichen Rate. Allerdings muß mit Veränderungen der Liquiditätsneigung gerechnet werden, also mit Verschiebungen zwischen den Sichteinlagen und dem Geldkapital. Geldmenge und Geldkapital können mit unterschiedlicher Rate wachsen; in diesem Fall wird die Zuwachsrate des Mittelaufkommens von der Fortschrittsrate der Zentralbankgeldmenge abweichen. Eine Zunahme des Mittelaufkommens allerdings setzt eine Erhöhung der Mittelbereitstellung voraus, wobei eine relative Verlagerung bei der Finanzierung wirtschaftlicher Aktivitäten von Bankguthaben auf Bankkredite oder umgekehrt, also Nichtbankenverhalten oder Markteinflüsse, Unterschiede in den Fortschrittsraten der Mittelbereitstellung und des Mittelaufkommens entstehen lassen können. Eine Mittelbereitstellung aber setzt Zentralbankgeld voraus, über das die Kreditinstitute verfügen können. Auf diese freien Liquiditätsreserven hat eine

---

[22] *Cl. Köhler,* Geldwirtschaft, Bd. 1, Berlin 1970, S. 169 ff.

Zentralbank Einfluß, und sie werden von der Deutschen Bundesbank gesteuert.

Um die monetäre Expansion im Jahre 1975 in Gang zu bringen, wurde einmal der Umfang des Liquiditätssaldos, vor allem durch Offenmarktoperationen der Bundesbank in langfristigen Titeln und durch Aufstockung der Rediskontkontingente sowie durch Abbau der Sondereinlagen des Bundes und der Länder bei der Bundesbank erhöht. Dagegen verringerten die Zunahme des Bargeldumlaufs und die Devisenabgaben der Bundesbank den Umfang liquider Mittel. Zwar nahm der Liquiditätssaldo im Durchschnitt des Jahres 1975 gegenüber dem Durchschnitt des Jahres 1974 um 6,49 Mrd DM zu, jedoch erhöhte sich die Liquiditätsquote, das Verhältnis von Liquiditätssaldo zu Mittelaufkommen, infolge des steigenden Mittelaufkommens nur wenig, nämlich von 6,0 vH auf 6,2 vH. Gleichzeitig jedoch wurden die Mindestreservesätze mehrmals im Jahre 1976 gesenkt, so daß der durchschnittliche Mindestreservesatz, das Mindestreservesoll gemessen am Mittelaufkommen, von 5,3 vH auf 4,1 vH sank.

Die liquiditätspolitischen Aktivitäten der Bundesbank bewirkten mithin eine Zunahme der freien Liquiditätsquote, das ist das Verhältnis der freien Liquiditätsreserven zum Mittelaufkommen. Sie nahm von 0,7 vH im Durchschnitt 1974 — wobei sie von Juni bis Oktober nahe 0 lag — auf 2,1 vH im Durchschnitt des Jahres 1975 zu. Auf diesem Wege gelang es, die Zinsen zu senken, um die Kreditnachfrage der Wirtschaftsunternehmen zu beleben und die Banken zu einer verstärkten Kreditgewährung an öffentliche Haushalte zu veranlassen. Dadurch stiegen die Einlagen und die Zentralbankgeldmenge. Die monetäre Expansion im Jahre 1975, gemessen an der laufenden Rate der Zentralbankgeldmenge von 10,1 vH, entsprach einer Zunahme der Zentralbankgeldmenge im Durchschnitt des Jahres 1975 gegenüber dem Durchschnitt des Jahres 1974 von 8,7 vH. Sie wurde durch Verdreifachung der freien Liquiditätsquote bei leichter Zunahme der gesamten Liquiditätsquote ermöglicht.

Die Liquiditätsquote der Banken, d. h. der Liquiditätssaldo gemessen am Mittelaufkommen, muß zwei Anforderungen entsprechen; sie muß ermöglichen, daß die Kreditinstitute liquide, d. h. zahlungsfähig bleiben und sie muß Spielraum für eine zusätzliche Kreditgewährung geben. Spielraum für eine zusätzliche Kreditgewährung bietet der Teil der Liquiditätsquote, über den die Banken jederzeit verfügen können, das ist die freie Liquiditätsquote, d. h. die freien Liquiditätsreserven gemessen am Mittelaufkommen.

Folgt die Wirtschaft dem durch das Wachstum des Produktionspotentials vorgezeichneten Pfad und halten sich Fehlentwicklungen in

Grenzen, dann sollte die freie Liquiditätsquote so hoch sei, daß die Kreditinstitute in der Lage sind, die Kreditnachfrage, die der potentialorientierten Kreditzunahme entspricht, für den jeweils vor ihnen liegenden Zwölf-Monats-Zeitraum zu befriedigen. In diesem Falle werden die Kredtinstitute von sich aus weder eine expansive noch eine restriktive Kreditstrategie verfolgen. Eine freie Liquiditätsquote, die diesen Bedingungen entspricht, kann als normal bezeichnet werden. Die normale freie Liquiditätsquote zuzüglich dem durchschnittlichen Mindestreservesatz ergibt die normale Liquiditätsquote.

Folgt die Wirtschaft dagegen nicht dem durch das Wachstum des Produktionspotentials vorgezeichneten Pfad, d. h. treten konjunkturelle Störungen auf, dann wird die normale freie Liquiditätquote von der Bank nicht mehr als normal empfunden. Bei stärkerer Kreditnachfrage wird die normale Liquiditätsquote als zu gering, im umgekehrten Fall als zu hoch angesehen. Die Kreditinstitute werden dann von sich aus zu einer restriktiven oder expansiven Kreditstrategie übergehen.

Es ist schwierig, die normale freie Liquiditätsquote und die normale Liquiditätsquote der Banken in der Bundesrepublik Deutschland zu quantifizieren. Noch 1972 vertrat Oberhauser die Ansicht[23]. die freie Liquiditätsquote — in diesem Falle wurden die freien Liquiditätsreserven an den mindestreservepflichtigen Verbindlichkeiten gemessen — würde 5 bis 6 vH (das entspricht 2½ bis 3 vH gemessen am Mittelaufkommen) nicht unterschreiten. Wenn dies dennoch geschah, so bleibt allerdings offen, ob dies auf eine Verhaltensänderung der Banken oder auf kreditpolitische Eingriffe, nämlich den Abbau freier Liquiditätsreserven bei den Banken, zurückzuführen war. Die Entwicklung der Liquiditätsquote in den vergangenen Jahren möge die Annahme rechtfertigen, eine freie Liquiditätsquote von 3 vH sei zu hoch und werde auch von den Banken nicht als normale Liquiditätsquote betrachtet. Fest steht aber auch, daß eine freie Liquiditätsquote nahe null von den Banken nicht als normal angesehen wird. Eine methodisch exakte Ermittlung der normalen Liquiditätsquoten ist nicht möglich; man wird sie zwischen null und 3 vH zu suchen haben. Als normal soll daher in der Bundesrepublik Deutschland eine freie Liquiditätsquote, gemessen am Mittelaufkommen, von 1,5 vH bezeichnet werden[24]. Der durchschnittliche Mindestreservesatz in der Zehnjahresperiode 1961 bis 1970 belief sich auf 3,8 vH, d. h. auf rund 4 vH. Die normale Liquiditätsquote ist somit auf 5,5 vH zu veranschlagen.

---

[23] *H. Oberhauser*, Geldpolitik als Liquiditätspolitik, in: Kredit und Kapital, Heft 4/1972, S. 379.

[24] Das entspricht einer freien Liquiditätsquote, gemessen an den mindestreservepflichtigen Verbindlichkeiten von rund 3 vH.

Auch der Sachverständigenrat zur Begutachtung der gesamtwirtschaftlichen Entwicklung stand vor einem ähnlichen Schätzproblem, als er für sein Konzept des konjunkturneutralen Haushalts eine „normale“ Staatsquote und eine „normale“ Steuerquote suchte. Er entschied sich für die Staatsquote und die Steuerquote des Jahres 1966[25]. Zwar wurde die Entwicklung in diesem Jahre bereits durch rezessive Einflüsse mitbestimmt — die Fortschrittsrate des realen Bruttosozialprodukts lag mit 3 vH unter der Wachstumsrate des Produktionspotentials von 4 vH —, jedoch ist 1966 ein Jahr mit annähernd optimaler Kapazitätsauslastung und geringen exogenen Störungen. Ein anderes Jahr mit optimaler Kapazitätsauslastung, das Jahr 1973, scheidet im Hinblick auf die Störungen im monetären Bereich infolge internationaler Währungskrisen aus. Die Liquiditätsquoten im Jahre 1966 — eine freie Liquiditätsquote von 1,3 vH und eine Liquiditätsquote von 5,5 vH — haben den gleichen Umfang wie die Liquiditätsquoten, die hier als normale Liquiditätsquoten angenommen wurden. Zwar beweist das nichts, aber die Liquiditätsquoten des „Normaljahres“ 1966 stehen der Annahme einer normalen freien Liquiditätsquote von 1,5 vH auch nicht entgegen.

Entscheidend allerdings bleibt — und die zukünftige Entwicklung kann erst zeigen, ob das der Fall ist —, daß eine freie Liquiditätsquote von 1,5 vH und eine Liquiditätsquote von 5,5 vH in einer annähernd störungsfrei verlaufenden wirtschaftlichen Entwicklung von den Kreditinstituten als normal angesehen werden. Annähernd störungsfrei verliefe die wirtschaftliche Entwicklung in der Bundesrepublik Deutschland, wenn das Produktionspotential, das mittelfristig um etwa 3 vH wächst, optimal ausgelastet wird und die unvermeidliche Preissteigerungsrate rund 2½ vH nicht übersteigt. Die Gesamtnachfrage würde unter diesen „Normalbedingungen“ um 5½ vH steigen. Angenommen, daß sich das Nichtbankenverhalten kaum ändert, entspräche dem eine monetäre Expansion von ebenfalls rund 5½ vH.

Ob eine Bank glaubt, genügend Vorsorge getroffen zu haben, um bei einer solchen monetären Expansion liquide zu bleiben, ist nicht allein abhängig von dem Umfang gesamtwirtschaftlicher Liquidität, sondern vor allem von der Höhe der einzelwirtschaftlichen Liquidität. Zwischen beiden aber besteht in der Bundesrepublik ein erheblicher Unterschied. Einzelwirtschaftlich wird die Bankenliquidität durch die Grundsätze II und III (Liquiditätsgrundsätze) geprägt, die das Bundesaufsichtsamt für das Kreditwesen im Einvernehmen mit der Deutschen Bundesbank festsetzt. Diese Grundsätze sagen den Banken, „ob die Liquidität eines

[25] Jahresgutachten des Sachverständigenrats zur Begutachtung der gesamtwirtschaftlichen Entwicklung 1970/71, Ziff. 329.

Kreditinstituts ausreicht" oder ob „seine Liquidität zu wünschen übrig läßt"[26]. Diese Grundsätze besagen, daß bestimmte Aktivposten der Bank (Mittelbereitstellung) die Summe bestimmter Prozentsätze von Passivpositionen (Mittelaufkommen) nicht übersteigen dürfen. Damit werden indirekt aber auch die einzelwirtschaftlich relevanten Positionen umschrieben, die als liquide Mittel anzusehen sind, und zwar im Verhältnis zum Mittelaufkommen. Diesen Grundsätzen entsprechend gehören zur einzelwirtschaftlichen Bankenliquidität Kassenbestände, Guthaben bei der Deutschen Bundesbank, also einschließlich Mindestreserven, Postscheckguthaben, Schecks, fällige Schuldverschreibungen und Zins- und Dividendenscheine, Forderungen an Kreditinstitute (Nostroguthaben), Wechsel ohne eigene Ziehungen, Schatzwechsel und U-Schätze, festverzinsliche börsengängige Wertpapiere sowie Ausgleichs- und Deckungsforderungen.

Die einzelwirtschaftliche Bankenliquidität umfaßt also mehr Positionen als die gesamtwirtschaftliche Bankenliquidität. Selbst wenn alle freien Liquiditätsreserven in der Mindestreserve gebunden wären, könnten sich Kreditinstitute durchaus noch liquide fühlen und Kredite auf der Basis von Nostroguthaben gewähren. Mitte 1975 z. B. betrug die einzelwirtschaftliche Liquiditätsquote, berechnet bei sieben Bankengruppen und gemessen am Geschäftsvolumen, 33,7 vH. Als gesamtwirtschaftliche Liquidität waren davon 5,3 vH zu bezeichnen. Das entsprach etwa der Mitte 1975 vorhandenen gesamtwirtschaftlichen Liquiditätsquote, Liquiditätssaldo gemessen am Mittelaufkommen, von 5,9 vH. In der einzelwirtschaftlichen Liquiditätsquote enthalten waren ferner 15,1 vH Nostroguthaben, 10,2 vH festverzinsliche börsengängige Wertpapiere und 3,1 vH sonstige Positionen (Wechsel, Ausgleichsforderungen und Deckungsforderungen). Infolge von Verlagerungen zwischen den einzelnen Bestandteilen des Mittelaufkommens verändert sich auch die einzelwirtschaftliche Liquiditätsquote etwas. In den Jahren 1974 und 1975 erreichte sie Ende September 1974 ein Minimum von 32,0 vH und Ende Dezember 1975 ein Maximum von 36,1 vH.

Wenn ein Kreditinstitut mit einer potentialorientierten Kreditzunahme von 5,5 vH und einem entsprechend hohen Mittelaufkommen rechnet, dann weiß es unter den in der Bundesrepublik gegebenen Bedingungen, daß es davon etwa 34 vH in liquiden Mitteln entsprechend den Grundsätzen II und III zu halten haben wird. Für ein Kreditinstitut ist es beruhigend, wenn es die dafür benötigten Mittel (34 vH der Erhöhung des Mittelaufkommens um 5,5 vH), nämlich 1,9 vH in freien Liquiditätsreserven gemessen am gegenwärtigen Mittelaufkommen verfügbar hat. Eine freie Liquiditätsquote von 1,9 vH würde unter diesen

[26] Deutsche Bundesbank, Mitteilung Nr. 10012/69.

Umständen von den Kreditinstituten als normal empfunden. Dieses Beispiel zeigt ebenfalls, daß die gewählte normale freie Liquiditätsquote von 1,5 vH auch unter den institutionellen Bedingungen in der Bundesrepublik Deutschland als eine akzeptable Arbeitshypothese angesehen werden kann. Allerdings gilt auch hier die Feststellung des Sachverständigenrats[27]: „Eine Basis, die einmal richtig war, kann falsch werden, wenn die tatsächliche Entwicklung dauerhaft in einer Richtung von dem Pfad abweicht, den die alte Basis wesentlich mitbestimmt."

Bei nur geringen konjunkturellen Schwankungen würde es genügen, wenn die Zentralbank dafür sorgte, daß den Kreditinstituten Zentralbankgeld in dem Umfang zufließt, wie es für die am Produktionspotential orientierte monetäre Expansion angemessen wäre und somit die freie Liquiditätsquote auf dem Stand gehalten wird, den man als normal bezeichnen kann. Sollte in einem solchen Fall die Kreditnachfrage geringer sein als es der potentialorientierten Zuwachsrate entspricht, dann würden die Banken ihre freien Liquiditätsreserven als zu hoch ansehen. Die Zinssätze würden sinken und die Kreditinstitute würden sich um Anlagemöglichkeiten bemühen. Ginge dagegen die Kreditnachfrage über die potentialorientierte Fortschrittsrate hinaus, würden die Banken ihre Liquiditätsausstattung als zu eng bezeichnen. Die Zinsen müßten steigen und die Banken verhielten sich in ihrem Kreditangebot wahrscheinlich zurückhaltender als bei normal empfundener Liquiditätsausstattung. Die konjunkturellen Schwankungen sind nun allerdings recht stark. Das aber bedeutet, daß die Zentralbank bei rezessiver Entwicklung die freie Liquiditätsquote bewußt über den Stand, der als normal bezeichnet wird, hinaus erhöhen muß, um die Zinssenkung und die Angebotsimpulse der Banken zu verstärken. Bei zu schneller expansiver Entwicklung muß sie umgekehrt die freie Liquiditätsquote unter den als normal zu bezeichnenden Stand senken.

Das Auseinanderklaffen von einzelwirtschaftlicher und gesamtwirtschaftlicher Liquidität, d. h. das Bestehen einer Liquiditätsillusion[28], verlangt von der Geld- und Kreditpolitik darüber hinaus, daß sie unter Umständen die gesamtwirtschaftliche Liquiditätsquote stärker beeinflußt als es ohne die Diskrepanz zwischen gesamtwirtschaftlicher und einzelwirtschaftlicher Liquidität notwendig wäre. Nur so kann erwartet

---

[27] Jahresgutachten 1970/71 des Sachverständigenrats zur Begutachtung der gesamtwirtschaftlichen Entwicklung, Ziff. 330.

[28] „Unter Liquiditätsillusion ist zu verstehen, daß ein Aktivum, das aus der individuellen Sicht einer einzelnen Bank eine Liquiditätsreserve darstellt, in gesamtwirtschaftlicher Hinsicht gar keine Liquidität ist."
Rüdiger Pohl, Geldkreislauf und Einkommenskreislauf, Veröffentlichungen des Instituts für Empirische Wirtschaftsforschung, Band 16, Berlin 1976, Abschnitt B, II, 3c.

werden, daß kreditpolitisch gewollte Liquiditätsveränderungen auch in das Bewußtsein der Banken dringen.

10. Monetäres Ziel erreicht — Nachfrage- und Wachstumsziel verfehlt

Die Wirtschaftspolitik hatte sich für das Jahr 1975 das Ziel gesetzt, die Gesamtnachfrage um 8 vH steigen zu lassen. Dies sollte einen mäßigen Aufschwung mit einer Zunahme des realen Bruttosozialprodukts um 2 vH ermöglichen. Die Bundesbank strebte, um dieses Ziel erreichen zu helfen, eine Fortschrittsrate der Zentralbankgeldmenge im Verlaufe des Jahres 1975 um 8 vH an. Die Entwicklung jedoch verlief völlig anders. Die Gesamtnachfrage stieg nur um 4 vH, bei einem Rückgang des realen Sozialprodukts.

Nun hätte man erwarten sollen, daß der Zuwachsrate der Gesamtnachfrage, die nur halb so hoch war wie angenommen, eine entsprechend gedämpfte monetäre Expansion entsprochen hätte. Das Gegenteil war der Fall. Kredite und Einlagen, und damit die Zentralbankgeldmenge, expandierten mit einer Durchschnittsrate von 9 vH und die Zunahme der Zentralbankgeldmenge im Verlaufe des Jahres 1975 ging mit 10,1 vH über das gesteckte Ziel hinaus. Damit wurde gleich im ersten Jahre einer quantitativen monetären Zielfixierung deutlich, daß eine bestimmte Zuwachsrate monetärer Aggregate mit unterschiedlichen Veränderungsraten der Gesamtnachfrage kompatibel ist.

Verursacht wird eine solche Diskrepanz zwischen den Fortschrittsraten der monetären Expansion einerseits und denen der Gesamtnachfrage und des Wachstums andererseits durch Nichtbankenverhalten. Im Jahre 1975 haben entgegen den Erwartungen die Unternehmen nicht mehr als im Jahre 1974 investiert, sondern weniger, und sie erhöhten nicht ihre Lagerbestände, sondern bauten sie ab. Dieses Verhalten der Wirtschaftsunternehmen führte zu einem Erlahmen der Kreditnachfrage. Die Entwicklung der monetären Aggregate, Kreditzunahme, Erhöhung des Mittelaufkommens und Zunahme der Zentralbankgeldmenge, allerdings spiegeln das nicht wider, denn die öffentlichen Haushalte verschuldeten sich überproportional und glichen dadurch den Rückgang der Kreditnachfrage privater Unternehmen aus.

Ein solcher Ausgleich im monetären Bereich ist jedoch keinesfalls gleichbedeutend mit einer Kompensation der rezessiven Einflüsse privater Unternehmen durch expansive Einflüsse öffentlicher Haushalte. Die höhere Verschuldung der öffentlichen Haushalte gegenüber Banken glich hauptsächlich die in der Rezession zurückgehenden Steuereinnahmen aus. Sie reichte nicht, die öffentlichen Anlageinvestitionen so weit zu erhöhen, wie es ursprünglich vorgesehen war. Die öffentlichen Haushalte verhindern nicht, daß die gesamten Anlageinvestitionen 1975 zurückgingen. Vor einer noch höheren Verschuldung schreckte die öffentliche Hand angesichts hoher Defizite bei Bund und Ländern zurück. Die Gesamtnachfrage stieg daher weniger als erwartet und statt einer geringen Zunahme des realen Sozialprodukts mußten Wachstumsverluste hingenommen werden.

Die Rezession des Jahres 1975 war also nicht in einem Rückgang der Fortschrittsraten der Kredite oder der Zentralbankgeldmenge abzulesen, sondern schlug sich in einem starken Rückgang der Einkommenskreislaufgeschwindigkeit des Geldes (Gesamtnachfrage gemessen am Bankengeld) nieder. Bemerkenswert in diesem Jahr war die starke Zunahme der Liquiditätsneigung, die zu hohen Zuwachsraten des Bankengeldes und auch der Geldmenge M 1 führte. Dies war keinesfalls ein Zeichen konjunktureller Belebung. Vielmehr waren die Unternehmen bemüht, angesichts eines schleppenden Zahlungseingangs die ihnen zufließenden Mittel möglichst liquide zu halten, um zahlungsfähig zu bleiben. Außerdem normalisierte sich die Zinsstruktur der Habenzinsen. Umschichtungsprozesse im Jahre 1974 zu Lasten der Sichteinlagen und zugunsten der Geldkapitalbildung wurden mit sinkenden Zinsen für längerfristige Einlagen im Jahre 1975 wieder rückgängig gemacht.

Eine zusätzliche Problematik für die Aussagekraft einer Veränderung eines monetären Aggregats ergibt sich, wenn man als monetäre Zielgröße eine Position auf der Passivseite der Bankbilanzen, also die Einlagen, die Geldmenge oder die Zentralbankgeldmenge wählt. Bei diesen Größen muß man nämlich mit Veränderungen rechnen, die mit wirtschaftlichen Aktivitäten in keinem Zusammenhang stehen. Das Jahr 1975 hat hierfür ein deutliches Beispiel gegeben. Im Dezember 1975 begegnete die Deutsche Bundesbank einer Anspannung am Geldmarkt dadurch, daß sie Einlagen öffentlicher Haushalte — entsprechend § 17 BBkG (Einlagepolitik) — in den Geldmarkt einschleuste. Dadurch nahmen die Einlagen der die Gelder empfangenden Banken zu und das Mindestreservesoll stieg. Diejenigen, die die Ursache für das Zustandekommen dieser Zentralbankgeldmengensteigerung nicht kannten, hätten in dieser Zunahme ein Indiz für eine wirtschaftliche Belebung sehen können; außerdem wurde infolge der Alimentierung des Geldmarktes auf dem Wege der Einlagenpolitik das gesteckte Ziel einer Zentralbankgeldmengensteigerung im Verlauf des Jahres 1975 um 8 vH erheblich überschritten.

Die Bundesbank entschloß sich daher, die Einlagen, d. h. die Geldmenge *M 1*, *M 2* und *M 3*, sowie die Zentralbankgeldmenge zu korrigieren; sie verminderte das Mindestreservesoll um die Beträge, die auf die Verlagerung öffentlicher Einlagen von der Bundesbank zu den Banken zurückzuführen waren[29]. Entsprechend umgekehrt muß verfahren werden, wenn die verlagerten Mittel wieder zur Bundesbank zurückfließen. Der Nachteil, daß die ohnehin fiktive Größe Zentralbankgeldmenge dadurch noch undurchsichtiger wurde, mußte in Kauf genommen werden.

11. Änderung der Zielsetzung

Die im Dezember 1974 und 1975 vom Zentralbankrat gefaßten Beschlüsse, eine bestimmte Zuwachsrate der Zentralbankgeldmenge vorzugeben, enthalten die Worte: „Aus heutiger Sicht...“. Sie bedeuten, daß sich der Zentralbankrat vorbehält, die monetäre Zielsetzung zu ändern, wenn das erforderlich werden sollte. Die Frage, ob der Zeitpunkt hierfür nicht gekommen sei, wurde im Jahre 1975 gestellt, als die erwartete und die tatsächliche Entwicklung auseinanderliefen. Der festgesetzten Verlaufsrate von 8 vH lag die Annahme zugrunde, daß das reale Sozialprodukt entsprechend der Wachstumsrate des Produktionspotentials um 2 vH zunehmen würde. Von Monat zu Monat wurde jedoch deutlicher, daß an Stelle der erwarteten Zunahme des realen Sozialproduktes Wachstumsverluste hinzunehmen sein würden.

Hätte die Bundesbank angesichts dieser Entwicklung das monetäre Ziel — die Zuwachsrate der Zentralbankgeldmenge von 8 vH — herabgesetzt und entsprechend restriktiv in der Kreditpolitik gehandelt, dann wäre die Rezession noch zusätzlich gefördert worden. „Die Bundesbank hätte mit einer Korrektur ihrer Geldpolitik den konjunkturellen Abschwung u. U. noch verschärft[30].“ Dies hätte, wie es das Rheinisch-Westfälische Institut für Wirtschaftsforschung ausdrückte, „die Abwendung von einer verstetigenden hin zu einer prozyklischen Geldpolitik bedeutet[31].“ Ein Abweichen der Zuwachsrate des realen Sozialprodukts von der Wachstumsrate des Produktionspotentials und der als erwünscht angesehenen Veränderung des Auslastungsgrades der Produktionskapazitäten ist kein Grund, das monetäre Ziel zu ändern.

Bei einer potentialorientierten Geld- und Kreditpolitik kann das Ziel nur geändert werden, wenn sich die Grundlagen als revisionsbedürftig herausstellen, d. h. die Wachstumsrate des Produktionspotentials nicht zutreffend geschätzt wurde, der anzustrebende Auslastungsgrad sich als nicht zweckmäßig erweist oder die unvermeidliche Preissteigerungsrate sich verändert. Dies war 1975 nicht der Fall. Eine potentialorientierte

---

[29] Vgl. Monatsberichte der Deutschen Bundesbank, Februar 1976, Fußnote 1, S. 10 f.

[30] Das für das Jahr 1976 beschlossene Geldmengenziel, in: Der langfristige Kredit, Heft 2/1976, S. 48.

[31] Konjunkturbrief, Dez. 1975/11, S. 3.

Zentralbankgeldmengensteuerung führt bei geringerem als unterstelltem realen Wachstum, aber unveränderter am monetären Ziel orientierter Zentralbankgeldversorgung der Banken nicht zu der angestrebten Zunahme der Zentralbankgeldmenge, sondern zu einer Erhöhung der freien Liquiditätsreserven. Dadurch aber werden Zinssenkungen ausgelöst und das Angebotsverhalten der Banken beeinflußt, d. h. die potentialorientierte Zentralbankgeldversorgung wirkt bei einem Abweichen der Zuwachsrate des realen Sozialprodukts von der Wachstumsrate des Produktionspotentials und der als erwünscht angesehenen Veränderung des Auslastungsgrades der Produktionskapazitäten automatisch antizyklisch.

Ähnliches gilt auch in einem Aufschwung. Das monetäre Ziel ist festzulegen auf der Basis der Wachstumsrate des Produktionspotentials und der als erwünscht angesehenen Veränderung des Auslastungsgrades der Produktionskapazitäten. Verläuft der Aufschwung rascher und das reale Sozialprodukt nimmt schneller zu als es dem gesetzten Maßstab entspricht, so ist das kein Grund das Ziel zu ändern. Das Festhalten an der vorgesehenen monetären Expansion drosselt das Aufschwungtempo und hilft dadurch eine Übersteigerung zu vermeiden.

Zielrevisionen können, müssen aber nicht, vorgenommen werden, wenn das angenommene Bankenverhalten oder Nichtbankenverhalten sich ändert, d. h. bei der Zentralbankgeldmenge, wenn die angenommene „Umlaufgeschwindigkeit" von den tatsächlichen Werten abweicht. Die Korrektur kann unterbleiben, solange Hoffnung besteht, daß durch eine von der potentialorientierten Zentralbankgeldversorgung abweichenden tatsächlichen Zentralbankgeldversorgung das Nichtbankenverhalten geändert und das gesetzte Ziel dadurch noch erreicht werden kann. Ein Beispiel bot das Jahr 1975. Bei der Festsetzung des monetären Ziels wurde unterstellt, daß die „Umlaufgeschwindigkeit" der Zentralbankgeldmenge unverändert bliebe. Tatsächlich aber lag sie um 4 vH unter dem Vorjahrsniveau. Eine Änderung des monetären Ziels war jedoch nicht notwendig, da die Bundesbank den Kreditinstituten Zentralbankgeld weit über den potentialorientierten Betrag von 7,30 Mrd. DM hinauszugeführt hatte. Mit einer Zentralbankgeldversorgung im Jahre 1975 in Höhe von 27,38 Mrd DM und den daraus resultierenden Zinssenkungstendenzen hatte sie der abnehmenden „Umlaufgeschwindigkeit" Rechnung getragen.

Monetäre Budgetierung[a)]

— Die Finanzierung des Sozialprodukts —

	tats. Entwicklung 1974	Projektion 1975	tatsächliche Entwicklung I/75	II/75	III/75	IV/75	1975	Projektion 1976	tats. Entwicklung I/76[s)]
Liquiditätsquote	6,0	6,5	6,3	6,0	5,9	6,4	6,2	5,5	6,2
Freie Liquiditätsquote	0,7	2,5	1,7	1,6	2,2	2,7	2,1	1,5	2,4
Mindestreservesatz	5,3	4,0	4,6	4,4	3,7	3,7	4,1	4,0	3,8
					in Mrd. DM				
Mittelaufkommen (Einlagen)	900,16	984,90	947,75	966,78	989,23	1038,26	985,51	1078,00	1064,24
Mittelbereitstellung (Kredite)	845,35	920,90	887,01	907,84	930,27	971,72	924,21	1019,00	997,31
Liquiditätssaldo	54,81	64,00	60,74	58,94	58,96	66,54	61,30	59,00	66,93
				Veränderungsraten in vH (Exponentialraten)					
Mittelbereitstellung (Kredite)	9,0	8 1/2	7,7	7,9	9,0	10,8	8,9	10	11,7
Einlagenkreditrelation	— 1,4	1/2	— 0,3	— 0,4	0,4	0,7	0,1	— 1	— 0,1
Mittelaufkommen (Einlagen)	7,6	9	7,4	7,5	9,5	11,5	9,0	9	11,5
Nachr.: Zentralbankgeldmenge	(6,2)	(7 1/2)[b)]	(8,4)	(7,8)	(8,2)	(10,2)	(8,7)	(8)	(9,3)
Liquiditätsneigung	— 2,0	— 2	3,6	7,1	7,0	6,5	6,1	— 1	6,7
Geldmenge (Bankengeld)	5,6	7	11,0	14,6	16,5	18,1	15,1	8	18,3
Einkommenskreislaufgeschw. des Geldes	1,4	+ 1	— 7,1	— 10,5	— 13,4	— 12,6	— 10,9	1	— 8,3
Nachr.: Umlaufgeschw. d. Geldes	(4,4)	(0)	(— 4,0)	(— 7,8)	(— 5,0)	(— 4,3)	(— 5,3)	(3)	(— 2,7)
Zahlungsvolumen	(10,4)	(7)	(7,0)	(6,8)	(11,5)	(13,8)	(9,8)	(11)	(15,7)
Zahlungskoeffizient	(3,0)	(1)	(3,1)	(2,7)	(8,4)	(8,3)	(5,6)	(2)	(5,7)
Bruttosozialprodukt (Gesamtnachfrage)	7,0	8	3,9	4,1	3,1	5,5	4,2	9	10
Bruttosozialprodukt (real)	0,4	2	— 5,3	— 4,9	— 4,6	0,2	— 3,6	4 1/2	5,5
Preise (Deflation)	6,6	6	9,3	9,0	7,8	5,4	7,8	4 1/2	4,5

Quellen: Bruttosozialprodukt: Deutsches Institut für Wirtschaftsforschung, Berlin; übrige Angaben berechnet unter Zugrundelegung der Bankenstatistik der Deutschen Bundesbank. Zur Methode vergl. Köhler, Cl., Orientierungshilfen für die Kreditpolitik, Berlin 1968, a) Monetäre Daten: Monatsdurchschnitte; b) Entspricht einer laufenden Rate von 8 vH; s) geschätzt

Zentralbankgeldversorgung im Jahre 1975

Entstehung und Verwendung

Veränderung in Mrd. DM

I. Entstehung

(1)	Einfluß auf die Verwendung liquider Mittel: Mindestreservesatzsenkung	**+ 9.01**
(2)	Einfluß auf den Umlang liquider Mittel (Summe (3) bis (6))	**+ 22.53**
(3)	Offenmarktkäufe langfristiger Wertpapiere	+ 7.48
(4)	Rückgaben von Mobilisierungs- und Liquiditätspapieren durch Nichtbanken	+ 4.60
(5)	Erhöhung der Rediskontkontingente	+ 3.15
(6)	Abbau der Sondereinlagen öffentlicher Haushalte	+ 7.30
(7)	Liquiditätspolitische Maßnahmen insgesamt (1) + (2)	**+ 31.54**
(8)	Markteinflüsse (Summe (9) bis (13))	**— 9.31**
(9)	Auslandsgeschäft	+ 3.35
(10)	Direktgeschäfte mit der Wirtschaft (Bundesbahn und Bundespost)	+ 0.11
(11)	Transaktionen mit öffentlichen Haushalten	— 4.57
(12)	Bargeldumlauf	— 4.96
(13)	Sonstige Markteinflüsse	— 3.24
(14)	Liquiditätssaldo (2) + (8) oder (16 ./. (1) ./. (15)	**+ 13.22**
(15)	Bargeldumlauf	**+ 5.15**
(16)	Zentralbankgeldversorgung (Entstehung) (1) + (14) + (15)	**+ 27.38**

Zentralbankgeldversorgung im Jahre 1975

Entstehung und Verwendung

Veränderung in Mrd. DM

II. Verwendung

(17)	Zentralbankgeldmenge (18) + (19)	**+ 9.88**
(18)	Mindestreservesoll auf Inlandsverbindlichkeiten[a)]	+ 4.73
(19)	Bargeldumlauf	+ 5.15
(20)	Freie Liquiditätsreserven (Summe (21), (24) und (25)	**+ 16.21**
(21)	Offene Rediskontkontingente (22) + (23)	+ 9.52
(22)	Rediskontkontingente	(+ 3.15)
(23)	Refinanzierung	(— 6.37)
(24)	Inländische Geldmarktpapiere	+ 4.80
(25)	Überschußreserve	+ 1.27
(26)	Mindestreservesoll auf Auslandsverbindlichkeiten	**+ 1.29**
(27)	Zentralbankgeldversorgung (Verwendung) (17) + (20) + (26)	**+ 27.38**

Quellen: Berechnet unter Zugrundelegung der Bankenstatistik der Deutschen Bundesbank; a) von Mindestreservesatzänderungen bereinigt.

„Streitfragen zur Kontrolle der Geldschöpfung durch die Notenbank“

Von *Horst Bockelmann*, Frankfurt a. M.

1. Das Thema „Streitfragen zur Kontrolle der Geldschöpfung durch die Notenbank“ soll deutlich machen, daß ich mich auf einige besonders umstrittene Punkte der Geldpolitik beschränken will. Im Grunde möchte ich mich auf eine *einzige* Streitfrage konzentrieren, nämlich auf die Frage, ob der Notenbank eine *direkte quantitative* Kontrolle der Geldschöpfung möglich ist oder ob sie sich — auch *bei der Verfolgung eines quantitativen Zieles* — ihres Einflusses auf *Zinssätze* bedienen muß. Ich lasse also so naheliegende Fragen außer acht wie die, *ob* sich die Notenbank ein quantitatives Ziel setzen sollte und *woran* sie sich bei der Festlegung eines solchen Zieles orientieren sollte. Ich will auch nicht weiter darauf eingehen, *welches Aggregat* sie ihrer quantitativen Zielsetzung zugrunde legen sollte. Alle diese Fragen sind sehr wichtig. Ich halte aber die zuerst genannte für die zentrale Frage, soweit es um Meinungsverschiedenheiten zwischen Notenbanken und Geldtheoretikern — oder zumindest einer großen und resonanzstarken Gruppe von ihnen — geht. Milton Friedman hat z. B. in einem kurzen Artikel Mißerfolge des Federal Reserve Systems bei der Verfolgung seiner quantitativen Ziele dessen, wie er sagt, „anachronistischen Methoden“ zugeschrieben:

„In times past, the Fed mistakenly regarded interest rates as the appropriate criterion of policy. After literally decades of criticism, it finally recognized that it could not control interest rates except for brief periods and that its target should be the quantity of money. In 1970, it began to state its objectives in these terms. But — with the inertia that characterizes every large bureaucracy — it continued to use the operating techniques that it had developed earlier. It tries to control monetary growth by the highly indirect method of controlling a particular interest rate — the Federal funds rate ...

The alternative is for the Fed to adapt its operating technique to its monetary-growth targets. It should forget interest rates, leaving them to the highly efficient credit market. It should instead calculate each week how large an addition to reserves (or to base or high-powered money) is required to produce the desired monetary growth, and then provide that addition. This technique would not yield precisely the desired rate of growth on a week-to-week or even month-to-month basis. But it is literally inconceivable that over a period of seven months it could depart from its objective as widely as it has in the past seven months. Numerous scholars have explored this alternative operating mechanism, have demonstrated its feasibility and have urged its adoption. Perhaps recent Congressional pressure will prove more successful in breaking down bureaucratic inertia than reason and evidence have so far been"[1].

Diese zugespitzte Form hat die Kontroverse in der Bundesrepublik bisher nicht erreicht. Aber auch hinter vielen Ratschlägen, die der Bundesbank gegeben werden, steht offenbar die Vorstellung, daß sie es, wenn nicht aus geistiger Trägheit, so aus eher entschuldbaren Gründen, z. B. auf Grund kurzfristig nicht zu behebender institutioneller Schwierigkeiten, aber eben doch bisher *versäumt* habe, auf die „Linie der Vernunft" einzuschwenken, nämlich quantitative Ziele mit geeigneten quantitativen Mitteln und nicht mit zinspolitischen Aktionen zu verfolgen.

Die Parallelen zwischen den Kontroversen in den USA und in der Bundesrepublik trotz ganz unterschiedlicher institutioneller Gegebenheiten lassen aber schon vermuten, daß es hierbei weniger um äußere Modalitäten als um grundsätzliche Fragen des Geldschöpfungsprozesses und seiner Beeinflußbarkeit geht. Wenn sich in diesem Streit die Zentralbanken in einem Lager und die Theoretiker im anderen Lager finden, so braucht das nicht unbedingt mit der Denkfaulheit in großen Behörden zusammenzuhängen; es könnte auch darauf beruhen, daß die Praxis der Geldpolitik Einsichten vermittelt, die sich theoretischem Denken ohne die entsprechende Anschauung nicht so leicht erschließen.

2. Bei dem Bemühen herauszufinden, wie es zu diesen unterschiedlichen Vorstellungen über die Beeinflußbarkeit des Geldschöpfungsprozesses kommt, bin ich darauf gestoßen, daß sich in der ökonomischen Literatur bei der Behandlung des Geldschöpfungsprozesses, die bekanntlich an Hand von Modellen mit abnehmendem Abstraktionsgrad erfolgt, ein schiefes Bild vom Liquiditätsproblem der Banken eingeschlichen hat. Ich habe den Eindruck, daß dieses schiefe Bild viele Vorstellungen über die Eingliederung der Notenbank in den Geldschöpfungsprozeß bestimmt.

Ich greife aus der Fülle der Lehrbuchdarstellungen der Geldschöpfung die von Erich Schneider heraus, weil er sich sehr um eine pädagogisch eingängige Darstellung bemüht hat und seinen Gedankengang

[1] *M. Friedman*, What is the Federal Reserve Doing, Newsweek vom 10. 3. 1975, S. 37.

in großer Ausführlichkeit dargelegt hat. Ich habe nicht den Eindruck, daß seine Behandlung inzwischen „überholt" ist. Es heißt bei ihm, daß ein Liquiditätsproblem für eine Bank immer dann besteht, wenn sie Zahlungen in einem Geld leisten muß, das sie selbst nicht schaffen kann[2]. Das ist ein klarer Ausgangspunkt. Aber man müßte der Vorstellung entgegentreten, daß für die einzelne Bank solches Geld identisch sei mit Zentralbankgeld. Schneider untersucht den Fall zweier konkurrierender Banken in einem System ohne Barverkehr (und ohne Zentralbank) und zeigt, daß sie nur im Gleichschritt Geld schöpfen können. Was er nicht sagt, ist, daß es sich für beide Banken hier nach seiner eigenen Definition um ein Liquiditätsproblem handelt, da sie im Abrechnungsverkehr untereinander mit der Notwendigkeit konfrontiert werden, Zahlungen in einem Geld zu leisten, das sie nicht selbst schaffen können: nämlich mit Forderungen an die andere Bank. Die Bank A hat ein Liquiditätsproblem in B-Geld, das sie nicht selbst schaffen kann, die Bank B entsprechend in A-Geld. Ob sie über solches Geld verfügen oder es sich beschaffen können, hängt jeweils von der Ausgewogenheit ihrer Geschäftsstruktur zwischen Kredit- und Einlagengeschäft ab. M. a. W., jede der beiden Banken muß darauf achten, daß sie im Kreditgeschäft die Nase nicht weiter vorn hat als im Einlagengeschäft. Schneider hat aber diesen Einstieg in das Liquiditätsproblem der Banken offenbar nicht gesehen[3]. Am Schluß des betreffenden Abschnitts betont er, das Problem des Gleichschrittes sei in einem System mit Barverkehr für die Grenze der Geldschöpfungsfähigkeit eines Bankensystems irrelevant (S. 24). An späterer Stelle betont er noch einmal, daß der Gleichschritt im Mischgeldsystem keine Bedeutung habe (S. 49). Er will klarmachen, daß die Banken durch Verabredungen über Tempo und Umfang der Kreditgewährung den Kreditspielraum des Bankensystems nicht erweitern können. Darum geht es aber zunächst noch gar nicht.

Wenn es richtig ist, daß beim Vorhandensein mehrerer Banken für jede Bank ein Liquiditätsproblem besteht, weil eine Bank — ganz abgesehen von der Zentralbank — an andere Banken nur mit Forderungen gegen andere Banken zahlen kann und es von ihrer Geschäftspolitik abhängt, ob sie laufend genügend Forderungen dieser Art erwirbt, so stellt sich doch zunächst einmal die Frage, wieso dieses Problem durch den Eintritt der Zentralbank in ein solches System spurlos verschwinden sollte. Beim Einbankensystem hatte Schneider festgestellt, daß sich nichts ändere, wenn die Bank auch Noten ausgebe. Im System

---

[2] *E. Schneider*, Einführung in die Wirtschaftstheorie, III. Teil, 11. Auflage, Tübingen 1969, S. 19.

[3] Bei *H.-J. Jarchow*, Theorie und Politik des Geldes, Bd. I. Geldtheorie, 3. Auflage, Göttingen 1976, wird das Problem zwar gesehen, aber offenbar für zweitrangig gehalten, weil die Banken bestimmte Vereinbarungen untereinander treffen können (S. 40).

mehrerer Banken — ohne Zentralbank — hätte es doch wohl auch nichts ausgemacht, wenn eine oder mehrere dieser Banken Noten ausgegeben hätte. Wenn nun eine Zentralbank in das System hineinkommt, so wird durch die Tatsache, daß sie Noten ausgibt, die Situation auch nicht von Grund auf verändert. Das Notenmonopol und das Recht, Mindestreserven festzusetzen, unterscheiden die Zentralbank zwar von den anderen Banken, aber sie bedeuten nicht, daß das Liquiditätsproblem der Banken völlig transformiert wird, so als ob es nun nur noch ein Liquiditätsproblem gegenüber der Zentralbank gäbe. Es besteht allerdings eine Substitutionsbeziehung. Wenn eine Bank gegenüber *einer* solventen Bank in ausreichendem Maße liquide Forderungen hat, so ist sie auch gegenüber allen anderen Banken liquide. Insofern *können* ausreichende Forderungen gegen die Zentralbank das Liquiditätsproblem einer Bank in seiner vollen Breite lösen. Aber diese Substitutionsbeziehung besteht in beiden Richtungen. Ausreichende liquide Forderungen gegen eine solvente Bank bieten einer Bank auch die Gewähr, allen ihren Verpflichtungen gegenüber der Zentralbank nachkommen zu können (also sich das nötige Bargeld zu beschaffen und die Mindestreserveguthaben auf den erforderlichen Stand zu bringen).

3. Ich will auf das einzelwirtschaftliche Liquiditätsproblem der Banken nicht im einzelnen eingehen. Es ist ein Problem von Fälligkeiten im Aktiv- und Passivgeschäft plus der zutreffenden Einschätzung von Risiken plus der Fähigkeit, rasch Mittel zu mobilisieren, sei es durch Veräußerung fungibler Aktiva, sei es durch Kreditaufnahme. (Mit den Liquiditätsgrundsätzen wird versucht, den Banken gewisse Urteilshilfen in dieser Hinsicht an die Hand zu geben und der Bankenaufsicht die Beurteilung zu erleichtern, ob eine Bank von der Norm wesentlich abweicht.) Worauf es für unseren Gedankengang nur ankommt, ist dies: Wenn für die einzelne Bank das Liquiditätsproblem im Verhältnis zur Zentralbank ein Teil ihres allgemeinen Liquiditätsproblems ist, so läßt sich offensichtlich die zentrale These der traditionellen Geldschöpfungstheorie nicht halten, daß sich eine einzelne Bank erst auf Grund überschüssiger Zentralbankguthaben zur Kreditgewährung entschließt (und damit eine Geldschöpfungsrunde in Gang setzt, weil dadurch andere Banken liquider werden). Alles, was man sagen kann, ist, daß sich eine Bank zur Kreditgewährung in der Lage sieht, wenn sie glaubt, sich eine Verschlechterung ihres einzelwirtschaftlichen Liquiditätsstatus leisten zu können. Wenn wir uns vorstellen, daß sich die betreffende Bank vorher im Portfoliogleichgewicht befunden hat — etwa entsprechend der Maxime „So rentabel wie möglich, so liquide wie nötig" (dabei ist vorausgesetzt, daß Liquidität Geld kostet) —, so können ganz unterschiedliche Umstände bewirkt haben, daß sie bereit war, ihr Portfolio zugunsten der Kreditgewährung umzuschichten: z. B. eine andere Einschät-

zung der Risiken, Umschichtungen unter den Einlagen, eine steigende Kreditnachfrage, also ein Anstieg der opportunity costs der Liquiditätshaltung. Auch die Aktionen der Zentralbank können Ungleichgewichte im Portfolio der Banken auslösen, auf die diese mit Anpassungen reagieren. Aber eines sollte nicht mehr strittig sein: *Überschüssige Zentralbankguthaben bilden nicht den unerläßlichen Ausgangspunkt des Geldschöpfungsprozesses.*

4. Zusätzliche Zentralbankguthaben werden aber benötigt, damit der Geldschöpfungsprozeß ablaufen kann. Das Bankensystem als Ganzes hat ohne Zweifel ein Liquiditätsproblem gegenüber der Zentralbank. Man kann es übrigens auch als Gleichschrittsproblem formulieren: Wegen des Notenmonopols und der Reservepflicht können die Banken nur *im Gleichschritt mit der Notenbank* Geld schöpfen. Erich Schneider hat durchaus recht mit der Feststellung, daß für die Banken kein Weg an der Notenbank vorbeiführt. Nur darf man nicht in den Irrtum verfallen, daß makroökonomische Zusammenhänge wie dieser für die am Wirtschaftsleben Beteiligten evident seien und zu den Daten gehörten, an denen sie ihr Handeln ausrichteten oder zumindest ausrichten würden, wenn man ihnen eine genügend lange Lernfrist zubilligt. Myrdal hat für solche Scheinlösungen des Aggregationsproblems den Begriff der „kommunistischen Fiktion" geprägt; man verleugnet die Vielfalt der Akteure und argumentiert, als ob es — z. B. im Bankwesen — ein einziges Subjekt gäbe.

Halten wir fest: Das Monopol der Zentralbank, einzige Quelle des benötigten Zentralbankgeldes zu sein, ist kein Monopol, Geldschöpfungsprozesse auszulösen. Wie dann läßt es sich in den Dienst der Geldpolitik stellen? Was merken die Banken davon, daß sie zusammengenommen ein Liquiditätsproblem gegenüber der Notenbank haben? *Im marktwirtschaftlichen System teilt sich den einzelnen Akteuren das, was gesamtwirtschaftlich passiert, über den Preismechanismus mit.* Der für unseren Fall zuständige Markt ist der Tagesgeldmarkt, der relevante Preis also der Tagesgeldsatz, in den USA die Federal Funds Rate. Von den beiden Formen des Zentralbankgeldbedarfs der Banken, dem Bargeldbedarf und dem Bedarf an Zentralbankguthaben für die Reserve-Erfüllung, hat der Bargeldbedarf Vorrang. Ob die verfügbaren Mittel insgesamt ausreichen, zeigt sich also erst bei der Reserve-Erfüllung, und zwar gegen Ende der Reserve-Periode.

Sind die vorhandenen oder bei der Notenbank zu beschaffenden Zentralbankguthaben der Banken zu gering, so steigt der Tagesgeldsatz scharf an; er reflektiert damit die Schwierigkeiten, die die Banken bei der Erfüllung des Reserve-Solls haben, lösen kann er sie allerdings nicht. Er zeigt gewissermaßen, wie stark an einer zu kurzen Decke gezerrt wird. Nachgeben kann sie nicht. Die Schwierigkeiten strahlen auf andere Märkte aus; aber die Banken können unternehmen, was sie wollen — also z. B. Geld aus dem Ausland repatriieren oder Geld im Ausland aufnehmen, Wertpapiere veräußern, sich um zusätzliche Einlagen bemühen, ja selbst Kredite zurückfordern —, sie vermögen das Reserve-Soll nicht mehr zu vermindern und die zur Erfüllung benötigten Guthaben insgesamt nicht zu erhöhen, außer wenn es ihnen gelingt, die Notenbank ins Spiel zu bringen, also wenn sie erreichen, daß diese etwa am Devisenmarkt interveniert und praktisch die repatriierten Auslandsguthaben erwirbt. Alle die anderen Transaktionen der Banken und ihrer Kunden untereinander (ohne Beteiligung der Notenbank) ändern zwar die Verteilung der Zentralbankguthaben, aber nicht ihre Summe. Für einzelne Banken bringen sie eine Lösung, aber auf Kosten anderer Banken.

5. Dies, so könnte es scheinen, ist die Stunde der Notenbank. Jetzt könnte sie den Banken zeigen, daß es ohne sie nicht geht, und ihnen die zusätzlichen Zentralbankguthaben verweigern, wenn sie die vorangegangene Geldschöpfung mißbilligt. Tut sie das, so steigt der Tagesgeldsatz auf 30, 40 %, je nachdem, wieviel einzelnen Banken die Erfüllung des Reserve-Solls wert ist. Aber wie hoch der Satz auch steigt, einige Banken haben, wenn der Monat zu Ende ist, ihre Mindestreservepflicht nicht erfüllt. Man sollte nun nicht glauben, das seien die schwarzen Schafe. Welche Banken betroffen sind, ist weitgehend Zufall, wie er sich gerade aus der letzten Abrechnung oder den Bargeldbewegungen am letzten Tage ergibt. Irgend jemand gerät zwischen die Flügel einer sich schließenden Tür. Wer es ist, hat im Zweifel wenig mit der Geschäftspolitik dieser Banken zu tun. Der Sanktionsmechanismus für die Nichterfüllung des Reserve-Solls — Meldung an das Aufsichtsamt — läßt sich in dieser Lage guten Gewissens kaum anwenden. Aber ob man ihn anwendet oder nicht, die Mindestreservepflicht verliert, wenn solche Umstände die Regel werden, rasch ihre Verbindlichkeit. Das Instrument der Mindestreserve setzt voraus, daß es — bei entsprechender Vorsicht — erfüllbare Forderungen an die Banken stellt. In der geschilderten Lage ist diese Voraussetzung nicht mehr gegeben. Die Notenbank kann damit, daß sie den Banken die benötigten Zentralbankguthaben verweigert, nichts gewinnen, sondern nur einen wichtigen Teil des Bezugssystems in Frage stellen, der ihre Aufgabe erleichtern soll. Sie kommt also nicht umhin, den Banken zusammengenommen soviel Zentralbankguthaben zur Verfügung zu stellen, wie sie insgesamt zur Erfüllung ihrer Mindestreserveverpflichtungen benötigen.

Fehlen Mindestreserve-Vorschriften, so fehlt eine Verteidigungslinie zwischen dem Zentralbankgeldbedarf der Banken und ihrer Zahlungsfähigkeit. Es geht sofort und unmittelbar darum, ob Banken den an sie gestellten Bargeldanforderungen genügen können. Der Handlungszwang für die Notenbank, einen einmal entstandenen Zentralbankgeldbedarf der Banken zu befriedigen, ist hier noch offenkundiger als bei der Mindestreserve. Auch hier wäre die Zahlungsunfähigkeit der betroffenen Bank oder Banken nicht die gerechte Strafe dafür, daß sie es in ihrem Geschäft an der nötigen Sorgfalt haben fehlen lassen. Zwar wäre die Wahrscheinlichkeit größer als bei der Mindestreserve, daß es zuerst schwächere Banken träfe (weil die Stichtagszufälligkeit eine geringere Rolle spielt). Aber das Mißtrauen fräße sich fort und griffe auf die „Gesunden“ über. Für die betroffenen Banken wäre es eine Krise, deren Ursache ihnen völlig unerfindlich wäre. *Das Monopol der Notenbank ist also nicht nur kein Monopol, Geldschöpfungsprozesse auszulösen, es bietet auch keinen Sanktionsvorbehalt, mit dem sich eine einmal in Gang gesetzte Geldschöpfung entweder tolerieren oder zurückdrehen ließe.*

6. Dennoch muß die Notenbank der monetären Entwicklung keineswegs tatenlos zusehen, es gibt keinen Grund dafür, daß sie ins Schlepptau der Banken geriete. Der Handlungszwang, den ich beschrieben habe, bezieht sich nur auf die aktuell benötigten Quantitäten. Zu welchen Bedingungen die Notenbank den Zentralbankgeldbedarf der Banken befriedigt, das ist die Domäne, in der sie ihr Monopol, wenn man einmal von etwaigen außenwirtschaftlichen Rücksichten absieht, voll ausspielen kann. Für die Portfolioentscheidungen der Banken vermag sie damit wichtige Daten zu setzen, denn die Bedingungen, zu denen die Notenbank den marginalen Zentralbankgeldbedarf der Banken deckt, bestimmen das Zinsgeschehen am Geldmarkt. Davon wird wiederum wesentlich beeinflußt, was die Banken im Passivgeschäft für Termineinlagen zu zahlen bereit sind, und die Geldbeschaffungskosten allgemein sind ein wichtiges Datum für die Zinsforderungen der Banken im Kreditgeschäft. Auf diesem indirekten Wege vermag die Notenbank den zukünftigen Zentralbankgeldbedarf der Banken zu steuern. Der Tatsache, daß sie sich einem einmal entstandenen Zentralbankgeldbedarf der Banken nicht entziehen kann, wird damit viel von ihrer Anstößigkeit genommen; eine perfekte Steuerung des Geldschöpfungsprozesses überschreitet jedoch die Möglichkeiten der Notenbank.

7. Diese Analyse führt mich dazu, die heute allgemein verbreitete Grundformel der Geldangebotstheorie

$$M = m \cdot B$$

(in der B die „monetary base“ darstellt, die zur Geldmenge M in einem mit Multiplikator „m“ bezeichneten Verhältnis steht) für *im Ansatz verfehlt* zu halten. Es soll sich dabei, wie Brunner erläutert hat, um einen Rahmen handeln, innerhalb dessen sich die Geldmenge in der informativsten Weise in zwei Komponenten zerlegen läßt:

„One *reflects completely the behavior of the authorities* and the other describes approximately (and dominantly the *variations due to the public's and bank's behavior*"[4].

Die Vorstellung, daß die „base" vollständig das Verhalten der „authorities" und — so ist es ja wohl gemeint — nichts als das Verhalten der „authorities" beschreibt, läßt sich nach dem Gesagten nicht aufrechterhalten. Sie tut dies logisch nicht mehr und nicht weniger als *M* selbst. Wenn Unterschiede bestehen, dann nur solche, die mit der Frage unterschiedlicher Definition von *M* zusammenhängen. Man kann aus der Tatsache, daß die „base" ein Teil der Notenbankbilanz ist, nicht folgern, daß sie unmittelbar von der Notenbank bestimmt werden könne, sofern diese nur frei von sachfremden Interventionsverpflichtungen — etwa am Devisenmarkt oder am Markt für Staatspapiere — sei. Auch der regelmäßige Hinweis, daß die Notenbank die Wirkung unkontrollierbarer Einflüsse leicht im Offenmarktgeschäft überkompensieren könne, geht an der Sache vorbei. Die Annahme, daß die Notenbank von allen äußeren Zwängen bei der Bestimmung der „monetary base" frei sein könne, wie sie für die Unterscheidung, die Brunner treffen will, nötig wäre, ist eine petitio principii. Man kann bei einer Theorie für eine Notenbank nicht davon abstrahieren, daß sie Notenbank ist und damit eine Verantwortung für das Geld- und damit auch das Bankwesen des betreffenden Landes trägt, der sie genügen muß und von der sie auch die Inflationsbekämpfung nicht dispensiert. Kurzfristig bestimmt nicht die Notenbank die „base", sondern diese wird bestimmt vom Zentralbankgeldbedarf der Banken. Diese These ist unabhängig von den Instrumenten und Verfahrensregeln der Notenbank. Anders könnte es nur sein in einem völlig anderen System, in dem die Geschäftstätigkeit der Banken so reglementiert ist, daß de facto Zentralbankguthaben zu einem Berechtigungsschein für Kreditgewährung geworden sind.

8. Daß sich die Meinungsverschiedenheiten in diesem Punkt so tief einfressen konnten, hängt m. E. eng damit zusammen, daß in den USA Zinspolitik nicht wie bei uns primär über den marginalen Refinanzierungssatz der Notenbank gemacht wird, sondern in erster Linie im Wege der Offenmarktpolitik. Am Anfang der Kette stehen dort Quantitäten; die Zielvorstellung, die das Ende der Kette bildet, bezieht sich

---

[4] *K. Brunner*, A Diagrammatic Exposition of the Money Supply Process, Schweizerische Zeitschrift für Volkswirtschaft und Statistik, Nr. 4, 109. Jahrgang Dezember 1973, S. 489.

ebenfalls auf Quantitäten. Kein Wunder, daß man versucht hat, hier die Brücke zu schlagen, die Transmission kurz zu schließen, weil man glaubte, man brauche nur einfach im Offenmarktwege die zu dem Ziel passenden Quantitäten bereitzustellen. In Wirklichkeit haben die Quantitäten hier und dort nichts miteinander zu tun. Gegenstand des Ziels ist die *künftige* monetäre Entwicklung. Bei seiner Offenmarktpolitik hat es das Federal Reserve System mit dem akuten Zentralbankgeldbedarf der Banken zu tun, der sich neben saisonalen und anderen, vom Standpunkt der Geldpolitik zufälligen Einflüssen ergibt aus der *bereits eingetretenen* monetären Entwicklung. Richtschnur der Offenmarktpolitik kann deshalb nicht unmittelbar und quantitativ die Zielvorstellung für die künftige monetäre Entwicklung sein, sondern nur ein Spannungsverhältnis zwischen gegebenem Bedarf und verfügbaren Reserven, ein Spannungsverhältnis, von dem man sich verspricht, daß es am besten der Erreichung des Zieles dient.

Man kann dieses Spannungsverhältnis als einen Zinssatz — z. B. als eine Spanne für die Federal Funds Rate — ausdrücken. Das ist die gegenwärtige amerikanische Praxis. Man könnte auch versuchen, den *gegebenen* Bedarf möglichst genau zu schätzen und soviel Reserven zur Verfügung zu stellen, daß das erwähnte Spannungsverhältnis hergestellt wird. Schätzfehler der Notenbank führen dann aber zu unbeabsichtigten Zinsausschlägen, die keine Funktion haben. Vorschläge in dieser Richtung haben sich deshalb bisher nicht durchsetzen können. Man sollte aber diese technischen Diskussionen nicht verwechseln mit der grundsätzlichen Frage, die uns beschäftigt. In beiden Varianten wird vorausgesetzt, daß die Notenbank einen einmal entstandenen Zentralbankgeldbedarf befriedigt und die monetäre Entwicklung über das Zinsniveau am Geldmarkt in die gewünschte Richtung lenkt. Man glaubt wohl nur, mit der zweiten Methode die in den USA sehr ernst zu nehmenden Hemmungen gegen eine rigorose Zinspolitik leichter überwinden zu können und es zugleich der Zinsspekulation schwerer zu machen, die nächsten Züge der Geldpolitik vorauszusehen.

Ich komme zu dem Ergebnis, daß Milton Friedman mit seiner grundsätzlichen Kritik an der Verfahrensweise der Fed, die ich eingangs zitierte, unrecht hat. Die Frage ist nicht, ob sich die Notenbank ein Zwischenziel am Geldmarkt setzen sollte, sondern ob sie die Zusammenhänge genügend durchschaut und ausreichendes Standvermögen besitzt, um das vom Standpunkt des Geldmengenziels „richtige" Zinsniveau herzustellen. Dabei ist wichtig, daß sie sich von kurzfristigen Schwankungen im monetären Wachstum nicht zu sehr beeindrucken läßt, weil sie sonst leicht in eine hektische Zinspolitik verfallen würde. Kurzfristige Schwankungen lassen sich nicht beherrschen.

9. Wenn in der von mir behandelten Streitfrage mehr Übereinstimmung erzielt würde, so könnte das vor allem der Diskussion über die Offenmarktpolitik zugute kommen. Gegenwärtig kann in dieser Hinsicht offenbar jede beliebige These aufgetischt werden, ohne daß eine kritische Öffentlichkeit Sinn und Unsinn zu unterscheiden vermöchte. In kaum einer anderen wirtschaftlichen Frage herrscht ein ähnlicher Mangel an gesicherter, im Sinne allgemein akzeptierter Erkenntnis. Wenn eine direkte quantitative Kontrolle der Geldschöpfung prinzipiell nicht möglich ist, kann auch der Vorzug der Offenmarktpolitik nicht darin bestehen, im Gegensatz zu anderen Wegen der Zentralbankgeldbereitstellung eine solche direkte quantitative Kontrolle zu ermöglichen. Sie ist ein elegantes, sehr flexibles Mittel zur Beeinflussung des Geldmarktzinsniveaus. Ihre Möglichkeiten in der Bundesrepublik sind aber aus mehreren Gründen auf absehbare Zeit zu begrenzt, als daß hier das Schwergewicht der Geldpolitik liegen könnte.

Alternative Ansätze der Geldmengensteuerung*

Von *Dieter Duwendag*, Speyer

I. Problemstellung und Abgrenzung

Dieser Beitrag gibt einen Überblick über die neuen Strategien der Geldmengensteuerung in den USA, in der Schweiz und in der Bundesrepublik Deutschland. Zu untersuchen sind die drei Elemente jeder monetären Strategie[1]: Erstens die *geldpolitischen Instrumente*, um die teilweise recht unterschiedlichen institutionellen Gegebenheiten in den hier betrachteten Ländern aufzuzeigen. Zweitens die *Zwischenziele* („intermediate targets") der Geldpolitik. Als weitgehend endogene Variable müssen sie enge Beziehungen zu den „letzten Zielen" der Wirtschaftspolitik aufweisen. Das dritte Element sind die *monetären Indikatoren*. Sie sollen Richtung und Intensität der von der Geldpolitik emittierten Impulse widerspiegeln und deshalb nach Möglichkeit exogen (im Politiksinne) sein. Diese — postulierte — Eigenschaft verleiht den Indikatoren eine Doppelfunktion: Monetäre Indikatoren sind zugleich die Kontrollvariablen, die von den monetären Instanzen gesteuert werden, um die Zwischenziele auf dem angestrebten Zielkurs zu halten. In der praktischen Geldpolitik gibt es zwar mancherlei Überschneidungen zwischen den Indikatoren und den Zwischenzielen, und z. T. sind beide Variablen sogar identisch. Trotzdem scheint die Zerlegung monetärer Strategien in die genannten drei Elemente analytisch zweckmäßig.

Abschnitt II kennzeichnet zunächst einige allgemeine Merkmale des Übergangs zur Geldmengensteuerung. Die konkrete Ausgestaltung der drei Elemente in den monetären Strategien ist dann Gegenstand der folgenden Abschnitte. Besonderes Interesse gilt dabei den — alternativen — Techniken zur Kontrolle der monetären Wachstumsziele. Außerdem wird versucht, einige Probleme der Strategieansätze aufzuzeigen. Eine Würdigung der relativen Überlegenheit der verschiedenen Ansätze

---

* Überarbeitete Fassung der Vorträge im Ausschuß „Geldtheorie und Geldpolitik" am 15. 5. 1976 und 28. 1. 1977 sowie im „Konstanzer Seminar on Monetary Theory and Monetary Policy" am 9. 6. 1977. Ich danke den Mitgliedern des Ausschusses und den Teilnehmern des Konstanzer Seminars für zahlreiche Anregungen und Verbesserungsvorschläge.

[1] Vgl. z. B. verschiedene Beiträge in *K. Brunner* (Hrsg.), Targets and Indicators of Monetary Policy, San Francisco 1969.

verbietet sich dagegen von selbst wegen der erst kurzen Erfahrungen. Dieser Beitrag stützt sich hauptsächlich auf die veröffentlichten „offiziellen“ Verlautbarungen der Notenbanken. Internes Diskussions- und Quellenmaterial der geldpolitischen Entscheidungsträger und ihrer Stäbe stand dem Verf. nicht zur Verfügung. Die folgenden Ausführungen können deshalb nicht mehr sein als der Versuch einer sachgerechten Interpretation notenbankoffizieller Statements aus subjektiver Sicht.

II. Charakteristika der Geldmengenstrategie

Nach gewissen Erprobungsphasen, die in den einzelnen Ländern unterschiedlich weit zurückreichen, begann die „Neue Ära“ der Steuerung monetärer Aggregate etwa zum gleichen Zeitpunkt: Anfang 1975 in der Schweiz und in Deutschland, und im März 1975 in den USA. Das eigentlich Neue und für alle Notenbanken Gemeinsame liegt in den folgenden sechs Punkten:

(1) *Öffentliche Vorankündigung* von jährlichen monetären Wachstumszielen, teils in Form von Zielpunkten (Schweizerische Nationalbank [SNB], Bundesbank), teils in Form von Bandbreiten (Federal Reserve [Fed]). Sämtliche Notenbanken haben diese Strategie vorerst als *„Experiment“* bezeichnet. Im Vergleich zur bisherigen Praxis muß diese Strategie als ein mutiger Schritt in ein geldpolitisches Neuland betrachtet werden, wenn man bedenkt, daß Notenbanken im allgemeinen vor Experimenten und Festlegungen quantitativer Ziele zurückschrecken.

(2) *Monetäre Aggregate* haben auch schon bisher eine gewisse Rolle in den Konzepten der drei Notenbanken gespielt. Seit 1975 scheint jedoch die Steuerung monetärer Aggregate alle anderen Zielgrößen der Geldpolitik zu *dominieren*. Zugleich erfolgte eine Hinwendung zu *breiteren* Aggregaten. Die konkrete Abgrenzung der monetären Aggregate ist in den einzelnen Ländern unterschiedlich. Spezifische Konstrukte der Zentralbankgeldmenge und der Bankreserven sind in diesen Begriff ebenso eingeschlossen wie die $M_{1,2,3}$-Aggregate oder Teilkomponenten davon. Dieses breite Spektrum läßt einerseits erkennen, daß eine Politik der monetären Wachstumsziele nicht an eine bestimmte Geldmengendefinition gebunden ist und spiegelt andererseits spezifische institutionelle Besonderheiten wider.

(3) Das „Zauberwort“ und damit zugleich die Begründung, die hinter dem Strategiewechsel steht, heißt *„Verstetigung“*: Verstetigung der Erwartungen und Dispositionen aller am Wirtschaftsprozeß Beteiligten durch Vorgabe eines monetären Rahmens bzw. Spielraums („monetary budgeting“), um hierdurch die zyklischen Schwankungen der Wirt-

schaftsaktivität zu dämpfen. So oder ähnlich lauten die Begründungen durchgängig bei allen hier betrachteten Notenbanken. Die schlechten Erfahrungen mit den stop-and-go-Praktiken, den time lags und der daraus resultierenden Gefahr von prozyklischen Effekten der Geldpolitik haben dem Experiment der Verstetigungsstrategie mittels monetärer Wachstumsziele entscheidend zum Durchbruch verholfen.

(4) Neben der angestrebten Verstetigung haben die Notenbanken explizit das ambitiöse Ziel vor Augen, die monetäre Wachstumsrate allmählich so weit herabzudrücken, daß sie — zusammen mit der Veränderung der Umlaufsgeschwindigkeit des Geldes (v) — der längerfristigen Wachstumsrate der physischen Produktionspotentials (g) entspricht (*„Potentialorientierung"*). Unter den gegenwärtigen Bedingungen, speziell in den USA und in Deutschland, liegt dieses Idealziel noch in weiter Ferne. In die Kalkulation des monetären Wachstumsziels gehen deshalb zusätzlich ein die erwartete Veränderung der Kapazitätsauslastung (c) und die „unvermeidliche" Inflationsrate (p). v, c und p sind die zyklischen Komponenten des monetären Wachstumsziels, g ist die potentialorientierte Komponente.

(5) Das *taktische* Element der neuen Strategie liegt in einem gewissen *shift von Verantwortung* für inflationäre Preissteigerungen. Mit der Vorgabe monetärer Wachstumsziele verdeutlichen die Notenbanken der Öffentlichkeit, in welcher Höhe sie einen Anstieg des gesamtwirtschaftlichen Ausgabenvolumens zu finanzieren gewillt sind. Gleichzeitig kündigen die SNB und die Bundesbank die *Dekomposition* des monetären Spielraums an, insbesondere die prognostizierte Wachstumsrate des realen BSP einerseits und die „unvermeidliche" Preissteigerungsrate (p) andererseits. (Entsprechende Projektionen der Fed sind dem Verf. nicht bekannt.) Damit werden gewisse psychologische Daten für das Lohn- und Preisverhalten der Tarifpartner und der öffentlichen Haushalte gesetzt. Ob eine solche „Disziplinierung" auf das Maß von p letzten Endes gelingt, ist eine andere Frage. Auf jeden Fall entfällt die (bisherige) bequeme Ausrede einer überbordenden monetären Alimentierung der Inflation. Der Kreis der für Inflationsschübe Verantwortlichen wird eingeengt.

(6) Bekanntlich haben Notenbanken eine ausgeprägte Aversion, sich auf bestimmte theoretische Positionen festzulegen. Ob die neue Strategie der Geldmengensteuerung mit dem Etikett *„Monetarismus"* zu versehen ist, darüber schweigen sich die Notenbanken meistens aus. Immerhin hat jedoch erst kürzlich *Volcker*[2] die neue Fed-Strategie als „experiments in ‚practical monetarism'" bezeichnet[3]. Die SNB und die Bun-

[2] Mitglied des Federal Open Market Committee und Präsident der Federal Reserve Bank of New York.

desbank haben von einer derartigen Qualifizierung ihrer Politik bisher abgesehen. Vielmehr begründen sie ihren Strategiewechsel vornehmlich mit Änderungen des Liquiditätsverhaltens der Banken und mit Änderungen der institutionellen Rahmenbedingungen, speziell mit dem Übergang zu floatenden Wechselkursen im März 1973. Dieser Übergang führte zu einer besseren außenwirtschaftlichen Absicherung der nationalen Geldpolitik und erleichterte in der Tat eine Politik der monetären Wachstumsziele ganz erheblich. Ob nun ausdrückliches Bekenntnis zum Monetarismus oder nicht, die Grundzüge der neuen Strategie wurzeln zweifellos in monetaristischem Gedankengut. Dabei liegt die Betonung auf den „Grundzügen". Die praktische Ausgestaltung der Geldmengensteuerung weicht von den geldpolitischen Empfehlungen der Monetaristen mehr oder weniger stark ab.

III. Das Steuerungskonzept der Deutschen Bundesbank

Die wichtigsten monetären Variablen im Bundesbankkonzept sind:

(1) Die „Zentralbankgeldmenge" in der spezifischen Abgrenzung der Bundesbank (im folgenden abgekürzt als *ZBG)*, (2) die „monetäre Expansion", (3) die $M_{1,2,3}$-Aggregate, (4) die „freien Liquiditätsreserven" der Geschäftsbanken (FLR). Obwohl sich die Bundesbank bereits 1973 zu einer „wirksamen Geldpolitik durch Zentralbankgeldsteuerung"[4] bekannte, erfolgte die essentielle Neuerung dieser Strategie, nämlich die Vorankündigung eines monetären Wachstumsziels, erstmals für das Jahr 1975. In Höhe von jeweils 8 % fixierte die Bundesbank seither die jährliche Wachstumsrate der ZBG für 1975 (im Jahresverlauf) und für 1976 bis 1978 (im Jahresdurchschnitt). In sämtlichen Jahren wurde das monetäre Wachstumsziel überschritten (Dez. 1975/Dez. 1974: + 10,0 %; Jahresdurchschnitt 1976/1975: + 9,2 %, 1977/1976: + 9 %).

1. ZBG und „monetäre Expansion"

a) Die *ZBG* steht — optisch — im Mittelpunkt der neuen Strategie. Die ZBG soll gleichzeitig zwei Funktionen erfüllen: Erstens als Indikator der — wie es die Bundesbank nennt — „monetären Expansion", zweitens als Zwischenziel der Geldpolitik. Von der *Verwendungsseite* her ist die ZBG wie folgt definiert:

---

[3] *P. A. Volcker*, A Broader Role for Monetary Targets, in: Federal Reserve Bank of New York, Quarterly Review, Vol. 2, 1977, S. 26.

[4] Geschäftsbericht der Deutschen Bundesbank für das Jahr 1973, S. 4. Zur geldpolitischen Konzeption der Bundesbank bis 1973 vgl.: *H. Irmler*, The Deutsche Bundesbank's Concept of Monetary Theory and Monetary Policy (S. 137 ff.); *M. J. M. Neumann*, Bank Liquidity and the Extended Monetary Base as Indicators of German Monetary Policy (S. 165 ff.); *M. Willms*, An

(1) $$ZBG = C^B + C^P + R^I; \; R^I = \bar{r}^D D + \bar{r}^T T + \bar{r}^S S$$

C^B: Kassenbestände der Banken (ohne Überschußreserven)
C^P: Bargeldhaltung des Publikums (Noten und Münzen)
R^I: Mindestreserve-Soll für inländische Verbindlichkeiten der Banken, berechnet zu konstanten (Basis: Januar 1974), durchschnittlichen, einlagenspezifischen Reservesätzen ($\bar{r}$); D: Sichteinlagen; T: Termineinlagen mit Befristung bis unter 4 Jahren; S: Spareinlagen mit gesetzlicher Kündigungsfrist.

Von den zahlreichen in *Abb. 1* dargestellten Verwendungsarten von Zentralbankgeld umfaßt die ZBG in der Bundesbankdefinition also lediglich drei Komponenten. Behandelt man bestimmte Arten der monetären Verbindlichkeiten der Bundesbank als negative Entstehungsursachen der ZBG, so ergibt sich die ZBG von der *Entstehungsseite* aus[5]:

(2) $$ZBG + AF^n + K^B + K^ö + W + SA - R^A - D^ö - SP - ML - ML^r - ÜR$$

Gleichungen (1) und (2) zeigen, daß die ZBG ausschließlich aus „verbrauchtem“ Zentralbankgeld besteht, verbraucht für C^B, C^P und R^I. Mit der ZBG will die Bundesbank einen Indikator der *„monetären Expansion“* konstruieren, ohne jedoch diesen Begriff präzise abzugrenzen. Allerdings präferiert die Bundesbank deutlich das Aggregat M_3 als Maßstab der „monetären Expansion“[6], eine Tatsache, die unmittelbar mit der Konstruktion der ZBG zusammenhängt:

(3) $$ZBG = C^B + C^P + \bar{r}^D D + \bar{r}^T T + \bar{r}^S S; \quad \bar{r}^D : \bar{r}^T : \bar{r}^S = 2 : 1,5 : 1^7$$

(4) $$M_3 = C^P + D + T + S$$

M_1 ($C^P + D$)

M_2 ($C^P + D + T$)

Evaluation of Monetary Indicators in Germany (S. 217 ff.); *J. Siebke*, An Analysis of the German Money Supply Process: The Multiplier Approach (S. 243 ff.); alle vorgenannten Beiträge in: Supplements to Kredit und Kapital, No. 1, Proceedings of the First Konstanzer Seminar on Monetary Theory and Monetary Policy, ed. by *K. Brunner*, Berlin 1972; *W. Fautz*, A Credit Market Hypothesis of the German Bundesbank's Liquidity Policy During the Sixties, in: Zeitschrift für die gesamte Staatswissenschaft, Bd. 131, 1975, S. 627 ff.; *H. Schlesinger, H. Bockelmann*, Monetary Policy in the Federal Republic of Germany, in: *K. Holbik* (ed.), Monetary Policy in Twelve Industrial Countries, Boston 1973, S. 161 ff.; *OECD*, Monetary Policy in Germany, OECD-Monetary Studies Series, 1973; *D. R. Hodgman*, National Monetary Policies and International Monetary Cooperation, Boston 1973, insbes. S. 53—84; *D. Duwendag, K.-H. Ketterer, W. Kösters, R. Pohl, D. B. Simmert*, Geldtheorie und Geldpolitik, 2. Auflage, Köln 1977, insbes. S. 253 ff.

[5] Die Symbole sind in Abb. 1 erläutert.

[6] Vgl. z. B. Monatsberichte der Deutschen Bundesbank, Nr. 5, 1975, S. 6 und Nr. 2, 1976, S. 11.

Abb. 1. Bilanz der Deutschen Bundesbank (erweitert)[a)]

Zentralbankgeld-[b)]	
Entstehung	**Verwendung**
AF^n: Netto-Auslandsforderungen (Gold+Devisenreserven— Auslandsverbindlichkeiten)	C^B, C^P, R^I } ZBG [e)]
K^B: Refinanzierungskredite an Banken (Rediskont- und Lombardkredite)	R^A: Mindestreserve-Soll auf Bankeinlagen von Gebietsfremden[f)]
$K^Ö$: Kredite an öffentliche Haushalte	$D^Ö$: Zentralbankguthaben der öffentlichen Haushalte
W: Bestände an (langfristigen) Wertpapieren	SP: Sonstige Passiva
SA: Sonstige Aktiva (Float, Ausgleichsforderungen etc.)	ML: Verbindlichkeiten aus abgegebenen ML-Papieren[g)] **(ohne ML^r)** [h)]
	ML^r, $ÜR$ [i)] } FLR [j)]
ORK: Offene Rediskontkontingente der Banken[c)]	ORK } FLR [j)]
GP^r: „Marktregulierte" Geldmarktpapiere der Banken[d)]	GP^r } FLR [j)]

a) Zusammenfassung der wichtigsten Bilanzpositionen.
b) Nicht zu verwechseln mit der „ZBG" in der Abgrenzung der Bundesbank.
c) Gesamte Rediskontkontingente abzüglich K^B.
d) Insbesondere von Bund und Ländern emittierte Schatzwechsel und unverzinsliche Schatzanweisungen, die die Bundesbank in die „Marktregulierung" einbezogen, d. h. auch vor Fälligkeit anzukaufen sich bereit erklärt hat.
e) Vgl. Gleichung (1).
f) Berechnet zu aktuellen Reservesätzen.
g) „Mobilisierungs"- und „Liquiditäts"-Papiere: Schatzwechsel und unverzinsliche Schatzanweisungen, die der Bund der Bundesbank auf deren Verlangen für ihre Offenmarktgeschäfte
   a) bis zum Nennbetrag der Ausgleichsforderungen (rd. 8,1 Mrd. DM; insoweit: M-Papiere),
   b) zusätzlich bis zum Höchstbetrag von 8 Mrd. DM (L-Papiere) aushändigen muß.
h) In die „Marktregulierung" einbezogene ML-Papiere im Besitz der Banken.
i) Überschußreserven der Banken.
j) Freie Liquiditätsreserven der Banken.

Die ZBG ist also gleich der Summe aus C^P und den mit den jeweiligen (konstanten) Reservesätzen gewichteten D-, T- und S-Einlagen (zuzüglich C^B). Das ergibt einen Geldmengenbegriff *sui generis*. Allerdings besteht zwischen M_3 und ZBG eine weitgehende rechnerische *pars pro*

[7] Diese Relation entspricht annähernd der von der Bundesbank seit Januar 1974 tatsächlich zugrunde gelegten (konstanten) Reservesatzrelation mit Bezug auf D, T und S.

toto-Identität, M_3 ist in etwa ein vergrößertes Abbild der ZBG. Etwas überspitzt formuliert: Die ZBG, vorgesehen als Indikator der „monetären Expansion", mißt sich an sich *selbst.* Es kann daher nicht verwundern, daß die Entwicklung von M_3 und ZBG in den letzten 6 Jahren (Ausnahme 1974: M_1) weitgehend synchron verlief *(Tabelle 1).*

b) Einige *Besonderheiten* und *Implikationen* der ZBG-Abgrenzung seien kurz zusammengefaßt:

— Gegenüber den M_1- und M_2-Aggregaten weist die ZBG (und M_3) den Vorteil auf, daß (zinsbedingte) *Einlagenumschichtungen* weitgehend neutralisiert werden. So hätten 1973 und 1975 die $M_{1,2}$-Aggregate ein irreführendes Bild der „monetären Expansion" gegeben: In der Hochzinsphase 1973 erfolgte ein starker shift von D zu T und S, während 1975, in der Niedrigzinsphase, die umgekehrte Entwicklung eintrat *(Tabelle 1).* Trotzdem sollte die Bundesbank auf den verwirrenden, weil vieldeutigen Begriff der „monetären Expansion" verzichten: Erstens ist im strategischen Konzept der Bundesbank kein Platz für die „monetäre Expansion", zweitens liefert diese Größe keine zusätzlichen Informationen[8]. Denn wegen der fiktiven Konstanz der Reservesätze informiert die ZBG bruchteilsartig ebenfalls über die Bewegung der $M_{1,2,3}$-Aggregate, wobei hinsichtlich C^P sogar völlige Identität besteht.

— Leitender Gedanke der ZBG-Abgrenzung aus der Sicht der Bundesbank ist, daß die ZBG allein das definitive *Ergebnis* der „monetären Expansion" reflektieren soll, nicht dagegen etwa noch vorhandene Expansionsräume der Banken. Die ZBG indiziert also nicht, ob monetäre Impulse von der Geldpolitik *ausgelöst* worden sind, sondern ob sie sich — zusammen mit allen anderen Einflüssen außerhalb der Geldpolitik — in Veränderungen der $M_{1,2,3}$-Aggregate *niedergeschlagen* haben. Das ist ein *ex post*-Indikatorkonzept. Die ZBG ist — in etwa — in gleichem Maße eine *endogene* Variable wie das M_3-Aggregat. Folgerichtig sind aus der ZBG daher die Überschußreserven der Banken (ÜR) und Bindungen oder Freisetzungen von Zentralbankgeld aufgrund von Mindestreservesatzänderungen (L) eliminiert. ÜR und L bestimmen ja erst die *künftigen* Expansionsmöglichkeiten der Banken. Andere Abgrenzungen des Zentralbankgeldes, z. B. die „extended monetary base" (B^e), enthalten explizit die Variablen ÜR und L. Die Indikatorfunktion der B^e ist aber auch eine prinzipiell andere: Nicht das Ergebnis einer bereits eingetretenen Veränderung der $M_{1,2,3}$-Aggregate soll registriert werden, sondern primär, ob monetäre Impulse von der Geldpolitik *ausgelöst* worden

[8] Sondern möglicherweise sogar falsche Aussagen: 1975 *verringerte* sich z. B. M_2 um 0.6 % — „monetäre Expansion"?

sind, die die künftige Entwicklung von $M_{1,2,3}$ bestimmen. Das ist aber ein grundlegend anderes, nämlich *angebotsorientiertes* Indikatorkonzept (ex ante-Orientierung), wie es üblicherweise und auch hier benutzt wird. Dagegen kann die *ZBG* nicht als monetärer Indikator im üblichen Sinne angesehen werden und daher auch nicht als „Kontrollvariable" der Geldpolitik fungieren. Diese Funktionen werden im Bundesbankkonzept von anderen Variablen übernommen, insbesondere von den *FLR* (vgl. 3. und 4.).

— Wie erwähnt, dient die *ZBG* als monetäres *Zwischenziel* der Bundesbank[9]. Gemäß der *ZBG*-Abgrenzung geht C^P zu 100 % in die *ZBG* ein, die *D*-, *T*- und *S*-Einlagen dagegen nur mit dem Gewicht ihrer jeweiligen (fiktiv konstant gehaltenen) Reservesätze ($\bar{r}^D$: 16,6 %; $\bar{r}^T$: 12,4 %; $\bar{r}^S$: 8,1 %). Entspricht diese Zusammensetzung der ZBG aus „Geld" und „near monies" der volkswirtschaftlich relevanten, d. h. der für die Beeinflussung der Wirtschaftsaktivität signifikanten Geldmenge? Diese Anforderung ist prinzipiell an ein monetäres Zwischenziel zu stellen. Die Analysen der Bundesbank lassen nicht erkennen, aus welchen theoretischen und empirischen Erwägungen die derzeitige *ZBG*-Abgrenzung und -Gewichtung abgeleitet ist[10]. Es erscheint a priori *willkürlich*, C^P ein derart hohes Gewicht beizumessen, die *D*-, *T*- und *S*-Einlagen in der angegebenen Weise zu gewichten und andere Einlagenformen außerhalb M_3 unberücksichtigt zu lassen. Erkennbar ist nur, daß die Präferenz der Bundesbank für M_3 rein konstruktionstechnisch aufgrund der spezifischen *ZBG*-Abgrenzung bedingt ist, verbunden mit dem Vorteil, daß sich Einlagenumschichtungen weitgehend neutralisieren. Für die Konstruktion eines „intermediate target" ist dieser Aspekt jedoch von untergeordneter Bedeutung.

Immerhin zeigt die *empirische Evidenz* der letzten 6 Jahre *(Tabelle 1)*, daß die Wachstumsraten der *ZBG* (als pars pro toto von M_3) die „beste" Beziehung im Sinne von geringster Abweichung zu den Wachstumsraten des BSP^n aufweisen, mit Ausnahme der Jahre 1974 (M_2) und 1977 (M_1). Dagegen differieren die Beziehungen zwischen *ZBG* und $M_{1,2,3}$ einerseits und BSP^r sowie *P* andererseits erheblich. All dies können Zufallsergebnisse sein, zumal mögliche time-lags zwischen den Variablen nicht berücksichtigt sind. Auf je-

[9] Den Begriff des „Zwischenziels" (mit Bezug auf die ZBG) hat die Bundesbank u. W. erstmals in ihrem Geschäftsbericht für das Jahr 1975 (S. 1) verwendet.

[10] Zu Versuchen der Bundesbank, die „richtige" Geldmengenabgrenzung zu finden, vgl. *D. Duwendag*, Die neue Geldpolitik der Deutschen Bundesbank: Interpretation und kritische Anmerkungen, in: Konjunkturpolitik, H. 5, 1976, S. 265 ff.

Tabelle 1:

Monetäre Aggregate und gesamtwirtschaftliche Zielgrößen[a)]

Jahr	Jahresdurchschnittliche Wachstumsrate in %						
	ZBG	M_1	M_2	M_3	BSP^n	P	BSP^r
1972	12.7	13,7	14,4	13,2	9,4	5,5	3,7
1973	10,6	5,8	17,9	12,0	11,2	6,9	4,9
1974	6,1	6,1	7,9	8,8	7,3	7,0	0,4
1975	7,8	13,8	—0,6	7,5	4,4	6,0	—2,5
1976	9,2	10,4	5,5	10,0	9,1	4,5	5,7
1977	9,0	8,3	8,5	9,4	6,2	3,9	2,4

a) Alle Größen: saisonbereinigt. P: Preisindex für die Lebenshaltung aller privaten Haushalte. BSP^n, BSP^r: Bruttosozialprodukt in jeweiligen Preisen bzw. in Preisen von 1970 (zugrunde liegen die Neuberechnungen auf der Basis revidierter Angaben des Stat. Bundesamtes). Für *ZBG*, $M_{1,2,3}$ und *P* Jahresdurchschnitte aus den monatlichen Angaben. Für BSP^n und BSP^r Jahreswerte aus den Quartalsangaben (1975—1977: vorläufige Angaben).

Quelle: Eigene Berechnungen anhand der Statistischen Beihefte zu den Monatsberichten der Deutschen Bundesbank, Reihe 4, Saisonbereinigte Wirtschaftszahlen.

den Fall scheint es verfrüht, der *ZBG* aufgrund der „performance" in den letzten 6 Jahren das Attribut eines adäquaten monetären Zwischenziels zuzuerkennen.

2. Die Umlaufsgeschwindigkeit der ZBG

In die „Kalkulation" des *ZBG*-Wachstumsziels gehen die schon unter II. (4) genannten Komponenten ein: *c*, *g*, *p* und *v*. Die %-Veränderungen sämtlicher Variablen werden additiv verknüpft. Im Fall des *ZBG*-Wachstumsziels tritt an die Stelle von *v* die Umlaufsgeschwindigkeit der *ZBG* (v_{ZBG}). Die Projektion der gesamtwirtschaftlichen Variablen *c*, *g* und *p* wird zwischen der Bundesbank und der Bundesregierung abgestimmt. Bergen derartige Projektionen schon dornige Probleme, so bedeutet die kurzfristige (jährliche) Vorausschätzung der v_{ZBG} geradezu ein *spekulatives* Vorhaben. Von der vermuteten Änderung der v_{ZBG} hängt es (u. a.) ab, wie hoch die Bundesbank die Wachstumsrate der *ZBG* bemißt. Für deutsche Verhältnisse bedeutet dies, daß die Bundesbank mit der v_{ZBG} die Brücke zu einer Größe (BSP^n) schlagen muß, die etwa das 10-fache der *ZBG* beträgt:

(5) $$ZBG \cdot v_{ZBG} = BSP^n$$

Hier genügen schon sehr geringe Abweichungen der tatsächlichen Entwicklung der v_{ZBG} vom erwarteten Verlauf, um die gesamte Kalkulation der *ZBG*-Wachstumsrate auf der Basis der Zielprojektionen für die Variablen *c*, *g* und *p* zu Fall zu bringen. Keineswegs bietet die längerfristige Beobachtung eines konjunktursynchronen Verlaufs der *v* (Anstieg in Boomphasen, Rückgang in Rezessionsphasen) eine verläßliche Grundlage für die Vorausschätzung auf kurze (jährliche) Sicht. So stieg die v_{ZBG} im „Stagnationsjahr" 1974 wesentlich stärker als im „Boomjahr" 1973, während sie während des wirtschaftlichen Aufschwungs 1976 sogar leicht sank *(Tabelle 2)*. Die Bundesbank hatte dagegen für 1976 mit einem Anstieg der v_{ZBG} um 1 bis 2 % gerechnet und das *ZBG*-Wachstumsziel entsprechend knapp bemessen. *Schlesinger*[11]: „Wir sind uns darüber im klaren, daß in einem Aufschwung die sogenannte Umlaufsgeschwindigkeit steigt. Das wußten wir auch bei der Formulierung unseres Geldmengenziels" (für 1976; d. Verf.). Auch für 1977 traf die Voraussage der Bundesbank — „Zunahme der Umlaufsgeschwindigkeit um 1 Prozentpunkt"[12] — nicht zu. Tatsächlich sank die v_{ZBG} um 2,67 % *(Tabelle 2)*. Unvorhergesehene Schwankungen der *v* sind also ein beachtlicher Störfaktor für die Kalkulation monetärer Wachstumsziele. Grobe Fehleinschätzungen der Veränderung der v_{ZBG} könnten u. U. kurzfristige *Revisionen* des monetären Wachstumsziels erforderlich machen und damit den angestrebten Verstetigungseffekt und die Glaubwürdigkeit der „neuen" Strategie beeinträchtigen.

Gleichung (5) suggeriert prima facie, als brauchte sich die Bundesbank mit der Vorausschätzung von Geldmultiplikatoren (*m*) bei der Festlegung des *ZBG*-Wachstumsziels nicht zu beschäftigen. Die Umformung von (5) zeigt jedoch rasch das Gegenteil:

$$v_{ZBG} = \frac{BSP^n}{ZBG} = \frac{m_j \cdot ZBG \cdot v_j}{ZBG} = m_j \cdot v_j \tag{6}$$

(j = 1,2,3 mit Bezug auf $M_{1,2,3}$)

Bei Betrachtung der Wachstumsraten (*w*) gilt:

$$w_{v_{ZBG}} = w_{m_j} + w_{v_j} + \left(w_{m_j} \cdot w_{v_j}\right) \tag{7}$$

Gleichungen (6) und (7) bringen die *Bündelungseffekte* der v_{ZBG} zum Ausdruck. Als „catch all" vermengt die v_{ZBG} die verschiedenartigsten Einflüsse — auch solche der Geldpolitik und der verschiedenen Geldmultiplikatoren. Letztere gehen zwar in der v_{ZBG} „unter". Indem die Bundesbank jedoch die Veränderung der v_{ZBG} projektiert, macht sie

---

[11] *H. Schlesinger*, Schärfste Bremse für den Aufschwung (WiWo-Gespräch), in: Wirtschaftswoche, Nr. 24 vom 11. 6. 1976, S. 18.

[12] Monatsbericht der Deutschen Bundesbank, Nr. 1, 1977, S. 6.

Tabelle 2

Veränderung der Umlaufsgeschwindigkeit der ZBG (1972—1977)[a]

Variable	1971	1972	1973	1974	1975	1976	1977
BSP^n							
a) Mrd. DM	756,1	827,1	920,1	986,9	1 030,3	1 123,8	1 193,2
b) w_{BSP^n} (%)	—	9,4	11,2	7,3	4,4	9,1	6,2
ZBG							
a) Mrd. DM	74,1	83,5	92,3	98,0	105,7	115,4	125,8
b) v_{ZBG}	10,20	9,91	9,97	10,07	9,75	9,74	9,49
c) $w_{v_{ZBG}}$ (%)	—	—2,84	0,61	1,00	—3,19	—0,10	2,67

a) Alle Größen: Saisonbereinigt. BSP^n: Bruttosozialprodukt in jeweiligen Preisen (zugrunde liegen die Neuberechnungen auf der Basis revidierter Angaben des Stat. Bundesamtes; für 1975—1977: vorläufige Angaben).
w = jahresdurchschnittliche Wachstumsrate.

Quelle: Eigene Berechnungen anhand der in Tab. 1 genannten Statistiken.

implizit auch eine Vorausschätzung der Veränderung der Geldmultiplikatoren.

3. Die Kontrolle der ZBG

Die Steuerung des *ZBG*-Zwischenziels erfolgt prinzipiell über zins- und liquiditätspolitische Hebel. Um die *ZBG* auf dem angestrebten Wachstumspfad zu halten, verändert die Bundesbank die von ihr direkt fixierbaren Leitzinsen (Notenbankzinssätze; i_{NB}) und/oder den Umfang der den Banken zur Verfügung stehenden „freien Liquiditätsreserven" (*FLR*). Beide Ansatzpunkte — *FLR* und i_{NB} — werden im folgenden als *„Kontrollvariable"* bezeichnet. Gleichzeitig fungieren die *FLR* und — bis zu einem gewissen Grade — auch die i_{NB} als „echte" *monetäre Indikatoren* für die Richtung und Stärke der von der Bundesbank *ausgelösten* monetären Impulse (ex ante-Konzept im Gegensatz zur *ZBG*).

Hauptsächliche *Instrumente* der Bundesbank zur Steuerung der *ZBG* sind die Refinanzierungs- und die Mindestreservepolitik. Offenmarktoperationen spielten erst in den letzten Jahren eine etwas größere Rolle. Der enge und zinsempfindliche Markt für öffentliche Schuldtitel setzte der mit den Mengen operierenden Offenmarktpolitik sehr enge Grenzen. Außerdem waren die Bestände der Bundesbank an staatlichen Wertpapieren bisher außerordentlich gering (nahe Null). All diese Maßnahmen zielen primär auf die Veränderung der *FLR*, unterstützt durch zinspolitische Maßnahmen der Bundesbank. Da Veränderungen der *FLR* immer auch Zinswirkungen auf den Finanzmärkten zur Folge haben, ist die Steuerungstechnik der Bundesbank preis- bzw. zinstheoretisch fundiert („indirekter" Kontrollmechanismus): Die durch FLR-Variationen ausgelösten Zinseffekte sollen — so ist die Intention der Bundesbank — primär das *Kreditangebot* der Banken und die *Kreditnachfrage* der privaten Nichtbanken beeinflussen, dadurch aber auch die $M_{1,2,3}$-Aggregate und schließlich — via C^P, C^B und R^I — die ZGB. Die eigentliche Steuerungspolitik erfolgt also auf *diskretionärem* Wege, d. h. durch ad hoc-Änderungen der *FLR* und der i_{NB}. Eine schematische Darstellung des Steuerungsprozesses findet sich in *Abb. 2*.

Die *zinspolitischen* Hebel der Bundesbank liegen insbesondere in der Veränderung der Zinssätze für Refinanzierungskredite an Banken (Diskontsatz: i_D; Lombardsatz: i_L) und in der Variation der Abgabe- und Rücknahmesätze für Geldmarktpapiere (i_{GP}). i_D, i_L und i_{GP} werden zusammenfassend als Notenbankzinssätze (i_{NB}) bezeichnet. Veränderungen der i_{GP} sind generell das kurzfristig flexiblere Instrument. Sind im Zuge vorausgegangener Kreditexpansion der Banken (BK) erhöhte Bargeldabforderungen und Mindestreserveerfordernisse entstanden, so wird zwar die Bundesbank diesen zusätzlichen Bedarf an Zentralbankgeld der Banken erfüllen. Aber sie kann jetzt die *Konditionen*, eben die i_{NB}, ändern, zu denen sie bereit ist, den Banken dieses Zentralbankgeld bereitzustellen. Dadurch werden Anpassungszwänge, bestimmt durch das Portfolioverhalten der Banken, geschaffen und die *künftigen* Möglichkeiten der Kreditexpansion beeinflußt. So beeinflussen z. B. Erhöhungen der i_{NB} die Geldmarktsätze (i_{GM}), und deren Anstieg pflanzt sich fort auf die Kapitalmarkt- und Kreditzinsen (i_{KM}, i_{BK}). Die Verteuerung des Kreditangebots führt — bei gegebener Kreditnachfrage — zur Reduzierung der Kreditgewährung (BK) und der Wachstumsraten von Teilkomponenten des M_3-Aggregats sowie schließlich — via C^P, C^B und R^I — der *ZBG*-Wachstumsrate („indirekter" Kontrollmechanismus; vgl. *Abb. 2*). Einen derartigen, durch die Schlüsselvariablen *BK* und i_{BK} determinierten Steuerungsprozeß der *ZBG* scheint die Bundesbank hauptsächlich vor Augen zu haben. Nicht explizit erfaßt wird in *Abb. 2* ein *alternativer* Steuerungsmechanismus, der über Veränderungen der relativen Preise bzw. Erträge von Finanz- und Sachaktiva läuft, ein Zins- und Risikogefälle erzeugt und Substitutionsprozesse auslöst. Zwar handelt es sich auch hier um einen „indirekten" (d. h. zinstheoretisch fundierten) Kontrollmechanismus, jedoch sind die Variablen *BK* und

Abb. 2: Ansatz der Geldmengensteuerung der Bundesbank

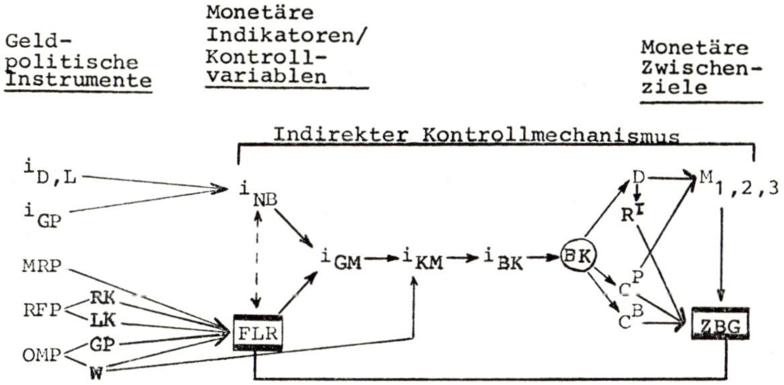

$$m^{FLR} = \frac{ZBG}{FLR}$$

Symbole

$i_{D,L}$: Diskont- und Lombardsatz

i_{GP} : Abgabe-/Rücknahmesätze für Geldmarktpapiere

MRP : Mindestreservepolitik

RFP : Refinanzierungspolitik

RK : Rediskontkontingente

LK : Lombard-"Kontingente" (nicht fixiert)

OMP : Offenmarktpolitik

GP : Geldmarktpapiere

W : Langfristige Wertpapiere

i_{NB} : Notenbankzinssätze

FLR : "Freie Liquiditätsreserven" der Banken (vgl. Abb. 1)

i_{GM} : Geldmarktzinssätze

i_{KM} : Kapitalmarktzinssätze

i_{BK} : Bankkreditzinssätze

BK : Bankkredite

D : Sichtguthaben der inländischen Nichtbanken

$C^P;C^B$: Bargeldumlauf; Kassenbestände der Banken

R^I : ("Inländisches") Mindestreserve-Soll zu konstanten Reservesätzen

$M_{1,2,3}$: Geldmengenabgrenzungen (vgl. Gleichung (4))

ZBG : "Zentralbankgeldmenge" in der Abgrenzung der Bundesbank (vgl. Gleichungen (1) und (2))

m^{FLR}: FLR-Multiplikator

i_{BK} nicht die wichtigsten und schon gar nicht die einzigen Glieder in der Steuerungskette.

Veränderungen der *FLR*, der zweiten Kontrollvariablen der Bundesbank, gehen in der Regel mit entgegengerichteten Zinswirkungen einher (Verflüssigung/Anspannung des Geldmarktes). Unter den gegebenen institutionellen Verhältnissen in Deutschland sind die *FLR* geradezu der wichtigste Hebel, um Zinswirkungen auf den Finanzmärkten zu erzeugen. Der Prozeß der *ZBG*-Steuerung *(Abb. 2)* verläuft wiederum in der zuvor skizzierten Weise: *FLR*, i_{GM}, ..., i_{BK}, *BK*, ..., *ZBG*. Seit März 1973 sind die *FLR* wie folgt definiert (vgl. auch *Abb. 1)*:

(8) $$FLR = \ddot{U}R + ORK + ML^r + GP^r$$

Die Zusammenfassung von ML^r und GP^r zu $MLGP^r$ ergibt:

(8a) $$FLR = \ddot{U}R + ORK + MLGP^r$$

ÜR: Überschußreserven der Banken (Mindestreserve-Ist abzüglich -Soll)
ORK: Offene Rediskontkontingente[13]
$MLGP^r$: Im Besitz der Banken befindliche ML-Papiere und sonstige Geldmarktpapiere, deren jederzeitige Rücknahme die Bundesbank zugesagt hat („Marktregulierung")

Die *FLR* bestehen ganz überwiegend aus *potentiellem* Zentralbankgeld (*ORK*, $MLGP^r$) und normalerweise in nur geringem Umfang aus aktuellem Zentralbankgeld *(ÜR)*. $MLGP^r$ im Besitz der Banken verkörpern zinstragendes Zentralbankgeld auf „Abruf", da diese Geldmarktpapiere jederzeit zu den festgesetzten Rücknahmesätzen (i_{GP}) an die Bundesbank zurückgegeben werden können. Hauptbestandteil der *FLR* sind im Regelfall die *ORK*, die den Banken jederzeit eine quasiautomatische Verschuldung bei der Bundesbank ermöglichen. Erhöht z. B. die Bundesbank die Rediskontkontingente, steigen ceteris paribus auch die *ORK* und die *FLR*. Keineswegs sind die *FLR* jedoch völlig exogen: Die Banken können ihre Verschuldung bei der Bundesbank auf- oder abbauen und damit von sich aus die *ORK* verändern. Ferner entscheiden die Banken, wie sie über ihre *ÜR* disponieren und ob sie von der Bundesbank angebotene $MLGP^r$ erwerben oder derartige Papiere vorzeitig zurückgeben. Allerdings wird die Bundesbank versuchen, durch die Gestaltung ihrer Zinssätze (i_{NB}) auf die Entscheidung der Banken über die Höhe der *FLR* einzuwirken. Die Beispiele zeigen, daß die *FLR* — als monetärer Indikator und als Kontrollvariable — zahlreichen *endogenen* Einflußfaktoren ausgesetzt sind.

---

[13] Nicht fixiert sind Kontingente für die extrem kurzfristigen und zeitweise beträchtlichen Lombardkredite. Der Sache nach sind offene Lombardspielräume aber ebenfalls FLR.

Eine *direkte* Beeinflussung der *ZBG* ist möglich durch Offenmarktgeschäfte mit privaten *Nichtbanken* (bisher geringe praktische Bedeutung; s. o.). Hierdurch verändert sich c. p. das M_3-Aggregat, damit aber auch das Mindestreservesoll *(R^I)* und die *ZBG*. Auch *endogene*, von der Bundesbank nicht beabsichtigte Impulse können über das Vehikel der R^I auf die *ZBG*-Wachstumsrate einwirken (vgl. *Abb. 1):* Teils indirekt, z. B. durch Veränderungen der Netto-Auslandsforderungen der Bundesbank (AF^n)[14] oder der Netto-Position der öffentlichen Haushalte bei der Bundesbank ($K^Ö—D^Ö$), teils direkt durch Einlagenumschichtungen seitens der privaten Nichtbanken, soweit hierdurch die in M_3 erfaßten Komponenten berührt werden. Direkt beeinflußt wird die *ZBG* auch durch Veränderungen des Bargeldumlaufs (C^P). Derartige direkte Einflüsse auf die *ZBG* können kurzfristig durchaus von Bedeutung sein[15]. *Entscheidend* für den Prozeß der *ZBG*-Steuerung ist jedoch, daß die Banken in all den genannten Fällen Zentralbankgeld an die Bundesbank oder an die privaten Nichtbanken verlieren oder in den Besitz von zusätzlichem Zentralbankgeld gelangen. Die *FLR*-Position der Banken (im ersten Schritt: *ÜR*) wird auf- oder abgebaut, begleitet von entgegengerichteten Zinswirkungen. Dadurch werden die *künftigen* Expansionsmöglichkeiten der Banken erhöht oder reduziert mit entsprechenden Auswirkungen auf die *ZBG*-Wachstumsrate.

Wie erwähnt, hat die Bundesrepublik 1975 und 1976 weitaus stärker als bisher *Offenmarktpolitik* (OMP) betrieben, und zwar sowohl mit den Mengen[16] mit längerfristigen Bundesanleihen (W) als auch mit Geldmarktpapieren (Zinsfixierung: i_{GP}). Verstärkt wurde vor allem die mit den Mengen operierende *OMP*: 1975 kaufte die Bundesbank *W* für etwa 7,5 Mrd. DM, um die Kapitalmarktzinsen, die im Zuge der rapiden Erhöhung der öffentlichen Neuverschuldung anzusteigen drohten, zu stabilisieren. Dieses Engagement brachte der Bundesbank zwei Vorwürfe ein: Erstens, sie präferiere ein *langfristiges Zinsziel* als monetäres Zwischenziel gegenüber der *ZBG*-Wachstumsrate, zweitens, die Bundesbank fördere den Fortgang der Staatsverschuldung zu künstlich niedrig gehaltenen Zinssätzen („even keeling"). Zu einem offenen Konflikt — monetäres Wachstumsziel versus Zins-Zwischenziel — kam es jedoch nicht. Denn der mit der expansiven *OMP* bewirkte Aufbau der *FLR* war erwünscht, um die im Jahre 1975 (Rezessionsjahr!) zunächst nur träge expandierende *ZBG* „on target" zu bringen. 1976 gab

[14] Z. B. durch Devisenmarktinterventionen im Rahmen der EG-„Minischlange" oder aufgrund der Rambouillet-Vereinbarungen.

[15] Ausführlicher erörtert bei *D. Duwendag,* Die neue Geldpolitik..., a. a. O.

[16] Auch durch sog. „Wechselpensionsgeschäfte", bei denen die Bundesbank Kauf-Rückkaufvereinbarungen mit den Banken über limitierte Beträge von Handelswechseln trifft (Laufzeit: 10—20 Tage).

die Bundesbank die *W* nahezu vollständig wieder an den Markt zurück, und zwar „geräuschlos", d. h. ohne die normalerweise (s. o.) zu erwartenden starken Zinserhöhungen am Kapitalmarkt — dank günstiger Begleitumstände: Hohe Devisenzuflüsse und die Auflösung der öffentlichen Zentralbankguthaben glichen den Rückgang der *FLR* im Gefolge der restriktiven *OMP* mehr als aus, während die anhaltende Rentenmarkthausse gleichzeitig Zinserhöhungen entgegenwirkte. Da das *ZBG*-Wachstumsziel 1976 überschritten zu werden drohte, forcierte die Bundesbank sogar noch den Abbau der *FLR* durch Emission von solchen *ML*-Papieren, die nicht in die Marktregulierung einbezogen waren (vgl. *Abb. 1*). Fazit: Die *gleichzeitige* Verfolgung eines Zins-Zwischenziels und eines monetären (*ZBG*-)Wachstumsziels muß nicht unbedingt zu Kollisionen führen. Allerdings wird man auf die günstigen Begleitumstände der Jahre 1975/76 nicht immer bauen können.

4. Timing- und Dosierungsprobleme

Erweisen sich unter den institutionellen Gegebenheiten in Deutschland die *FLR* als die entscheidende Kontrollvariable (in geringerem Maße die i_{NB}), so stellt sich abschließend die Frage nach der Dosierung und dem Timing dieses Instruments, um die *ZBG* „on target" zu halten. Hierzu bedürfte es empirisch gesicherter Erfahrungen über das *Portfolioverhalten* der Banken und der privaten Nichtbanken (insbesondere der Kreditnachfrager). Diese Erfahrungen liegen nicht vor. Seit etwa 1969/70 änderte sich das bis dahin relativ stabile Liquiditätsverhalten der Banken (mit Bezug auf die *FLR*) drastisch[17]. Ferner scheint das Portfolioverhalten der Banken und Nichtbanken im konjunkturellen Auf und Ab völlig unterschiedlichen und überdies noch variablen Maximen zu folgen. Für die einer bestimmten *ZBG*-Wachstumsrate *adäquate* Bemessung der *FLR* (und der i_{NB}) fehlt bisher eine hinreichende Kalkulationsbasis. Ähnliches gilt für die time lags: Wie lange dauert der Prozeß der indirekten *ZBG*-Steuerung, bis er sich schließlich in den Bankenbilanzen niederschlägt[18]? *Emminger* bezeichnet die bisher angewandte „Strategie" der Bundesbank mit: „So we have had to feel our way."[19]

Analog der Steuerung der Geldmenge ($M_{1,2,3}$) via Kontrolle der „monetary base" (*B;* einschl. *ÜR* und *L*, s. o.) existiert bei der Steuerung

[17] Vgl. z. B. Geschäftsbericht der Deutschen Bundesbank für das Jahr 1973, S. 3 ff.; *H. Schlesinger,* Neuere Erfahrungen der Geldpolitik in der Bundesrepublik Deutschland, in: Kredit und Kapital, H. 4, 1976, S. 433 ff.

[18] Dazu vgl. *H. Schlesinger,* a. a. O. und *H. Bockelmann,* Charting monetary policy, in: Sparkasse, H. 2, 1975, insbes. S. 39 ff.

[19] *O. Emminger,* The Role of the Central Banker, in: Deutsche Bundesbank, Auszüge aus Presseartikeln, Nr. 86, vom 19. Dez. 1975, S. 3.

der *ZBG* via Kontrolle der *FLR* ein *Multiplikatorproblem.* Abweichungen zwischen den Wachstumsraten von B und $M_{1,2,3}$ (bzw. *FLR* und *ZBG*) schlagen sich in Veränderungen des Multiplikators $m_{1,2,3}$ (bzw. m^{FLR}) nieder. Die Funktionen der B als monetärer Indikator und als Kontrollvariable im Geldbasiskonzept werden im Bundesbankkonzept von den *FLR* übernommen:

$$B \cdot m_{1,2,3} = M_{1,2,3} \tag{9}$$

$$FLR \cdot m^{FLR} = ZBG\,; \quad m^{FLR} = \frac{ZBG}{FLR} = \frac{C^B + C^P + R^I}{\ddot{U}R + ORK + MLGP^r} \tag{10}$$

Der Vergleich des Geldbasiskonzeptes mit dem *FLR*-Konzept ist natürlich nur bedingt möglich. So können die $FLR = 0$ oder sehr gering sein (wie z. B. 1973/74; *Tabelle 3)*, und trotzdem kann die *ZBG* expandieren[20]. Eine Situation von $B = 0$ bei gleichzeitiger Expansion von $M_{1,2,3}$ ist dagegen im Geldbasiskonzept nicht möglich. A priori ist daher zu erwarten, daß m^{FLR} wesentlich stärkeren Schwankungen unterliegt als $m_{1,2,3}$. Daß m^{FLR} aber innerhalb von nur 6 Quartalen (Q 3/1974 bis Q 4/1975) zwischen den Extremwerten 45 und 7 schwankte, ohne das Tempo der *ZBG*-Expansion nennenswert zu beeinflussen, weist auf die enormen Schwierigkeiten einer Steuerung der *ZBG* via *FLR* hin *(Tabelle 3).* Zwar ist jede Politik der Geldmengensteuerung im Kern *diskretionär,* indem sie ad hoc und in einem a priori nicht bekannten Ausmaß Zinsanreize schaffen oder reduzieren muß. Bei der *ZBG*-Kontrolle mittels *FLR*-Variationen scheint der Grad an Diskretionarität und Unsicherheit jedoch besonders ausgeprägt, verglichen etwa mit einer Steuerungspolitik via Bankreserven.

Allein dieser Aspekt soll mit den Berechnungen der *Tabelle 3* demonstriert werden[21]. So scheint nahezu jede Kombination zwischen den *FLR* und der *ZBG* möglich. Zumindest ist ein systematischer Zusammenhang zwischen den Veränderungen beider Variablen nicht erkennbar. Die *Gründe* für das Fehlen einer gesicherten Kalkulationsbasis für die *ZBG-Steuerung* werden schon sichtbar, wenn man m^{FLR} etwas aufspaltet (Gleichung (10)): Im Zähler die Komponenten des Portfolioverhaltens primär der Nichtbanken (insbesondere der Kreditnachfrager), im Nenner jene des Portfolioverhaltens der Banken. Angesichts dieser Probleme muß die relativ geringe Überschreitung der *ZBG*-

---

[20] Z. B. durch Rückgriff auf Interbankforderungen als Bestandteil der *einzel*wirtschaftlichen Liquidität oder dadurch, daß die Bundesbank Verschuldungsmöglichkeiten außerhalb der FLR einräumt (Lombardkredite, „Wechselpensionsgeschäfte").

[21] Hinweis: „Offene" Lombardkontingente zählen „offiziell" nicht zu den FLR. Sie sind deshalb in den Angaben der Tab. 3 nicht enthalten, obwohl sie de facto auch FLR darstellen.

Tabelle 3: **Wachstumsraten der ZBG und der FLR 1973—1977**

Variable	1973[a)]			1974				1975				1976				1977			
	Quartal			Quartal				Quartal				Quartal				Quartal			
	Q2	Q3	Q4	Q1	Q2	Q3	Q4	Q1	Q2	Q3	Q4	Q1	Q2	Q3	Q4	Q1	Q2	Q3	Q4
ZBG[b)]																			
a) Mrd. DM	92	93	94	95	97	99	100	102	104	106	110	112	114	117	119	122	124	127	131
b) w_{ZBG} (%)[c)]	—	0,7	1,7	1,1	2,1	1,9	0,8	2,4	1,9	1,9	3,1	2,1	1,5	2,6	2,3	1,9	1,6	3,1	2,8
FLR																			
a) Mrd. DM	2,4	2,5	2,4	2,4	4,5	2,2	3,5	8,3	9,8	12,2	15,5	14,6	14,6	7,1	7,9	5,4	6,3	9,6	12,4
b) w_{FLR} (%)[c)]	—	7	—7	0	90	—51	58	136	19	25	27	—6	0	—51	11	—32	17	53	29
m_{FLR}[d)]	38	37	39	40	22	45	29	12	11	9	7	8	8	16	15	23	20	13	11

a) 1. Quartal 1973 nicht berücksichtigt wegen des Übergangs zum Floatingsystem und damit verbundenen Änderungen der FLR-Abgrenzung. — b) Saisonbereinigt; gerundete Werte. — c) w = Wachstumsrate; prozentuale Veränderung gegenüber dem vorangegangenen Quartal; berechnet anhand nicht gerundeter Ausgangswerte. — d) Gerundet.

Quellen: Monatsberichte der Deutschen Bundesbank sowie Statistische Beihefte zu den Monatsberichten der Deutschen Bundesbank, Reihe 4, Saisonbereinigte Wirtschaftszahlen.

Wachstumsziele in den Jahren 1975—1977 sicher schon als ein Erfolg der Bundesbank gewertet werden.

IV. Die Geldmengenstrategie der Schweizerischen Nationalbank (SNB)

1. Der institutionelle Rahmen

Der finanzielle Sektor und die *geldpolitischen Instrumente* weisen in der Schweiz und in Deutschland viele Parallelen auf. Die Refinanzierungspolitik (RFP)[22] ist ein wichtiges Instrument für beide Notenbanken. Die SNB gewährt den Banken Diskont-, Lombard- und Swapkredite (DK, LK, SWK), letztere insbesondere als kurzfristige Ultimo-Überbrückungshilfen auf der Basis von US-$/Franken-Swaps. Analog zu den ORK der deutschen Banken existieren auch in der Schweiz Refinanzierungsspielräume („Zusagen" der SNB) beim Diskont- und Lombardkredit. Die Bedeutung der Offenmarktpolitik (OMP) ist gering. Soweit die SNB OMP mit langfristigen Staatsschuldtiteln betreibt, dient sie hauptsächlich der Kurspflege. Bei kurzfristigen Liquiditätsengpässen spielen die „Sterilisierungsreskriptionen" (SR) eine gewisse Rolle. SR sind zinstragende Verbindlichkeiten (Schuldtitel) der SNB auf Zeit, die mit den ML-Papieren der Bundesbank in etwa vergleichbar sind. Insbesondere zur Ultimo-Überbrückung können die Schweizer Banken — betragsmäßig und zeitlich limitiert — SR „mobilisieren", d. h. an die SNB zurückgeben.

Einige *Unterschiede* zwischen beiden Systemen seien genannt:

— Außerordentlich hoch ist in der Schweiz die *Relation* zwischen den monetären Aggregaten und dem BSP^n. Bei nahezu gleicher Abgrenzung wie in Deutschland lauten die Relationen ungefähr (1972—1977): 30 % (M_1), 50 % (M_2), 100 % (M_3). In Deutschland halbieren sich diese Relationen in etwa (besondere Vorliebe der Schweizer Bevölkerung für Geld und near monies?). Für die „monetäre Basis" (B; s. u.) beträgt der Prozentsatz ca. 20 % (in Deutschland: ZBG/BSP^n = rd. 10 %). Als technische Implikation ergibt sich daraus für die SNB eine doppelt so hohe Injektion von zusätzlichem Zentralbankgeld, um ein gleich hohes absolutes Wachstum des BSP^n finanziell zu alimentieren.

— Die zwei hauptsächlichen Motive der *Mindestreservepolitik* (MRP), nämlich Einlegerschutz und geldpolitischer Hebel, sind in der Schweiz säuberlich getrennt. Dem Einlegerschutz dienen die sog. „gesetzlichen Liquiditätsreserven" (GLR) — seit langem etabliert durch das Bankengesetz —, die von den Banken (sowie von Handels- und

[22] Die Symbole beziehen sich auf *Abb. 3*.

Industrieunternehmen) bei der SNB zinslos auf Girokonto zu unterhalten sind. Die GLR sind also *kein* mindestreservepolitisches Instrument der SNB und deshalb in *Abb. 3* auch nicht aufgeführt. Konjunkturpolitisch motivierte „variable Mindestreserven" (VMR) — „Mindestguthaben" genannt — sind bisher noch nicht im Schweizer Notenbankgesetz verankert. VMR gab es von 1969 bis 1972 nur aufgrund von gentlemen's aggreements zwischen der SNB und den Geschäftsbanken, seit Ende 1972 dann auf der Basis des sog. Kreditbeschlusses des Bundes (vorläufig bis Ende 1978 terminiert). Die SNB muß also ihre Befugnis zur Einforderung von VMR aus einem Notrecht ableiten. Allerdings war die praktische Bedeutung der VMR bisher sehr gering.

— Seit 1969 praktiziert die SNB das Instrument der *Kreditzuwachsbegrenzung* (KZB), zunächst wieder auf der Basis von gentlemen's agreements mit den Banken, seit Ende 1972 dann aufgrund des erwähnten Kreditbeschlusses des Bundes. Die Modalitäten der KZB wurden mehrfach geändert und allmählich gelockert.

— *Devisenmarktinterventionen* und geldpolitische Steuerung sind in der Schweiz besonders eng verknüpft und abgestimmt. Die SNB mit Bezug auf das Jahr 1975: „Die Interventionspolitik am Devisenmarkt wurde zugleich in den Dienst der Geldmengenpolitik gestellt, während die angestrebte Wachstumsrate der Geldbasis ihrerseits dem Ausmaß der Devisenkäufe eine Grenze setzte."[23] Das wichtigste Instrument sind in diesem Zusammenhang Zwangskonversionen von Kapitalexporten der Banken bei der SNB (Absorption von Zentralbankgeld durch Abgabe von Devisen aus Beständen der SNB). In den letzten Jahren erfolgte die Steuerung des monetären Wachstumsziels hauptsächlich über diesen Hebel.

— Erleichtert wird die Geldmengensteuerung durch ein weitgehend *abgestimmtes Verhalten* zwischen der SNB und der Regierung (Bildung und Auflösung von Zentralbankguthaben der öffentlichen Hand, Stillegung von vorzeitig aufgenommenen staatlichen Kapitalmarktkrediten bei der SNB).

2. Abgrenzung der monetären Variablen

Das Konzept der Geldmengensteuerung der SNB weist einige Unterschiede zum Bundesbankkonzept auf. Für 1975 und 1976 wurde das Wachstum für die „bereinigte monetäre Basis" (B^b) *und* für M_1 in Höhe von jeweils 6 % im Jahresdurchschnitt vorgegeben, für 1977 und 1978 dagegen *nur* für M_1 eine Wachstumsrate von jeweils 5 %. Auf die

---

[23] 68. Geschäftsbericht der Schweizerischen Nationalbank 1975, S. 9.

Zielfixierung für B^b wurde 1977 und 1978 also verzichtet. Die Festlegung der Zielwerte erfolgt in Abstimmung zwischen dem Bundesrat und der SNB. Der Vergleich der ZBG (Bundesbank) mit der monetären Basis (SNB)[24] zeigt folgende Unterschiede (von der Verwendungsseite):

(11) $$ZBG = C^B + C^P + R^I$$

(12) $$B = C^B + C^P + GLR + \ddot{U}R \quad (B\text{: „monetäre Basis“})$$

(13) $$B^b = B - RFK \quad (B^b\text{: „bereinigte monetäre Basis“})$$

C^P; C^B: Bargeldumlauf; Kassenbestände der Banken

R^I: Mindestreserve-Soll zu konstanten Reservesätzen (vgl. Gleichung (1))

GLR: Gesetzliche Liquiditätsreserven gemäß Bankengesetz (als Giroguthaben von Banken, Handel und Industrie bei der SNB gehalten)

ÜR: Überschußreserven der Banken

RFK: Refinanzierungskredite der SNB an die Banken

B^b ist der „offizielle“ *monetäre Indikator* der von der SNB ausgelösten Impulse und zugleich die entscheidende *Kontrollvariable*. Anders als die *ZBG* enthalten die Variablen B^b (und *B*) die ÜR, signalisieren also künftige Expansionsspielräume der Banken (ex ante-Indikatorkonzept). Das heißt, nicht die *ZBG*, sondern die *FLR* im Bundesbankkonzept sind das Pendant zur B^b im SNB-Konzept. Da die VMR (s. o.) aus B^b *ausgeklammert sind*, bedeutet die alleinige Berücksichtigung der GLR de facto ebenfalls das Rechnen mit konstanten „Reservesätzen“ wie bei der ZBG. Ferner sind die den Banken gewährten Refinanzierungskredite (RFK), eine Entstehungskomponente der B, in B^b eliminiert. Die Ratio dieser Bereinigung[25] ist, mit B^b einen monetären Indikator zu erhalten, der genauer als B *direkte* Aktionen der SNB widerspiegelt. Denn wegen der Existenz von Refinanzierungsspielräumen und deren Inanspruchnahme durch die Banken kann die SNB diese Komponente der B nicht hinreichend präzise kontrollieren. Wie gesagt, dient B^b der SNB „als Steuerungsgröße für die Geldmengenentwicklung“[26], d. h. konkret für die Kontrolle von M_1 als monetärem *Zwischenziel*. M_2 und M_3 werden zwar statistisch ausgewiesen, aber nur am Rande erwähnt. Was die „offizielle“ Bezeichnung des monetären Indikators und des Zwischenziels betrifft, scheint das SNB-Konzept monetaristischen Empfehlungen sehr nahekommen. Allerdings wird zu zeigen sein, daß

---

24 Zu Einzelheiten vgl. „Revision der Geldmengenstatistik“, Beilage zum Monatsbericht der Schweizerischen Nationalbank, Nr. 8, 1975, S. 2 ff.

25 Vgl. z. B. *K. Brunner, A. H. Meltzer*, Liquidity Traps for Money, Bank Credit, and Interest Rates, in: The Journal of Political Economy, Vol. 76, 1968, S. 1 ff.

26 Bericht über die Wirtschafts- und Währungslage für die Sitzung des Bankrates vom 17. 12. 1976, S. 6 (Beilage zum Monatsbericht der Schweizerischen Nationalbank, Nr. 12, 1976).

neben B^b auch die Variablen i_{NB}, RFK und sogar die KZB die Funktion als monetärer Indikator (und Kontrollvariable) bis zu einem gewissen Grade erfüllen können.

3. Empirische Beziehungen

Die empirischen Beziehungen zwischen den Wachstumsraten der monetären Aggregate und den gesamtwirtschaftlichen Zielgrößen in den letzten 6 Jahren zeigt *Tabelle 4.*

Zwischen B^b (als Kontrollvariable) und M_1 (als Zwischenziel) bestand von 1972—1977 — mit Ausnahme der Jahre 1974 und 1977 — nur eine recht lose Verknüpfung, d. h. die Wachstumsraten (w) beider Variablen differierten erheblich. Entsprechend stark schwankte der *„bereinigte" Geldmultiplikator* (m_1^b):

$$w_{M_1} = w_{m_1^b} + w_{B^b} \tag{14}$$

	w_{M_1}	=	$w_{m_1^b}$	+	w_{B^b}	
1972/71:	+ 17,4	=	+ 7,2	+	10,2	jahresdurchschnittliche Veränderung in %
1973/72:	+ 2,2	=	+ 5,9	—	3,7	
1974/73:	+ 0,2	=	— 0,8	+	1,0	
1975/74:	+ 4,3	=	— 4,8	+	9,1	
1976/75:	+ 7,7	=	+ 7,8	—	0,1	
1977/76:	+ 5,4	=	— 1,4	+	6,8	

Ausgerechnet in den beiden ersten Jahren der neuen Geldmengenstrategie schwankte m_1^b am stärksten. Diese Tatsache und generell das Problem der Vorausschätzung des Geldmultiplikators verdeutlichen das Fehlen einer empirisch gesicherten *Kalkulationsbasis* für eine treffsichere Kontrolle des M_1-Wachstumsziels. Vermutlich aus diesem Grunde hat die SNB für 1977 und 1978 auf die Fixierung einer Wachstumsrate für B^b verzichtet (allerdings schwankte m_1^b 1977 bemerkenswert gering). B^b ist die Kontrollvariable im SNB-Konzept, was bedeutet, daß diese Variable erforderlichenfalls *angepaßt* werden muß, um M_1 „on target" zu bringen bzw. zu halten. So ist es fragwürdig, für B^b einen Zielwert vorzugeben, *sofern* m_1^b sehr instabil ist (wie überwiegend in den letzten 6 Jahren). Die festgelegten Wachstumsziele von je 6 % für M_1 und B^b wurden 1975 und 1976 erheblich unter- bzw. überschritten *(Tabelle 4).* Lediglich im *Durchschnitt* beider Jahre wurde das M_1-Wachstumsziel ziemlich genau eingehalten, wie die SNB besonders betont[27] — warum, bleibt unklar: Mit der angestrebten Verstetigung der Geldmengenentwicklung ist der Sprung des M_1-Aggregats von 4,3 %

---

[27] Vgl. Monatsbericht der Schweizerischen Nationalbank, Nr. 12, 1976, S. 3.

Tabelle 4: **Monetäre Aggregate und gesamtwirtschaftliche Zielgrößen 1972—1977 (Schweiz)**

Jahr	Jahresdurchschnittliche Wachstumsrate in %							
	B a)	*Bb* a)	M_1 a)	M_2 b)	M_3 b)	*BSPn* c)	*P* d)	*BSPr* c)
1972	12,9	10,2	17,4	5,5	12,1	13,2	6,7	3,2
1973	—1,3	—3,7	2,2	6,1	8,5	11,6	8,7	3,2
1974	7,1	1,0	0,2	8,9	6,7	8,9	9,8	1,7
1975	5,4	9,1	4,3	1,0	6,9	—1,4	6,7	—7,7
1976	3,9	—0,1	7,7	1,8	7,9	1,1	1,7	—1,3
1977	5,3	6,8	5,4	4,8	8,4	4,4	1,3	3,7

a) Durchschnitt der Monatsendstände. — b) Bis 1975 Durchschnitt der Halbjahresendstände, für 1976 und 1977 Durchschnitt der Monatsendstände. — c) *BSPn* (nominal), *BSPr* (real; in Preisen von 1970). Die Angaben für 1976 und 1977 sind vorläufige Schätzungen der „Arbeitsgruppe für Wirtschaftsprognosen" (Stand: Mitte Dezember 1977). — d) Totalindex der Konsumentenpreise.

Quelle: Monatsberichte der Schweizerischen Nationalbank.

(1975) auf 7,7 % (1976) sicher nicht zu vereinbaren. Mit einer Wachstumsrate von 5,4 % lag M_1 dagegen 1977 relativ nahe bei dem angestrebten Zielwert (+ 5 %)[28].

Die Wahl der „richtigen" *Kombination* von Kontrollvariablen und Zwischenzielen ist ein schwieriges Problem. Checkt man einmal die letzten 6 Jahre (Tabelle 4), so ergibt sich mit Bezug auf die geringsten Schwankungen des Geldmultiplikators folgendes: Die Wachstumsraten der „nicht bereinigten monetären Basis" (B) und des M_1-Aggregats lagen erheblich näher beieinander als im Fall der B^b (einzige Ausnahme: 1974). Mit Bezug auf M_2 ergibt sich ein verteiltes Bild. Nicht erstaunlich ist, daß die Wachstumsraten von B und M_3 die geringsten Abweichungen (im Vergleich zu B^b) aufweisen, da beide Variablen via C^p und GLR (letztere bruchteilsartig) eng miteinander verknüpft sind. Die „performance" von B könnte den Übergang zu dieser Größe als „offizieller" Kontrollvariable nahelegen. Denn für die Steuerung von M_1 sind ja auch die in B^b ausgeklammerten RFK von Bedeutung. Mag das Konstrukt B^b als monetärer Indikator analytische Vorteile haben, so kann es sich im Rahmen der praktischen Geldmengensteuerung als künstliche Trennung von zusammengehörigen Determinanten erweisen.

Für die Wahl von M_2 als *Zwischenziel* (anstelle von M_1) sprechen prima facie die teilweise identischen Wachstumsraten von M_2 und BSP^n in den Jahren 1972—1977 (Tabelle 4) mit entsprechend geringen Schwankungen der Umlaufsgeschwindigkeit von M_2 (v_2). (Soweit dem Verf. bekannt, hat die SNB erwartete Änderungen von v_1 bisher übrigens nicht in die Kalkulation des M_1-Wachstumsziels einbezogen.) 1972 und 1973 dominiert die Beziehung M_3-BSP^n[29]. Dagegen lassen die Wachstumsraten des BSP^n und von M_1, dem „offiziellen" Zwischenziel der SNB, keinen irgendwie gearteten Zusammenhang erkennen. Ähnliches gilt mit Bezug auf P, während die Beziehungen zwischen den Wachstumsraten des BSP^r und der $M_{1,2,3}$-Aggregate erheblich differieren. Natürlich können keine fundierten geldpolitischen Empfehlungen aus den Ergebnissen der letzten 6 Jahre *(Tabelle 4)* abgeleitet werden (Verwendung von Jahresdaten, keine Berücksichtigung von time-lags etc.). Skepsis an der (apodiktischen) Behauptung der SNB (1975), M_1 sei „die volkswirtschaftlich relevante Geldmenge"[30], ist jedoch angebracht. Immerhin scheint die SNB (1976) dem M_2-Aggregat (als potentiellem Zwischenziel?) in Zu-

[28] Allerdings sind sämtliche Angaben für 1977 erst vorläufig (vgl. Tabelle 4).

[29] In einer ökonometrischen Studie für den Zeitraum 1950—1976 wird für die Schweiz der strammste Zusammenhang zwischen M_3 und BSP^n festgestellt. Vgl. *P. Buomberger, B. Müller,* Geldmengenaggregate und Bruttosozialprodukt. Empirische Untersuchungen für die Schweiz, in: Beilage zum Monatsbericht der Schweizerischen Nationalbank, Nr. 1, 1978.

[30] 68. Geschäftsbericht der Schweizerischen Nationalbank 1975, S. 39.

kunft mehr Beachtung schenken zu wollen[31], um die in den letzten Jahden in starkem Maße eingetretenen zinsbedingten Einlagenumschichtungen seitens der Nichtbanken zumindest teilweise zu neutralisieren.

4. Kontrolle des monetären Wachstumsziels

Die Steuerungstechnik der SNB unterscheidet sich prinzipiell nicht von jener der Bundesbank, so daß kurze Hinweise genügen. *Abb. 3* gibt einen Überblick über die Elemente der SNB-Strategie und stellt den Prozeß der Geldmengensteuerung schematisch dar. Wiederum erfolgt die Kontrolle des Zwischenzielaggregats (M_1) hauptsächlich über *diskretionäre*, auf die Beeinflussung des Zinsniveaus und der Zinsstruktur gerichtete Maßnahmen. *Zinspolitische* Kontrollvariablen sind die von der SNB direkt fixierbaren Notenbankzinssätze (i_{NB}), im einzelnen die Zinssätze für Diskont-, Lombard- und Swapkredite (i_D, i_L, i_{SW}) sowie für „Sterilisierungsreskriptionen" (i_{SR}). Die zweite Kontrollvariable der SNB sind Veränderungen der Refinanzierungskredite (RFK). Da die RFK als Entstehungskomponente nicht in B^b enthalten sind (s. o.), müssen die RFK in *Abb. 3* als Kontrollvariable gesondert aufgeführt werden. Ähnlich wie bei den ORK im Bundesbankkonzept steht es im Ermessen der Schweizer Banken, ob und inwieweit sie RFK in Anspruch nehmen. Insoweit sind die RFK eine *endogene* Variable. Allerdings kann und wird die SNB durch Änderung der Konditionen (i_{NB}) versuchen, Einfluß auf den Umfang der RFK zu nehmen. B^b als *dritte* Kontrollvariable steht im Mittelpunkt der SNB-Strategie. Die für die künftige Kredit- und Einlagenexpansion der Banken entscheidende Komponente der B^b sind die Überschußreserven (ÜR). Devisenreserve-Transaktionen (DRT) der SNB waren bisher der hauptsächliche Hebel, um durch Injektion oder Absorption von Zentralbankgeld die ÜR und damit B^b zu steuern. Obwohl DRT nicht als geldpolitisches Instrument im eigentlichen Sinne anzusehen sind (die Klammer in *Abb. 3* soll dies andeuten), hat die SNB derartige Maßnahmen bisher explizit und intensiv in den Dienst ihrer Geldmengensteuerungspolitik gestellt. Eine vergleichsweise geringe Rolle spielten demgegenüber bisher die Offenmarkt- und die Mindestreservepolitik, letztere allein mit Bezug auf die „variablen" Mindestreserven (VMR; zu den „gesetzlichen" Liquiditätsreserven — GLR — s. o.).

Die *Transmission* von Veränderungen der Kontrollvariablen (i_{NB}, RFK, B^b) auf das monetäre Zwischenziel (M_1) wird von der SNB — wie von der Bundesbank — als ein Prozeß der Fortpflanzung von *Zinsimpulsen* auf den verschiedenen Finanzmärkten gesehen. Der ideal-

[31] Vgl. Monatsbericht der Schweizerischen Nationalbank, Nr. 11, 1976, S. 3.

Abb. 3: Ansatz der Geldmengensteuerung der SNB

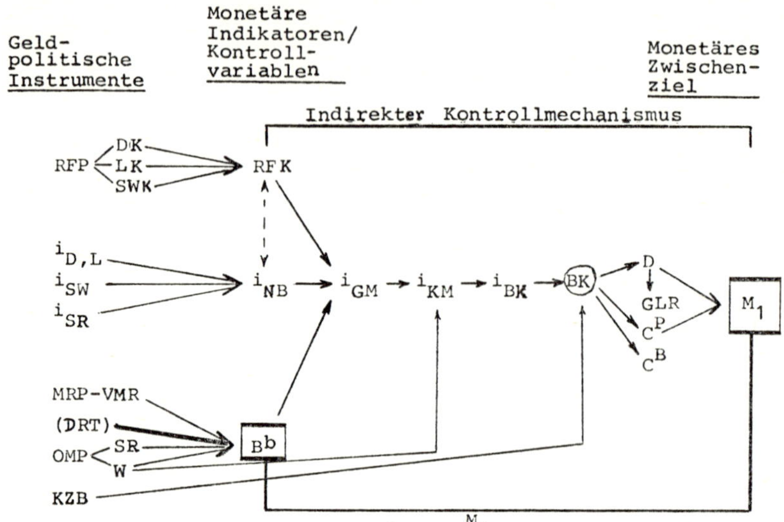

$$m_1^b = \frac{M_1}{B^b}$$

Symbole

RFP, $i_{D,L}$, MRP, OMP, W, i_{NB}, i_{GM}, i_{KM}, i_{BK}, BK, D, C^P, C^B, M_1: vgl. Abb. 2

DK : Diskontkredit

LK : Lombardkredit

SWK: Swapkredit

i_{SW}: Swapkreditzinssätze

i_{SR}: Zinssätze auf "Sterilisierungsreskriptionen"

SR : "Sterilisierungsreskriptionen"

MRP-VMR: Mindestreservepolitik, betr. die "variablen" Mindestreserven ("Mindestguthaben")

DRT: Devisenreserve-Transaktionen

KZB: Kreditzuwachsbegrenzung

RFK: Refinanzierungskredite der SNB an die Banken

B^b : $C^B + C^P$ + GLR + ÜR − RFK ("bereinigte monetäre Basis")

GLR: Gesetzliche Liquiditätsreserven gemäß Bankengesetz

ÜR : Überschußreserven der Banken

m_1^b : B^b-Multiplikator mit Bezug auf M_1

typische Ablauf dieses Prozesses (Abb. 3) beginnt mit der Beeinflussung der Geldmarktsätze (i_{GM}) durch Variation der Kontrollvariablen, greift auf die Kapitalmarkt- und Bankkreditzinsen über (i_{KM}, i_{BK}), verändert die Kreditexpansion der Banken (BK) und schlägt sich via Veränderungen der Variablen D und C^P schließlich in der Wachstumsrate des M_1-Aggregats nieder („indirekter" Kontrollmechanismus). Die Variablen i_{BK} und BK scheinen also auch im SNB-Konzept eine Schlüsselrolle zu spielen. Dafür spricht auch, daß die SNB seit 1969 eine Politik der Kreditzuwachsbegrenzung (KZB) betrieben hat. Insoweit wäre diese Technik der Geldmengensteuerung natürlich ein *„direkter"* Kontrollmechanismus und BK würde zur *vierten* Kontrollvariablen der SNB. Über alternative Transmissionskanäle der Geldmengensteuerung (z. B. Mechanismus der relativen Preise), die nicht oder zumindest nicht ausschließlich über den Bankensektor und Bankkredite laufen, schweigt sich die SNB „offiziell" aus.

V. Die geldmengenpolitische Konzeption der Federal Reserve (Fed)

Im Vergleich zu den Konzepten der Bundesbank und der SNB weist die Geldmengenstrategie der Fed einige Unterschiede auf. Vorauszuschicken sind ferner einige institutionelle Besonderheiten des US-Notenbanksystems.

1. Merkmale der Fed-Strategie

a) Die *Initiative,* Geldmengenwachstumsziele zu spezifizieren und öffentlich voranzukündigen, ging vom Parlament aus, d. h. von beiden Häusern des Kongresses. Während der Übergang zur Geldmengensteuerung in der Schweiz und in Deutschland ohne Parlamentsdebatten über die Bühne ging, kam es in den USA schon fast zu einer Kraftprobe und harten Auseinandersetzungen zwischen dem Board of Governors (BoG) und dem Kongreß. Gegenüber *Proxmire*[32] zeichnete (der damalige) BoG-Chairman *Burns* ein düsteres Bild, falls die Initiative des Kongresses realisiert werden sollte:

> „If you mean ..., that we (der BoG; d. Verf.) are to come before the Congress and specify numerical targets as to this or that, then all that I can say to you is that we could not responsibly do that. We would be in a straitjacket, and we could damage our country, because we had been put in a straitjacket[33]."

---

[32] Chairman des „Committee on Banking, Housing, and Urban Affairs" (U.S.-Senat).

[33] *A. F. Burns,* Statement, in: Monetary Policy Oversight, Hearings before the Committee on Banking, Housing, and Urban Affairs, U.S.-Senate, 94th Congress, 1st Session, Washington, D.C. 1975, S. 46.

Das Ergebnis der Kraftprobe war die „House Concurrent Resolution“ (H. C. R.) 133 vom 24. März 1975:

„That it is the sense of Congress that the Board of Governors of the Federal Reserve System and the Federal Open Market Committee — ... (2) maintain long run growth of the monetary and credit aggregates commensurate with the economy's long run potential ... Pursuant to this resolution ... the Board of Governors shall consult with Congress at semiannual hearings ... about the Board of Governors' and the Federal Open Market Committee's objectives and plans with respect to the ranges of growth or diminution of monetary and credit aggregates in the upcoming twelve months“[34].

Dieser Resolution entsprechend kündigte *Burns* erstmals am 1. Mai 1975 öffentlich längerfristige monetäre Wachstumsziele für den Zeitraum von März 1975 bis März 1976 an. Auch die gewünschten vierteljährlichen Hearings vor den Bankenausschüssen beider Häuser haben inzwischen regelmäßig stattgefunden.

b) Anders als bei der SNB und der Bundesbank basiert die „neue“ Fed-Strategie auf der Vorgabe von *vier* Zielwerten:

(1) für das längerfristige (jährliche) Wachstum der Aggregate $M_{1, 2, 3}$ (und der „credit proxy“),

(2) für das zweimonatliche Wachstum von $M_{1, 2}$,

(3) für die monatliche Entwicklung der Federal Funds Rate (FFR),

(4) — bis März 1976 — für das monatliche Wachstum des Reserveaggregats der RPDs („reserves available to support private nonbank deposits“; vgl. auch *Abb. 4*).

c) Während die SNB und die Bundesbank ihre monetären Wachstumsziele in Form von Zielpunkten formulieren, gibt die Fed für alle genannten vier Variablen Zielwerte in Form von *Bandbreiten* vor.

Ferner werden die Zielwerte der jährlichen $M_{1, 2, 3}$-Wachstumsraten nicht unbedingt für die gesamte Zielperiode unverändert beibehalten. Vielmehr werden die $M_{1, 2, 3}$-Zielgrößen jedes Vierteljahr für die jeweils folgenden vier Quartale neu formuliert und — soweit erforderlich — neu *basiert* und *korrigiert*[35].

---

[34] „House Concurrent Resolution“ 133, in: First Meeting on the Conduct of Monetary Policy, Hearings before the Committee on Banking, Housing, and Urban Affairs, U.S.-Senate, 94th Congress, 1st Session, Washington, D.C. 1975, S. 3.

[35] Unterlagen über das von der Fed praktizierte Verfahren der Fortschreibung, Neubasierung und Korrektur der jährlichen $M_{1,2,3}$-Zielgrößen standen dem Verf. nicht zur Verfügung. Auf eine kritische Beurteilung dieses Verfahrens muß deshalb verzichtet werden.

d) Im Unterschied zu den Praktiken der SNB und der Bundesbank erfolgt bei der „Kalkulation" der monetären Wachstumsziele in den USA *keine Abstimmung* zwischen der Fed und dem Federal Government hinsichtlich der in diese „Kalkulation" eingehenden gesamtwirtschaftlichen Zielprojektionen (soweit dem Verf. bekannt).

e) Im Gegensatz zur SNB und der Bundesbank dominiert die mit den Mengen operierende Offenmarktpolitik (OMP) als geldpolitisches Instrument der Fed. Schalthebel ist dementsprechend das Federal Open Market Committee (FOMC). Mindestreserve-(MRP) und Refinanzierungspolitik (RFP) spielen nur als flankierende Maßnahmen zur OMP eine gewisse Rolle. Die Erhältlichkeit von Refinanzierungskrediten gilt als „Privileg" der dem Fed-System angeschlossenen Member Banks, nicht jedoch als Recht auf automatischen Zugang zum „discount window"[36]. Mehr noch — wie der BoG betont[37] —, die RFP „is not normally intended to serve as an instrument of countercyclical monetary policy", sondern primär als Anpassungs- und Saisonüberbrückungskredit für Member Banks sowie als „emergency credit". Die U.S.-Member Banks verfügen also nicht über „no-questions-asked discount quotas", m. a. W., das Institut der FLR der Banken existiert in den USA nicht, abgesehen von den Überschußreserven. Aus diesem Grunde sind die Reserveaggregate dem direkten Zugriff der OMP ausgesetzt. Über die erforderliche Offenmarktmunition verfügt die Fed in reichlichem Maße: Ende September 1977 hielten die Federal Reserve Banken in ihrem Portefeuille Schuldtitel der U. S.-Regierung in Höhe von insgesamt rd. $ 60 Mrd. mit einer Laufzeit bis zu 1 Jahr bzw. rd. $ 90 Mrd. mit einer Laufzeit bis zu 5 Jahren[38].

2. Das Konsistenzproblem

Die gleichzeitige Vorgabe von Zielwerten für vier monetäre Variablen wirft das Problem der Konsistenz in aller Schärfe auf. Die Fed leistet sich den Luxus oder wagt das Kunststück — ganz wie man will — Mengen- *und* Preis-(Zins-)Ziele gleichzeitig zu fixieren. Zwar handelt es sich nicht um die Mengen-/Preisfestlegung für ein und dasselbe „Gut" (FFR einerseits und die M_{1}, $_{2}$, $_{3}$- und Reserveaggregate andererseits). Auch erfolgt die Mengen-/Preisfixierung nicht nach der Maxime: „Knapp, aber billig" —, und außerdem lassen die großzügig bemessenen Bandbreiten für die Mengen- und Zinsziele Raum für das Auffangen unvorhergesehener Schwankungen. Gleichwohl birgt die gleichzeitige *Mengen-/*

---

[36] Vgl. Board of Governors of the Federal Reserve System (Hrsg.), The Federal Reserve System, Purposes and Functions, 6th edition, Washington, D.C. 1974, S. 71.

[37] Ebenda, S. 73 ff.

[38] Vgl. Federal Reserve Bulletin, Vol. 63, Nr. 10, 1977, S. A 13.

Tabelle 5: **Kurzfristige monetäre Zielvorgaben (Fed)**[a]

Periode	M_1[b]		M_2[b]		FFR[c]	
	Ziel	Ergebnis	Ziel	Ergebnis	Ziel	Ergebnis
1975						
März/Apr.	5,0— 7,5	6,5	8,0 —10,0	8,2	5,25—6,25	5,52
Apr./Mai	6,5— 9,0	7,4	9,5 —11,5	10,3	4,75—5,50	5,36
Mai/Juni	7,0— 9,5	12,8	9,0 —11,5	15,0	4,75—5,75	5,39
Juni/Juli	6,5— 9,5	9,0	9,0 —13,0	13,1	4,50—5,50	5,83
Juli/Aug.	3,0— 5,5	4,5	8,0 —10,5	7,7	5,00—6,25	6,12
Aug./Sept.	4,5— 7,0	3,5	8,25—10,75	5,0	5,50—6,75	6,19
Sept./Okt.	5,0— 8,0	0,5	7,0 — 9,5	4,7	5,75—7,00	6,03
Okt./Nov.	3,0— 7,0	4,3	5,5 — 8,5	8,0	5,75—7,00	5,52
Nov./Dez.	6,0—10,0	3,4	7,5 —10,5	7,0	5,25—6,25	5,21

Tabelle 5: (Fortsetzung)

Periode	M_1 b)		M_1 b)		FFR c)	
	Ziel	Ergebnis	Ziel	Ergebnis	Ziel	Ergebnis
1976						
Dez./Jan.	4,0— 7,0	6,8	7,0 —10,0	11,0	4,50—5,50	5,04
Jan./Febr.	4,0— 9,0	4,1	7,0 —11,5	12,6	4,25—5,00	4,82
Febr./März	5,0— 9,0	5,7	9,0 —13,0	11,0	4,25—5,25	4,81
März/Apr.	4,0— 8,0	10,1	7,0 —11,0	11,0	4,25—5,25	4,83
Apr./Mai	4,5— 8,5	10,9	8,0 —12,0	11,5	4,50—5,25	5,06
Mai/Juni	4,0— 7,5	2,8	5,0 — 9,0	6,6	5,00—5,75	5,39
Juni/Juli	3,5— 7,5	3,0	6,0 —10,0	8,2	5,25—5,75	5,40
Juli/Aug.	4,0— 8,0	6,1	7,5 —11,5	10,6	4,75—5,75	5,30
Aug./Sept.	4,0— 8,0	3,1	7,5 —11,5	9,6	5,00—5,50	5,27
Sept./Okt.	4,0— 8,0	7,4	8,0 —12,0	13,0	4,75—5,50	5,14
Okt./Nov.	5,0— 9,0	6,8	9,0 —13,0	13,0	4,50—5,25	4,99
Nov./Dez.	3,0— 7,0	4,1	9,5 —13,5	11,4	4,50—5,25	4,80

Tabelle 5: (Fortsetzung)

Periode	M_1[b)]		M_2[b)]		FFR[c)]	
	Ziel	Ergebnis	Ziel	Ergebnis	Ziel	Ergebnis
1977						
Dez./Jan.	2,5— 6,5	6,8	9,0 —13,0	11,0	4,25—5,00	4,63
Jan./Febr.	3,0— 7,0	3,1	7,0 —11,0	8,4	4,25—5,00	4,65
Febr./März	3,0— 7,0	3,1	6,5 —10,5	7,9	4,25—5,00	4,69
März/Apr.	4,5— 8,5	12,4	7,0 —11,0	11,1	4,25—5,25	4,71
Apr./Mai	6,0—10,0	10,1	8,0 —12,0	9,1	4,50—5,25	5,04
Mai/Juni	0,0— 4,0	2,6	3,5 — 7,5	6,4	4,88—5,63	5,37
Juni/Juli	2,5— 6,5	11,4	6,0 —10,0	12,4	5,25—5,75	5,41
Juli/Aug.	3,5— 7,5	12,1	6,5 —10,5	11,6	5,25—5,75	5,66
Aug./Sept.	0,0— 5,0	6,6	3,0 — 8,0	7,2	5,50—6,13	6,02
Sept./Okt.	2,0— 7,0	9,7	4,0 — 8,0	9,1	6,00—6,50	6,31
Okt./Nov.	3,0— 8,0	5,3	5,5 — 9,5	7,4	6,25—6,75	6,49
Nov./Dez.	1,0— 7,0	3,1	5,0 — 9,0	5,2	6,25—6,75	6,54
(Dez./Jan.)	2,5— 8,5	7,4	6,0 —10,0	7,0	6,25—6,75	6,63

a) Zu den Quellen vgl. Tabelle 6. — b) Zwei-Monatsdurchschnitte, auf Jahreswachstumsrate umgerechnet (in %); Ergebnis: saisonbereinigt. — c) Federal Funds Rate in % p. a. Die (i. d. R.) monatlichen Zielgrößen beziehen sich auf den in Spalte 1 jeweils zuerst genannten Monat, in dem die FOMC-Sitzung und die Festlegung der FFR-Bandbreite erfolgte, und zwar meistens zur Monatsmitte. (Soweit das FOMC zweimal in einem Monat FFR-Zielgrößen fixierte, wurde hier der Mittelwert für den betreffenden Monat genommen.) Wegen der zeitlichen Überlappung der FFR-Zielgrößen (Festlegung jeweils bis zur nächsten FOMC-Sitzung) wurden für die tatsächliche Höhe der FFR („Ergebnis") Zwei-Monatsdurchschnitte errechnet (Sitzungsmonat des FOMC und darauf folgender Monat).

Tabelle 6: **Jährliche monetäre Wachstumsziele[a)] (Fed)**

Periode	M_1		M_2		M_3	
	Ziel	Ergebnis	Ziel	Ergebnis	Ziel	Ergebnis
März 1975 — März 1976	5,0—7,5	4,9	8,5—10,5	9,6	10,0—12,0	12,2
Q 2/1975 — Q 2/1976	5,0—7,5	5,2	8,5—10,5	9,6	10,0—12,0	12,0
Q 3/1975 — Q 3/1976	5,0—7,5	4,5	7,5—10,5	9,3	9,0—12,0	11,5
Q 4/1975 — Q 4/1976	4,5—7,5	5,6	7,5—10,5	10,9	9,0—12,0	12,8
Q 1/1976 — Q 1/1977	4,5—7,0	6,0	7,5—10,0	11,0	9,0—12,0	12,8
Q 2/1976 — Q 2/1977	4,5—7,0	6,0	7,5—9,5	10,5	9,0—11,0	12,2
Q 3/1976 — Q 3/1977	4,5—6,5	7,3	7,5—10,0	10,9	9,0—11,5	12,6
Q 4/1976 — Q 4/1977	4,5—6,5	7,4	7,0—10,0	9,6	8,5—11,5	11,6
Q 1/1977 — Q 1/1978	4,5—6,5	.[b)]	7,0—9,5—	.	8,5—11,0	.
Q 2/1977 — Q 2/1978	4,0—6,5	.	7,0—9,5	.	8,5—11,0	.
Q 3/1977 — Q 3/1978	4,0—6,5	.	6,5—9,0	.	8,0—10,5	.
Q 4/1977 — Q 4/1978	4,0—6,5	.	6,5—9,0	.	7,5—10,0	.

a) Prozentuale Veränderung innerhalb der jährlichen Zielperiode. Alle Größen: saisonbereinigt. — b) Angaben noch nicht verfügbar.
Quelle: Eigene Berechnungen anhand der statistischen Angaben in: Federal Reserve Bulletin, Jahrgänge ab 1975. Vgl. hierzu ferner: *A. F. Burns*, Vierteljährliche Statements vor dem Kongreß, in: Federal Reserve Bulletin, Jahrgänge ab 1975. — „Record of Policy Actions of the Federal Open Market Committee", in: Federal Reserve Bulletin, Jahrgänge ab 1975. — *N. Jianakoplos*, The FOMC in 1975: Announcing Monetary Targets, in: Review, Federal Reserve Bank of St. Louis, Vol. 58 (1976), Nr. 3, S. 8 ff. — *A. E. Burger, D. R. Mudd*, The FOMC in 1976: Progress Against Inflation, in: Review, Federal Reserve Bank of St. Louis, Vol. 59 (1977), Nr. 3, S. 2 ff. — *R. W. Lang*, The Federal Open Market Committee in 1977, in: Review, Federal Reserve Bank of St. Louis, Vol. 60 (1978), Nr. 3, S. 2 ff.

Zinsfixierung die Gefahr von Kollisionen. Zweifellos besteht zwischen der Entwicklung der monetären Aggregate und der FFR eine Reihe von „gesetzmäßigen" Beziehungen, die mit Hilfe eines Geldmarktmodells prognostizierbar sind. Aber es gibt daneben mannigfache, kaum kalkulierbare Interdependenzen zwischen diesen Variablen, die sich der Erfassung auch durch das subtilste ökonometrische Modell entziehen. So sieht sich das FOMC jeden Monat erneut mit dem schwierigen Problem konfrontiert: Welche FFR-Bandbreite ist konsistent mit den Bandbreiten für die monetären und Reserveaggregate? Natürlich ist das Konsistenzproblem keine Spezialität der Fed-Strategie allein. Auch die Bundesbank („welche Veränderung der FLR ist vereinbar mit der angestrebten ZBG-Wachstumsrate?") und die SNB („welche Variation der B^b ist konsistent mit der angestrebten M_1-Wachstumsrate?") stehen stets vor diesem Problem. Bei der Fed-Strategie tritt es jedoch *ausgeprägter* in Erscheinung — eben wegen der gleichzeitigen Mengen-/Zinsfixierung.

Die *Tabellen 5 und 6* zeigen, inwieweit das Konsistenzproblem in der Praxis gemeistert wurde: Die FFR-Bandbreiten wurden nur in 3 von 34 Monaten nicht getroffen (20-mal erreichte die tatsächliche FFR sogar in etwa den Bandbreiten-Mittelwert). Demgegenüber lagen die tatsächlichen Wachstumsraten der kurzfristigen M_1-bzw. M_2-Ziele in 16 resp. 13 Zielperioden von insgesamt 34 Monaten außerhalb der vorgesehenen Bandbreiten, wobei insbesondere die M_1-Wachstumsrate z. T. beträchtlich von den anvisierten Zielwerten abwich. Bei den jährlichen $M_{1,2,3}$-Wachstumszielen ergibt sich folgendes Bild: In den bisherigen 8 Zielperioden fielen M_1 und M_2 je viermal und M_3 sechsmal außerhalb der jeweiligen Bandbreiten, wenn auch hier die Abweichungen relativ gering ausfielen. *Fazit:* die „performance" der FFR-Steuerung gelang im Vergleich zur (insbesondere kurzfristigen) Kontrolle der monetären Aggregate wesentlich besser. Impliziert dieses Ergebnis eine Priorität für die FFR als (kurzfristiges) monetäres Zwischenziel? Unterliegt die Einhaltung der monetären Wachstumsziele der FFR-Restriktion? „The plan is to control a price in the short run and a quantity in the long run."[39]

3. Die Vorgabe von Zielbandbreiten

Wie erwähnt, formuliert das FOMC die Zielwerte der monetären Variablen in großzügig bemessenen Bandbreiten: für die FFR, für $M_{1,2,3}$ (jährlich), für $M_{1,2}$ (zweimonatlich) und für die Reserveaggre-

---

[39] *E. J. Kane,* All for the Best: The Federal Reserve Board's 60th Annual Report, in: The American Economic Review, 1974, S. 840.

gate[40]. Die *Tabellen 5 und 6* zeigen, daß die FFR-Bandbreiten zwischen 1,25 und 0,5 Prozentpunkten, die (kurzfristigen) $M_{1,2}$-Bandbreiten zwischen 2,5 und 6 (M_1) bzw. 2 und 5 (M_2) Prozentpunkten und die (jährlichen) $M_{1,2,3}$-Bandbreiten zwischen 2 und 3 Prozentpunkten schwankten. Derart weite Bandbreiten gleichen einem „Schießen auf bewegliche Ziele." Haben Bandbreiten *Vorteile* gegenüber Zielpunkten? Bandbreiten, zumal wenn sie weit formuliert sind, (1) fangen Kalkulations-Inkonsistenzen und -Irrtümer (vgl. 2) zumindest teilweise auf, (2) erschweren den Nachweis von Mißerfolgen der Geldpolitik, (3) schützen die Handlungs-Unabhängigkeit der Zentralbank (für die Fed besonders relevant angesichts der H. C. R. 133). Aus der Sicht der Fed dürften alle drei Punkte als „politische Vorteile" gewertet werden, wobei (1) und (2) sicher umstritten sind.

Hier sei zusätzlich auf das folgende Problem hingewiesen: Es fragt sich, ob es *ökonomisch* sinnvoll ist, vor allem für die $M_{1,2,3}$-Wachstumsraten derart weite Bandbreiten vorzugeben. Die Kehrseite der „politischen Vorteile" ist, daß die Einhaltung (wenn überhaupt) der unteren oder oberen Grenze einer 4,5 bis 7,5 %-Bandbreite (so z. B. der M_1-Zielwert für Q4/75 — Q4/76; *Tabelle 6*) ganz unterschiedliche Einflüsse auf die Wirtschaftsaktivität haben kann. Die *Ernsthaftigkeit* einer konsequenten Geldmengensteuerung der Fed, deren Ziel ja auch auf die Verstetigung des Wirtschaftsablaufes gerichtet ist, muß solange in Zweifel gezogen werden, als die Bandbreiten für die $M_{1,2,3}$-Wachstumsziele nicht wesentlich *reduziert* werden. Dadurch wird sich zwar das Konsistenzproblem mit dem kurzfristigen FFR-Ziel verschärfen, aber die Fed ist gezwungen, hinsichtlich ihrer *Zwischenziel-Priorität* Farbe zu bekennen. Naturgemäß wird sich der Account-Manager des FOMC bei seinen täglichen Operationen eher an der Einhaltung der FFR-Bandbreite orientieren als an den zweimonatlichen $M_{1,2}$-Zielen oder gar an den jährlichen $M_{1,2,3}$-Wachstumszielen. Diese „money market myopia" („Kurzsichtigkeit"), über einen längeren Zeitraum durchgehalten, gefährdet jedoch die Einhaltung der längerfristigen $M_{1,2,3}$-Wachstumsziele.

Als Nachteil von Zielpunkten wird oft genannt, sie täuschten eine Treffsicherheit der geldpolitischen Steuerung vor, die in der Realität nicht gegeben ist. Wird aber nicht der gleiche Anschein einer akkuraten Treffsicherheit erweckt, wenn die Fed die oberen und unteren Grenzen der $M_{1,2,3}$-Bandbreiten um 0,5 oder sogar nur 0,25 Prozentpunkte verändert? Ergänzend zu den *Tabellen 5 und 6* sei noch angemerkt, daß die

[40] RPDs, nichtgeborgte und gesamte Bankreserven, monetäre Basis. Seit März 1976 werden Bandbreiten für RPD-Zielwerte nicht mehr vorangekündigt. Sämtliche Reserveaggregate werden jedoch bei den Anweisungen des FOMC an den Account Manager weiterhin berücksichtigt.

Bandbreiten der kurzfristigen $M_{1,2}$-Wachstumsziele wesentlich stärkere Schwankungen aufweisen als jene der jährlichen $M_{1, 2, 3}$-Wachstumsziele (Verstetigungsabsicht?). Ferner wurden die Bandbreiten für letztere, insbesondere für M_1, sukzessive in ihren oberen und unteren Grenzen herabgesetzt (Einschwenken auf den Pfad des längerfristigen realen Wachstums?).

4. Kurz- und längerfristige monetäre Zwischenziele

Die gleichzeitige Vorgabe von Zielwerten für mehrere monetäre Variablen bereitet dem Außenstehenden einige Schwierigkeiten, das oder die monetären Zwischenziele der Fed-Strategie zu evaluieren und sie gegenüber den Kontrollvariablen bzw. monetären Indikatoren abzugrenzen. Das Problem mündet ein in die Frage, ob die Fed mit der Kontrolle monetärer Aggregate nach Verabschiedung der H. C. R. 133 wirklich Ernst gemacht hat, oder ob weiterhin die Steuerung der „money market conditions", speziell der FFR, als Zwischenziel dominiert. Das Problem sei anhand eines kurzen historischen Abrisses skizziert: Die meisten der seit 1970 formulierten FOMC-Direktiven lauteten, daß die Bankreserven und die money market conditions *„konsistent"* sein sollten mit der (damals quantitativ noch nicht fixierten) Entwicklung der monetären (M_1) und Kreditaggregate. Z. B. lautete die *FOMC-Direktive* vom 5. Mai 1970:

„... the Committee [FOMC] desires to see moderate growth in money [M_1] and bank credit over the months ahead. System open market operations... shall be conducted with a view to maintaining bank reserves und money market conditions consistent with that objective..."[41]

Etwa $6^1/_2$ Jahre später lautete die *FOMC-Direktive* (vom 16. Nov. 1976):

„... the Committee [FOMC] seeks to achieve bank reserve and money market conditions consistent with moderate growth in monetary aggregates over the period ahead."[42]

Zwischen diesen beiden FOMC-Direktiven liegt die H. C. R. 133 und der Beginn der neuen Geldmengenstrategie im Frühjahr 1975. Die Formulierungen dieser FOMC-Anweisungen, für sich genommen, lassen nicht erkennen, daß inzwischen eine gravierende Änderung der Fed-Strategie stattgefunden hat. Ferner erlauben diese Formulierungen

---

[41] Zitiert nach *J. L. Jordan, N. A. Stevens,* The Year 1970 — A „Modest" Beginning for Monetary Aggregates, in: Review, Federal Reserve Bank of St. Louis, Vol. 53, Nr. 5, 1971, S. 16.

[42] Record of Policy Actions of the Federal Open Market Committee, in: Federal Reserve Bulletin, Vol. 63, Nr. 3, 1977, S. 259.

keinen Schluß darauf, welche der monetären Variablen nun die Funktion des eigentlichen monetären Zwischenziels einnimmt.

Die „offizielle“ Terminologie der Fed spricht nicht von „intermediate targets“, sondern zumeist von „operating targets“ oder „operating ranges“. Dies sind sehr vage Begriffe. Außer Zweifel steht, daß zumindest die monetären Aggregate $M_{1, 2, 3}$ als kurz- und längerfristige Zwischenziele im Fed-Konzept anzusehen sind. Ebenso zweifelsfrei ist, daß die Reserveaggregate (RA) als Kontrollvariablen und als monetäre Indikatoren fungieren. Fließend sind dagegen die Grenzen bei der funktionellen Zuordnung der FFR. Aufgrund der engen Wechselbeziehungen mit den RA erfüllt die FFR — quasi als Reflex der RA — ebenfalls die Funktionen als monetärer Indikator und Kontrollvariable. Daneben kann die FFR aber auch als kurzfristiges Zwischenziel interpretiert werden. Dafür spricht vor allem die *Akribie,* mit der das FOMC versucht, die anvisierten FFR-Bandbreiten möglichst genau einzuhalten — häufig zu Lasten der kurzfristigen $M_{1, 2}$-Wachstumsziele und damit möglicherweise auch zu Lasten der angestrebten jährlichen $M_{1, 2, 3}$-Wachstumsziele (vgl. 2. und die *Tabellen 5 und 6*). Ob aus der „performance“ der FFR-Steuerung („money market myopia“) eine *Priorität* der FFR als Zwischenziel ableitbar ist, kann ein Outsider nicht definitiv beantworten. Eine gewisse *Konkurrenz* zwischen den monetären Aggregaten und der FFR als Zwischenzielen dürfte jedoch weiterhin bestehen. Die Federal Reserve Bank of New York[43]:

> „At the time the new procedure was initiated, the FOMC made it clear that it was *not focusing exclusive attention on the monetary aggregates* ...“[44]

Ähnliche (vage) Einschränkungen finden sich in zahlreichen anderen „offiziellen“ Fed-Statements. Einen Hinweis auf die Unsicherheit über die Zwischenzielpriorität liefern möglicherweise auch die 5 Dissense der insgesamt 12 FOMC-Entscheidungen des Jahres 1975 (1976 waren es lediglich 2, 1977 dagegen 8 Dissense).

Führt die Textexegese „offizieller“ Fed-Statements in dieser Frage nicht weiter, so bleibt für den Außenstehenden schließlich nur der Rückgriff auf die Ratio der neuen Geldmengenstrategie. Die Vorankündigung der längerfristigen $M_{1, 2, 3}$-Wachstumsziele soll zur Verstetigung des Wirtschaftsablaufs beitragen. Aus den angestrebten Wachstumsraten der $M_{1, 2, 3}$-Aggregate sind also die Bandbreiten für die Veränderung der RA und der FFR abzuleiten („Ableitung“; vgl. Schema). Umgekehrt sind RA und FFR so zu steuern, daß die Zielwerte für die monetären Aggregate erreicht werden („Kontrolle“). Da die Beeinflussung der FFR

---

[43] Federal Reserve Bank of New York, Annual Report 1976, S. 17.

[44] Hervorhebung vom Verf.

via Veränderung der RA erfolgt, wird die FFR quasi zu einem „Zwischenziel“ der RA (!) auf einer den monetären Aggregaten vorgelagerten Stufe. Das heißt aber, die Funktion der FFR ist rein *instrumentell* zu interpretieren, nämlich als Kontrollvariable zur Steuerung der monetären Aggregate. Das nachfolgende Schema faßt diese Zusammenhänge in vereinfachter Form zusammen.

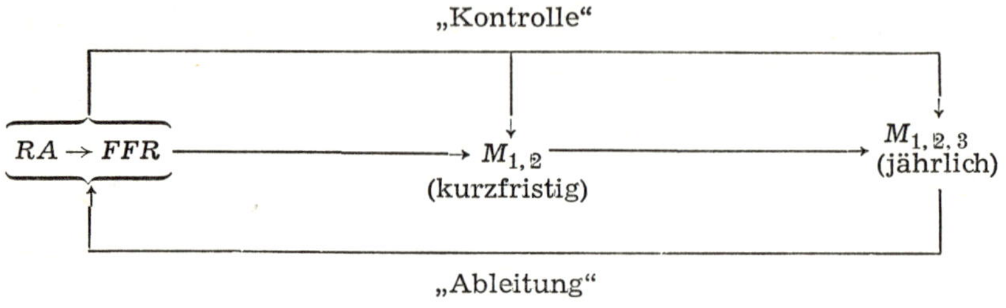

5. Die Steuerung der monetären Wachstumsziele

Die Ausführungen des vorigen Abschnitts leiteten schon über zur Frage der Steuerungstechnik der Fed. Eine knappe und relativ präzise Darstellung dieser Technik gibt *Wallich*, Mitglied des BoG und des FOMC[45]:

„The Federal Reserve policy strategy is based *in large part* on the monetary aggregates, but its short-run tactical instrument is the Federal funds rate. Under the *funds rate approach*, the Federal Reserve estimates the level of short-term interest rates, including the funds rate, at which the public, given projections of income, will want to hold the amount of money the Federal Reserve intends to supply. Then reserves are supplied in an amount that will maintain that level of the funds rate, and that will *cause the banks to generate the targeted* amount of money.“[46]

Diesen Ausführungen braucht nur wenig hinzugefügt zu werden. Die Parallelen zur Steuerungstechnik der SNB und der Bundesbank sind offensichtlich: *Abb. 4* zeigt, daß auch die Fed-Technik zur Kontrolle monetärer Aggregate auf einem zins- bzw. portfoliotheoretischen Ansatz basiert. *Diskretionäre* Injektionen/Absorptionen von Zentralbankgeld verändern via RA die FFR, Veränderungen der FFR strahlen auf die Zinssätze an den verschiedenen Finanzmärkten aus (i_{SGM}, i_{KM}, i_{BK}) und beeinflussen die Kreditnachfrage und die Kreditexpansion der Banken (BK). Veränderungen der Wachstumsraten der $M_{1,2,3}$-Aggregate sind die letzte „Station“ in diesem idealtypisch skizzierten Ablauf des indirekten Kontrollmechanismus. Das Zitat von *Wallich* (s. o.) läßt klar

[45] *H. C. Wallich*, Innovations in Monetary Policy (paper presented at the Southern Economic Association meeting, Atlanta, Georgia, Nov. 18, 1976), S. 12.

[46] Hervorhebungen vom Verf.

Abb. 4: Ansatz der Geldmengensteuerung der Fed

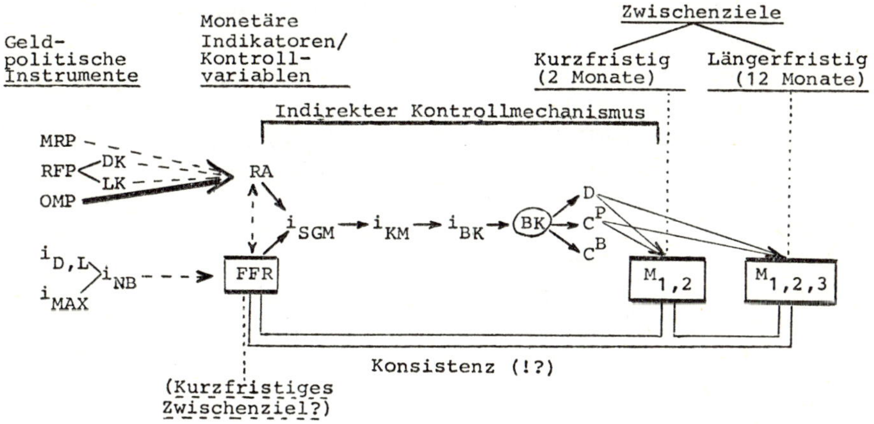

Symbole

MRP, RFP, OMP, i_{NB}, i_{KM}, i_{BK}, BK, D, $M_{1,2,3}$: vgl. Abb. 2

DK, LK: Diskont-, Lombardkredite ("Advances")

$i_{D,L}$: Diskont-, Lombardkreditzinssätze

i_{MAX} : Maximale (Haben-)Zinssätze auf Termin- und Spareinlagen bei Kreditinstituten mit Einlagenversicherung (Zinsobergrenze)

RA : Reserveaggregate (RPDs, "Nonborrowed Reserves", totale Bankreserven, monetäre Basis)

B $= C^B + C^P + MR + ÜR$ (monetäre Basis)

R $= B - C^P$ (totale Bankreserven)

R^n $= R - RFK$ ("Nonborrowed Reserves")

RPDs $= R - MR^s$ ("Reserves available to support private nonbank deposits")

$C^P; C^B$: Bargeldumlauf; Kassenbestände der Banken

MR : Gesamtes Mindestreserve-Soll der "Member Banks", berechnet zu laufenden Reservesätzen

ÜR : Überschußreserven der Banken

RFK : Refinanzierungskredite der Fed an die "Member Banks"

MR^s : Mindestreserve-Soll der "Member Banks" auf sonstige Einlagen (d.h. auf Einlagen außerhalb der privaten Nichtbanken, z.B.: Regierungs- und Interbankeinlagen)

FFR : Federal Funds Rate

i_{SGM} : "Sonstige" Geldmarktzinssätze (d.h. außerhalb der FFR)

erkennen, daß auch aus der Sicht der Fed die Transmission monetärer Impulse auf die Zwischenziele primär über den *Bankensektor* verläuft. Im Unterschied zur SNB und zur Bundesbank ist die mit den Mengen operierende Offenmarktpolitik (OMP) der entscheidende Hebel der Fed, um Veränderungen der RA und damit der FFR zu induzieren. Die vergleichsweise geringe Bedeutung der Mindestreserve- (MRP) und Refinanzierungspolitik (RFP) im Fed-System ist in *Abb. 4* durch gestrichelte Linien angedeutet, ebenso die geringe Rolle, die Änderungen der durch die Fed direkt fixierbaren Notenbankzinssätze (i_{NB}, $i_{D, L}$, i_{MAX}) für die Beeinflussung der FFR spielen. Dies ist auch der Grund, weshalb im Fed-System (im Gegensatz zur Bundesbank- und SNB-Strategie) die FFR als Kontrollvariable an die Stelle der i_{NB} tritt. Die etwas diffuse Rolle der FFR (vgl. 4) — kurzfristiges monetäres Zwischenziel oder nicht? — wird durch einen entsprechenden Zusatz in *Abb. 4* angedeutet.

Schwankungen der *Umlaufsgeschwindigkeit* des Geldes (v) und der Geldmultiplikatoren (m) haben auch der Fed (wie der SNB und der Bundesbank) die Einhaltung der monetären Wachstumsziele erschwert. (Soweit dem Verf. bekannt, werden mögliche Veränderungen von v und m von der Fed nicht explizit in die Kalkulation der monetären Wachstumsziele einbezogen.) Dies gilt insbesondere für die Einhaltung der zweimonatlichen Wachstumsziele von M_1 und M_2 *(Tabelle 5)*. So stieg v_1 in den drei Quartalen 3/1975 bis 1/1976 auf Jahresrate umgerechnet um 9 1/4 %, der höchsten Rate in den letzten 25 Jahren[47], die von der Fed natürlich nicht antizipiert worden war. Auch im Jahre 1977 haben sich die starken Ausschläge der Umlaufsgeschwindigkeit des Geldes fortgesetzt. Als Gründe nennt *Burns*[48] die Verbesserung der finanziellen Technologie (z. B. die NOW-accounts in New England) und die zunehmende Zinsreagibilität der Unternehmen und privaten Haushalte (Rationalisierung der Kassenhaltung).

Für den (einmaligen?) rasanten Anstieg von v_1 von 3/75 bis 1/76 dürfte jedoch die „Regulation"-Änderung ausschlaggebend gewesen sein, welche den *Unternehmen* erstmals seit November 1975 erlaubte, Sparkonten bis zu $ 150 000 bei den „Commercial Banks" einzurichten. Davon abgesehen, bleibt die längerfristige Tendenz zu verstärkten zinsbedingten Einlagenumschichtungen jedoch bestehen. Verschiedentlich hat der BoG deshalb betont[49], daß den breiteren monetären Aggregaten, speziell $M_{2, 3}$, in Zukunft stärkere Beachtung geschenkt werden müsse.

---

[47] Domestic Financial Developments in the Third Quarter of 1976, in: Federal Reserve Bulletin, Vol. 62, Nr. 11, 1976, S. 887 ff.

[48] Vgl. *A. F. Burns*, Statement to Congress, in: Federal Reserve Bulletin, Vol. 62, Nr. 2, 1976, S. 123/124.

[49] Hierzu vgl. z. B. *H. C. Wallich*, Statement to Congress, in: Federal Reserve Bulletin, Vol. 62, Nr. 2, S. 140.

VI. Zusammenfassung und Vergleich

1. Monetäre Aggregate haben auch schon bisher in den Strategien der Federal Reserve (Fed), der Schweizerischen National Bank (SNB) und der Deutschen Bundesbank eine gewisse Rolle gespielt. Der eigentliche Beginn der Geldmengenstrategie ist jedoch auf Anfang 1975 (SNB, Bundesbank) bzw. März 1975 (Fed) zu datieren. Als wichtigste *Charakteristika* der „neuen" Strategie sind anzusehen:

a) *Öffentliche Vorankündigung* von jährlichen monetären Wachstumszielen, teils als Zielpunkte (SNB, Bundesbank), teils als Bandbreiten (Fed); Klassifizierung der „neuen" Strategie als „Experiment".

b) Übergang zur Steuerung *breiterer* monetärer Aggregate.

c) *„Verstetigung"* der Erwartungen und Dispositionen der Wirtschaftssubjekte und damit letztlich der Wirtschaftsaktivität als explizite Begründung und Ziel der Vorgabe von monetären Wachstumszielen („monetary budgeting").

d) *Potentialorientierte* Kalkulation der monetären Wachstumsziele als längerfristige Perspektive.

e) Versuch eines teilweisen *shift von Verantwortung* für Inflationsschübe von der Notenbank auf die übrigen wirtschaftspolitisch relevanten Gruppen durch Vorgabe und Dekomposition des monetären Spielraums („unvermeidliche" Inflationsrate, Wachstumsrate des realen BSP).

f) Politische Umsetzung grundlegender *monetaristischer* Empfehlungen trotz unterschiedlicher praktischer Ausgestaltung im einzelnen („experiments in practical monetarism" [*P. A. Volcker*]).

2. Die „neuen" monetären Strategien der Notenbanken werden in *drei Elemente* zerlegt: (1) Die geldpolitischen Instrumente, (2) die monetären Indikatoren und zugleich Kontrollvariablen, (3) die Zwischenziele. Kontrollvariable bündeln die vielfältigen Effekte der von der Notenbank emittierten monetären Impulse in einer oder zwei Größen. Veränderungen der Kontrollvariablen sind darauf gerichtet, die Zwischenziele auf dem angestrebten Wachstumspfad zu halten. In der nachstehenden Gegenüberstellung bedeuten: ZBG: „Zentralbankgeldmenge" in der spezifischen Abgrenzung der Bundesbank (Geldmengenbegriff sui generis); FLR: „freie Liquiditätsreserven" der Banken; B^b: „bereinigte monetäre Basis"; RA: „Reserveaggregate"; FFR: „Federal Funds Rate"; i_{NB}: die von der Notenbank direkt fixierbaren Zinssätze. Die Klammerzusätze bei i_{NB} und FFR deuten an, daß diese Variablen teils ergänzend, teils als Reflex von Veränderungen der Liquiditäts- und Reserveaggre-

gate ebenfalls als monetäre Indikatoren und Kontrollvariable fungieren. Nicht eindeutig ist, ob auch die FFR im Fed-Konzept weiterhin die Funktion eines monetären Zwischenziels erfüllt. Wegen der vergleichsweise geringen Bedeutung der i_{NB} im Fed-Konzept tritt die FFR an die Stelle der i_{NB}.

	Monetäre Indikatoren / Kontrollvariable	Monetäre Zwischenziele
Bundesbank:	*FLR* (i_{NB})	*ZBG*
SNB:	B^b (i_{NB})	M_1
Fed:	*RA (FFR)*	$M_{1,2,3}$ *(jährlich),* $M_{1,2}$ *(zweimonatlich),* *FFR (?), monatlich*

Institutionelle Besonderheiten (relativ geringer Bestand an Staatsschuldtiteln; fehlende Breite, Tiefe und Elastizität des Marktes für Offenmarktpapiere) zwingen die Bundesbank, die FLR, d. h. im wesentlichen potentielles Zentralbankgeld, als Kontrollvariable der ZBG einzusetzen. Trotz ähnlicher institutioneller Gegebenheiten in der Schweiz dient hier das Reserveaggregat B^b als Kontrollvariable von M_1. Dies ist möglich, weil die SNB in großem Stile Devisenreserve-Transaktionen als Substitut der Offenmarktpolitik gezielt in den Dienst der Geldmengensteuerung stellt.

3. Gemeinsam sind den monetären Strategien der drei Notenbanken die folgenden *Merkmale* bzw. *Probleme:*

a) Der Übergang zu einer *Verstetigungspolitik* mittels vorangekündigter monetärer Wachstumsziele bedeutet nicht die Abkehr von *diskretionären,* d. h. ad hoc-Maßnahmen der Geldpolitik. Die eigentliche Steuerungspolitik verläuft weiterhin in diskretionären Bahnen.

b) Die *Technik* der Steuerung monetärer Aggregate läßt sich als „indirekter Kontrollmechanismus" bezeichnen. Diskretionäre Injektionen/Absorptionen von Zentralbankgeld zielen darauf, die Reserveaggregate bzw. die FLR (Bundesbank) zu verändern und dadurch die Geldmarktsätze zu beeinflussen (z. T. unterstützt durch Veränderungen der i_{NB}). Die Transmission von Veränderungen der Kontrollvariablen auf die monetären Zwischenziele wird von allen Notenbanken als ein Prozeß der Fortpflanzung von Zinsimpulsen auf den verschiedenen Finanzmärkten (Kredit- und Kapitalmarktzinsen) interpretiert, die sich schließlich via Veränderung der Kredit- und Einlagenexpansion der Banken in den Wachstumsraten der monetären Aggregate (Zwischenziele) niederschlagen. Die Steuerungstechniken der Notenbanken sind also *preis-* bzw. *zinstheoretisch* fundiert (Beeinflussung des *Portfolioverhaltens* der Banken und Nichtbanken). Die Statements der Notenbanken lassen ferner klar erkennen, daß die Transmission monetärer Impulse auf die Zwischenziele primär über den Bankensektor verläuft (Kreditangebot, Kreditnachfrage, Kreditzinssätze als Schlüsselvariablen).

c) Die Kernprobleme der Geldmengensteuerung sind die *Dosierung* und das *Timing* der Kontrollvariablen, ferner die *time-lags.* Für die einem bestimmten Wachstumsziel quantitativ (Dosierung) und zeitlich (Timing) adäquate Veränderung der Kontrollvariablen fehlt bislang eine hinreichende Kalkulationsbasis. Konkret: Wann und in welchem Maße sollen RA (B^b, FLR) variiert werden, um $M_{1,2,3}$ (M_1, ZBG) „on target" zu halten bzw. zu bringen? Hinzu kommt das Problem der Abschätzung der time-lags, bis sich Veränderungen der Kontrollvariablen in den Bankenbilanzen niederschlagen. Empirisch fundierte, prognostizierbare Erfahrungen über das Portfolioverhalten der Banken und Nichtbanken wären erforderlich, um die Kalkulationsbasis der Steuerungstechnik aus dem Bereich von „trial and error" herauszuheben.

d) Starke Schwankungen der *Umlaufsgeschwindigkeit* des Geldes und der *Geldmultiplikatoren* haben sich als beachtliche Störfaktoren der Geldmengensteuerung für alle drei Notenbanken erwiesen. In den Schwankungen dieser Variablen kommen wiederum — wenn auch nicht allein — Veränderungen des Portfolioverhaltens zum Ausdruck.

4. Einige *Spezialprobleme* der drei Notenbankkonzepte seien kurz umrissen:

a) Das Hauptproblem der *Bundesbank* sind extrem schwankende *FLR-Multiplikatoren,* welche die Geldmengensteuerung außerordentlich erschweren. Eine längerfristige Lösung dieses Problems wäre der verstärkte Ausbau der Offenmarktpolitik, die den Übergang zu einem Reserveaggregat (anstelle der FLR) als Kontrollvariable ermöglichen würde. — Die „performance" der ZBG als Zwischenziel war bisher anderen monetären Aggregaten überlegen (mit Bezug auf die Wachstumsraten des nominellen BSP). — Die Analysen der Bundesbank lassen nicht erkennen, aus welchen theoretischen und empirischen Erwägungen die Zusammensetzung und Gewichtung der *ZBG-Komponenten* (Geld und near monies) abgeleitet ist. — Die Bundesbank bezieht in die

Kalkulation des ZBG-Wachstumsziels erwartete Veränderungen der v_{ZBG} explizit ein. Diese Praxis ist insofern gefährlich, als grobe Fehleinschätzungen der v_{ZBG} kurzfristige *Revisionen* des monetären Wachstumsziels nach sich ziehen und damit den angestrebten Verstetigungseffekt und die Glaubwürdigkeit der „neuen" Strategie infrage stellen könnten.

b) Nach den bisherigen Erfahrungen hat die *SNB* mit M_1 ein zu enges und zu störanfälliges (Einlagenumschichtungen!) Zwischenziel gewählt. Ähnliches gilt für B^b als Kontrollvariable. Extrem starke Schwankungen des „bereinigten" *Geldmultiplikators* ($m^b{}_1$) und die erhebliche Über- bzw. Unterschreitung des M_1-Wachstumsziels in den Jahren 1975 und 1976 waren die Folge. — Ferner ist es sehr fragwürdig, für B^b (als Kontrollvariable!) den gleichen oder überhaupt einen Zielwert vorzugeben, sofern m_1^b sehr instabil ist (wie überwiegend in den letzten 6 Jahren). Für 1977 und 1978 hat die SNB (deshalb?) auf die öffentliche Vorgabe eines Zielwertes für B^b verzichtet. — Die Erfahrungen der letzten Jahre legen es nahe, auf die *Kombination* der „nicht bereinigten" monetären Basis (B) mit M_2 überzugehen. — Aus den SNB-Analysen ist nicht erkennbar, ob und inwieweit die Politik der Kreditzuwachsbegrenzung mit der Geldmengensteuerung abgestimmt ist. — Der Behelf der SNB, die Mindestreservepolitik aus einem Notrecht (davor: aus gentlemen's agreements) ableiten zu müssen, ist ein Anachronismus.

c) Ein gravierender Mangel der *Fed*-Strategie ist, daß *keine* Abstimmung der monetären Wachstumsziele mit der Regierung stattfindet, weder hinsichtlich der gesamtwirtschaftlichen Projektionen noch hinsichtlich der darauf basierenden Komponenten der monetären Wachstumsziele. — Erfolg oder Mißerfolg und der wirkliche Kurs der Fed-Politik sind schwer zu bestimmen wegen der gleichzeitigen Vorgabe von Zielwerten für vier monetäre Variable ($M_{1,2,3}$ jährlich; FFR monatlich; $M_{1,2}$ und — bis März 1976 — RPDs zweimonatlich), wegen der außerordentlich weiten *Bandbreiten* und wegen der wechselnden *Basis* der Zielwertkalkulation. — Die gleichzeitige Vorgabe von Zins- *und* Mengenzielen birgt die Gefahr von Kollisionen, da nur relativ wenige Interdependenzen zwischen den monetären Variablen empirisch modellmäßig erfaßt werden können. Diese Tatsache verschärft das Konsistenzproblem zwischen Zins- und Mengenfixierungen. — Die weiten *Ziel-Bandbreiten* mögen von der Fed als „politische Vorteile" angesehen werden (teilweises Auffangen von Kalkulationsinkonsistenzen, erschwerter Nachweis von Mißerfolgen der Geldpolitik, Schutz der Handlungsunabhängigkeit). Ökonomisch fragwürdig ist diese Praxis deshalb, weil die Einhaltung der unteren *oder* der oberen Grenze derart weiter Bandbreiten für $M_{1,2,3}$ ganz unterschiedliche Wirkungen auf die Wirtschaftsaktivität haben kann. Solange insbesondere die Bandbreiten für die jährlichen $M_{1, 2, 3}$-Wachstumsziele nicht wesentlich reduziert werden, muß die Ernsthaftigkeit der Geldmengensteuerung und die Verstetigungsabsicht der Fed in Zweifel gezogen werden. — Die Rolle der *FFR* (als Zwischenziel) ist für den Außenstehenden diffus. Die Akribie, mit der die FFR-Zielbandbreiten im Gegensatz zu denen der monetären Aggregate eingehalten werden, läßt vermuten, daß die „money market myopia" weiterhin die Fed-Strategie dominiert. Unterliegt die Einhaltung der längerfristigen monetären Wachstumsziele der FFR-Restriktion?

5. Über den *Erfolg* der „neuen" Geldmengenstrategie läßt sich nach den bisherigen kurzen Erfahrungen noch kaum etwas sagen. Von einem verstetigten Konjunkturverlauf kann noch nicht die Rede sein. Anhaltend hohe Arbeitslosigkeit und Unterauslastung der Kapazitäten bestimmen vor allem das konjunkturelle Bild in den USA und in Deutschland. Vielleicht deutet die Verlangsamung des Inflationstempos, speziell in der Schweiz und in Deutschland, auf erste Erfolge der „neuen" Strategien hin.

Die Steuerung der Geldmenge in der Bundesrepublik Deutschland*

Von Manfred Willms, Kiel
mit einem Anhang zum Box-Jenkins-Verfahren
von Walter Mohr

I. Problemstellung

Seit dem Zusammenbruch des internationalen Währungssystems von Bretton Woods im Frühjahr 1973 bemüht sich die Deutsche Bundesbank verstärkt, die Geldmenge zu steuern. Seit 1975 erfolgt die Orientierung an einem Geldmengenziel, das jährlich im voraus angekündigt wird.

Die Deutsche Bundesbank war eine der ersten Zentralbanken, die zu einer strikten Geldmengenkontrolle überging und die beabsichtigte jährliche Wachstumsrate bekanntgab. Wichtigstes Ziel der neuen Geldpolitik war die Bekämpfung der Inflation und eine entsprechende Beeinflussung der Erwartungen der Wirtschaftseinheiten. Den Gewerkschaften sollte mit der Fixierung des Geldmengenziels kundgetan werden, daß die Durchsetzung überzogener Lohnforderungen zu Anpassungen in Form von Entlassungen auf dem Arbeitsmarkt führen müsse; den Unternehmen sollte klargemacht werden, daß der Kostenüberwälzungsspielraum in Form von Preiserhöhungen eingeengt sein würde; die staatlichen Instanzen sollten darauf hingewiesen werden, daß zukünftige Staatsschulden nur über den Kreditmarkt, nicht aber über neu gedrucktes Geld finanziert werden könnten. Endziel der neuen Geldpolitik ist es, die Entwicklung der kaufkräftigen Nachfrage so zu steuern, daß ein inflationsfreies Wachstum der Wirtschaft möglich ist.

Als monetäre Steuerungsgröße benutzt die Deutsche Bundesbank die Zentralbankgeldmenge. Allerdings weicht die von ihr verwendete Definition von den in der geldtheoretischen und geldpolitischen Literatur verwendeten Konzepten ab.

Im folgenden wird zunächst das Steuerungsproblem der Zentralbankgeldmenge anhand des in der Literatur am häufigsten verwende-

* Meinem Mitarbeiter, Herrn Diplom-Volkswirt Ralf Lübbers, danke ich für seinen nachhaltigen und engagierten Einsatz bei der Durchführung der Computerarbeiten.

ten Konzepts der „erweiterten monetären Basis“ aufgezeigt. Anschließend wird die Kontrollproblematik des von der Deutschen Bundesbank verwendeten Konzepts der Zentralbankgeldmenge dargelegt. Danach wird die Beziehung zwischen der Zentralbankgeldmenge und denjenigen Geldmengenaggregaten, die stärker die Kaufkraft einer Volkswirtschaft repräsentieren, für die Bundesrepublik Deutschland untersucht. In einem weiteren Abschnitt erfolgt dann eine Analyse der Steuerung von Geldmengenaggregaten auf der Grundlage von mittels der Box-Jenkins-Methode prognostizierten Geldmengenmultiplikatoren.

II. Steuerung der Zentralbankgeldmenge

In der geldtheoretischen und geldpolitischen Literatur spielt das Konzept der „erweiterten monetären Basis“ eine besondere Rolle. Bei diesem Konzept werden die quantitativen Effekte der Mindestreservepolitik explizit erfaßt, indem sie mit der monetären Basis als Bestandsgröße zusammengefaßt werden[1].

Die erweiterte monetäre Basis B ist von der Entstehungsseite her definiert als:

(1) $$B = IR + F + G - NE\ddot{O} + O + L$$

IR = Bestand an internatinalen Reserven bei der Bundesbank

F = Bestand an Wechseln bei der Bundesbank

G = Bestand an Offenmarktpapieren bei der Bundesbank

$NE\ddot{O}$ = Nettoeinlagen öffentlicher Haushalte bei der Bundesbank

$\ddot{U}$ = Übrige Positionen auf der Aktiv- und Passivseite der Bundesbankbilanz, zuzüglich Münzumlauf

L = Quantitativer Effekt der Mindestreservepolitik und der Depositenstruktur auf die Zentralbankgeldmenge

Die Variable L erfaßt die kumulierte Wirkung der von Mindestreservesatzänderungen der Zentralbank und vom Publikumsverhalten ausgehenden Veränderungen der Depositenstruktur auf die Zentralbankgeldmenge. Unter Zugrundelegung eines durchschnittlichen Mindestreservesatzes r^r ergibt sich L als

(2) $$L = -\sum_{0}^{t} \left(r_t^r - r_{t-1}^r\right) (D + T + S + A)_{t-1}$$

mit

(3) $$r^r = \frac{r^D D + r^T T + r^S S + r^A A}{D + T + S + A}$$

[1] Vgl. *Jürgen Siebke* und *Manfred Willms*, Theorie der Geldpolitik, Berlin, Heidelberg, New York 1974, S. 131.

r^r = Durchschnittlicher Mindestreservesatz
r^D = Mindestreservesatz auf Sichtdepositen
r^T = Mindestreservesatz auf Termindepositen
r^S = Mindestreservesatz auf Spardepositen
r^A = Mindestreservesatz auf Ausländerdepositen
D = Bestand an Sichtdepositen bei den Geschäftsbanken
T = Bestand an Termindepositen bei den Geschäftsbanken
S = Bestand an Spardepositen bei den Geschäftsbanken
A = Bestand an Ausländerdepositen bei den Geschäftsbanken
t = Zeitindex

Die einzelnen Komponenten auf der rechten Seite von Gleichung (1) sind Funktionen verschiedener endogen determinierter Variablen und geldpolitischer Parameter. Der Bestand an internationalen Reserven hängt ab von der Differenz zwischen dem von der Zentralbank gewünschten Wechselkurs e^* und dem tatsächlichen Wechselkurs e

(4) $$IR = IR\,(e^* \overset{+}{-} e)$$ [2]

Ist der von der Zentralbank gewünschte Wechselkurs größer als der tatsächliche, muß die Bundesbank Devisen aufkaufen, um den gewünschten Abwertungseffekt zu erzielen. Für den Fall, daß der gewünschte Wechselkurs unterhalb des tatsächlichen liegt, sind Devisenverkäufe erforderlich, um den angestrebten Aufwertungseffekt zu realisieren.

Für die Variablen F und G gelten folgende funktionale Beziehungen:

(5) $$F = F\left[\overset{+}{i}\left(\overset{+}{z}, \overset{+}{i}{}^F, \overset{+}{i}{}^G, \overset{+}{r}{}^r\right), \overset{-}{i}{}^F\right]$$

(6) $$G = G\left[\overset{+}{i}\left(\overset{+}{z}, \overset{+}{i}{}^F, \overset{+}{i}{}^G, \overset{+}{r}{}^r\right), \overset{-}{i}{}^G\right]$$

i = Kreditzins[3]
z = Erwarteter Ertragssatz auf Realkapital
i^F = Diskontsatz
i^G = Zinssatz auf Offenmarktpapiere

NEÖ und *Ü* sind als exogen anzusetzen. *L* ist eine Funktion des durchschnittlichen Mindestreservesatzes:

(7) $$L = L\,(\overset{-}{r}{}^r)$$

[2] Die Symbole über den Argumenten in den Funktionen bezeichnen die Vorzeichen der partiellen Ableitungen.

[3] Durch die Einbeziehung des Kreditzinses ist die Niveaugröße Volkseinkommen über die Kreditnachfragefunktion als Determinante von Teilkomponenten der erweiterten monetären Basis mit enthalten.

Die Einflußgrößen, die die Veränderung der monetären Basis bestimmen, lassen sich durch totale Differentiation von Gleichung (1) in Verbindung mit den Gleichungen (4) bis (7) ermitteln[4].

$$
\begin{aligned}
(8)\qquad dB = {} & \frac{d\overset{+}{IR}}{d\,(e^* - e)}\, d\,(e^* - e) && \text{Wechselkurspolitik} \\
& + \left[\frac{\delta \overset{+}{G}}{\delta i}\,\frac{\delta \overset{+}{i}}{\delta i^F} + \frac{\delta \overset{-}{F}}{\delta i^F}\right] di^F && \text{Diskontpolitik} \\
& + \left[\frac{\delta \overset{+}{F}}{\delta i}\,\frac{\delta \overset{+}{i}}{\delta i^G} + \frac{\delta \overset{-}{G}}{\delta i^G}\right] diG && \text{Offenmarktpolitik} \\
& + \left[\left(\frac{\delta \overset{+}{F}}{\delta i} + \frac{\delta \overset{+}{G}}{\delta i}\right)\frac{\delta \overset{+}{i}}{\delta r^r} + \frac{\delta \overset{-}{L}}{\delta r^r}\right] dr^r && \text{Mindestreservepolitik} \\
& + \left[\left(\frac{\delta \overset{+}{F}}{\delta i} + \frac{\delta \overset{+}{G}}{\delta i}\right)\frac{\delta \overset{+}{i}}{\delta z}\right] dz && \text{Kreditnachfrage} \\
& - dNE\ddot{O} && \text{Staatliche Einlagenpolitik}
\end{aligned}
$$

Gleichung (8) zeigt, daß die erweiterte monetäre Basis durch eine Vielzahl z. T. entgegengesetzt wirkender Faktoren beeinflußt wird. Die meisten Effekte sind hierbei indirekter Natur, d. h., die Mengeneffekte werden durch Veränderungen von Zinssätzen herbeigeführt. Die Wirkungsrichtung ist dabei im Falle der Diskont-, Offenmarkt- und Mindestreservepolitik theoretisch nicht eindeutig determiniert. Tatsächlich dürften jedoch Erhöhungen des Diskontsatzes, des Satzes für Offenmarktpapiere und des Mindestreservesatzes die monetäre Basis jeweils in der gewünschten negativen Richtung beeinflussen.

Insgesamt macht Gleichung (7) die Schwierigkeiten der Kontrolle der erweiterten monetären Basis deutlich. So ist z. B. die Wechselkurspolitik nicht nur an dem Erfordernis ausgerichtet, eine bestimmte Wachstumsrate der monetären Basis zu realisieren. Ähnliches gilt für die staatliche Einlagenpolitik. Gänzlich der Kontrolle der Bundesbank entzogen sind die Einflüsse aus dem realen Sektor, die über eine Variation der Kreditnachfrage die erweiterte monetäre Basis verändern. Bei der Realisierung eines bestimmten quantitativen Wachstumsziels für die monetäre Basis ist daher die übermäßige Expansion einer Komponente oftmals durch die Reduktion einer anderen Komponente herbeizuführen. Bei der meist indirekten Steuerung der einzelnen Komponenten ist dies kein einfaches Unterfangen.

---

[4] Dabei wird unterstellt, daß die Variable $\breve{U}$ konstant ist.

ABBILDUNG 1:

DIE ERWEITERTE ZENTRALBANKGELDMENGE UND IHRE HAUPTENTSTEHUNGSKOMPONENTEN

QUARTALSDURCHSCHNITTE VON MONATSENDDATEN FUER DIE BUNDESREPUBLIK DEUTSCHLAND

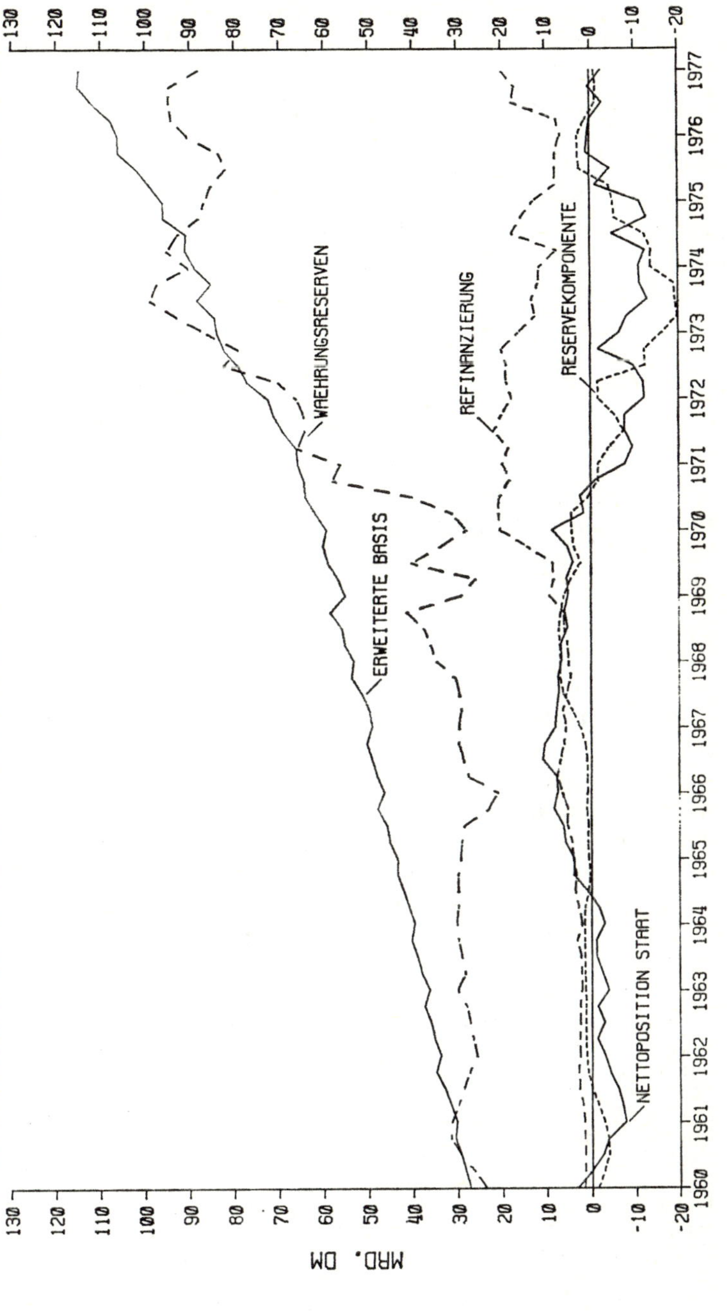

Daß es der Bundesbank dennoch relativ gut gelungen ist, die erweiterte Basis zu kontrollieren, zeigt Abbildung 1, die die Entwicklung seit 1960 widerspiegelt[5]. Die Bundesbank hat dem Devisenzustrom, der im System fester Wechselkurse zu Beginn der sechziger und vor allem zu Beginn der siebziger Jahre erfolgte, durch ihre Mindestreservepolitik gemeinsam mit der staatlichen Einlagenpolitik entgegengewirkt. Bis etwa 1970 hat sie den Einfluß des Zustroms an internationalen Reserven relativ gut in ein gleichmäßiges Wachstum der erweiterten monetären Basis umsetzen können. Von da an wurde die Devisenkomponente jedoch so stark, daß sie zu einer übermäßigen Expansion der erweiterten monetären Basis führte. Im übrigen kommt die oftmals stark gegenläufige Entwicklung der einzelnen Komponenten der erweiterten monetären Basis, die die quantitative Wirkung des Einsatzes der einzelnen geldpolitischen Instrumente reflektiert, in Abbildung 1 gut zum Ausdruck.

Die Deutsche Bundesbank legt bei ihrer seit 1975 praktizierten Orientierung der Geldpolitik an einem vorgegebenen Wachstumsziel der Zentralbankgeldmenge nicht das obige Konzept der erweiterten monetären Basis zugrunde. Das von der Bundesbank verwendete Konzept der Zentralbankgeldmenge unterscheidet sich zunächst einmal von der oben beschriebenen Version dadurch, daß es von der Verwendungsseite statt von der Entstehungsseite des Zentralbankgeldes ausgeht. Darüber hinaus basiert die Berechnung der Mindestreservekomponente, wie sie in der Zentralbankgeldmengenabgrenzung der Bundesbank zum Ausdruck kommt, auf der Verwendung konstanter Mindestreservesätze (Januar 1974); ferner bleiben die Mindestreserven auf Ausländereinlagen sowie die Überschußreserven, die von den Geschäftsbanken bei der Bundesbank gehalten werden, unberücksichtigt[6]. Um die Entstehungsgleichung für die Zentralbankgeldmenge nach dem Bundesbankkonzept zu erhalten, ist die Entstehungsgleichung der monetären Basis um diese Einflüsse zu bereinigen. Die Zentralbankgeldmenge der

[5] Die Frage, ob die Deutsche Bundesbank die Geldmenge in dem bis März 1973 bestehenden System fester Wechselkurse kontrollieren konnte oder nicht, hat zu einer heftigen Diskussion in der Literatur geführt. Vgl. *Manfred Willms*, Controlling Money in an Open Economy: The German Case, Federal Reserve Bank of St. Louis Review H. 4 (1971), S. 10—27; *Michael Porter*, Capital Flows as an Offset to Monetary Policy: The German Case, IMF-Staff Papers, Vol. XIX (1972), S. 395—424; *Pentti J. K. Kouri*, Die Hypothese konterkarierender Kapitalströme, in: Kredit und Kapital, 8. Jg., H. 1 (1975), S. 1—30. Eine hervorragende Evaluierung der Diskussion gibt *Klaus-Walter Riechel*, Kurzfristige Kapitalbewegungen, Geldmarktgleichgewicht und die Effektivität der Geldpolitik, in: Kredit und Kapital, 10. Jg., H. 2 (1977), S. 183—206.

[6] Vgl. zu einer detallierten Analyse *Manfred J. M. Neumann*, „Konstrukte der Zentralbankgeldmenge", in: Kredit und Kapital, 8. Jg., H. 3 (1975), S. 317 bis 345.

Bundesbank B^{BBK} ist dann von der Entstehungsseite her definiert als:

$$B^{BBK} = IR + F + G - NE\ddot{O} + \ddot{U} - \ddot{U}R - r^r A - (r^r - \bar{r}^r)(D + T + S) \tag{9}$$

mit

$$\bar{r}^r = \frac{\bar{r}^D D + \bar{r}^T T + \bar{r}^S S}{D + T + S} \tag{10}$$

$\ddot{U}R$ = Überschußreserve der Geschäftsbanken bei der Bundesbank
$\bar{r}^r$ = durchschnittlicher Mindestreservesatz (Januar 1974)
$\bar{r}^D$ = Mindestreservesatz auf Sichtdepositen (Januar 1974)
$\bar{r}^T$ = Mindestreservesatz auf Termindepositen (Januar 1974)
$\bar{r}^S$ = Mindestreservesatz auf Spardepositen (Januar 1974)

In Gleichung (9) sind gegenüber Gleichung (1) zahlreiche zusätzliche Variablen enthalten. Für diese Variablen können folgende funktionale Abhängigkeiten unterstellt werden:

$$\ddot{U}R = \ddot{U}R\left[\overset{-}{i}\left(\overset{+}{z}, \overset{+}{i}{}^F, \overset{+}{i}{}^C, \overset{+}{r}{}^r\right), \overset{-}{i}{}^F, \overset{-}{i}{}^G\right] \tag{11}$$

$$A = A\left[\overset{+}{i}{}^A\left(\overset{+}{i}{}^F, \overset{+}{i}{}^G, \overset{+}{r}{}^r\right)\right] \tag{12}$$ [7]

$$D = D\left[\overset{-}{i}{}^T\left(\overset{+}{i}{}^F, \overset{+}{i}{}^G, \overset{+}{r}{}^r\right), \overset{-}{i}{}^S\left(\overset{+}{i}{}^F, \overset{+}{i}{}^G, \overset{+}{r}{}^r\right)\right] \tag{13}$$

$$T = T\left[\overset{+}{i}{}^T\left(\overset{+}{i}{}^F, \overset{+}{i}{}^G, \overset{+}{r}{}^r\right), \overset{+}{i}{}^S\left(\overset{+}{i}{}^F, \overset{+}{i}{}^G, \overset{+}{r}{}^r\right)\right] \tag{14}$$

$$S = S\left[\overset{-}{i}{}^T\left(\overset{+}{i}{}^F, \overset{+}{i}{}^G, \overset{+}{r}{}^r\right), \overset{+}{i}{}^S\left(\overset{+}{i}{}^F, \overset{+}{i}{}^G, \overset{+}{r}{}^r\right)\right] \tag{15}$$

i^A = Zinssatz auf Ausländereinlagen

Die Beeinflussung der Zentralbankgeldmenge durch den Einsatz des geldpolitischen Instrumentariums und die übrigen Variablen läßt sich durch die totale Differentiation der Gleichung (9) unter Berücksichtigung der Gleichungen (3) bis (5) sowie (11) bis (15) aufzeigen:

$$(16) \quad dB^{BBK} = \frac{dIR}{d(e^* - e)}\, d(e^* - e) \qquad \text{Wechselkurspolitik}$$

$$+ \left[\left(\frac{\delta F}{\delta i} + \frac{\delta G}{\delta i} - \frac{\delta \ddot{U}R}{\delta i}\right)\frac{\delta i}{\delta i^F} - r^r \frac{\delta A}{\delta i^A}\,\frac{\delta i^A}{\delta i^F} + (\bar{r}^r - r^r)\left(\frac{\delta D}{\delta i^T}\right.\right.$$

$$\left. + \frac{\delta T}{\delta i^T} + \frac{\delta S}{\delta i^T}\right)\frac{\delta i^T}{\delta i^F} + (\bar{r}^r - r^r)\left(\frac{\delta D}{\delta i^S} + \frac{\delta T}{\delta i^S} + \frac{\delta S}{\delta i^S}\right)\frac{\delta i^S}{\delta i^F}$$

$$\left. + \frac{\delta F}{\delta i^F} - \frac{\delta \ddot{U}R}{\delta i^F}\right] di^F \qquad \text{Diskontpolitik}$$

$$+ \left[\left(\frac{\delta F}{\delta i} + \frac{\delta G}{\delta i} - \frac{\delta \ddot{U}R}{\delta i}\right)\frac{\delta i}{\delta i^G} - r^r \frac{\delta A}{\delta i^A}\,\frac{\delta i^A}{\delta i^G} + (\bar{r}^r - r^r)\left(\frac{\delta D}{\delta i^T}\right.\right.$$

[7] Der Auslandszins wird als konstant angenommen und daher gar nicht als Argument in die Funktion aufgenommen.

$$+ \frac{\delta T}{\delta i^T} + \frac{\delta S}{\delta i^T}\Bigg) \frac{\delta i^T}{\delta i^G} + (\bar{r}^r - r^r) \left(\frac{\delta D}{\delta i^S} + \frac{\delta T}{\delta i^S} + \frac{\delta S}{\delta i^S}\right) \frac{\delta i^S}{\delta i^G}$$

$$+ \frac{\delta G}{\delta i^G} - \frac{\delta \ddot{U}R}{\delta i^G}\Bigg] di^G$$ Offenmarktpolitik

$$+ \left[\left(\frac{\delta F}{\delta i} + \frac{\delta G}{\delta i} - \frac{\delta \ddot{U}R}{\delta i}\right) \frac{\delta i}{\delta r^r} - r^r \frac{\delta A}{\delta i^A} \frac{\delta i^A}{\delta r^r} + (\bar{r}^r - r^r) \left(\frac{\delta D}{\delta i^T}\right.\right.$$

$$+ \frac{\delta T}{\delta i^T} + \frac{\delta S}{\delta i^T}\Bigg) \frac{\delta i^T}{\delta r^r} + (\bar{r}^r - r^r) \left(\frac{\delta D}{\delta i^S} + \frac{\delta T}{\delta i^S}\right.$$

$$\left.\left. + \frac{\delta S}{\delta i^S}\right) \frac{\delta i^S}{\delta r^r} - (D + T + S + A)\right] dr^r$$ Mindestreservepolitik

$$+ \left[\frac{\delta F}{\delta i} + \frac{\delta G}{\delta i} - \frac{\delta \ddot{U}R}{\delta i}\right] \frac{\delta i}{\delta z} dz$$ Kreditnachfrage

$$- dNE\ddot{O}$$ Staatliche Einlagenpolitik

Gleichung (16) zeigt gegenüber Gleichung (8), daß Veränderungen der Zentralbankgeldmenge durch das Zusammenwirken einer weit größeren Anzahl von Faktoren bestimmt werden, so daß eine Kontrolle dieses Aggregats gegenüber der Kontrolle der erweiterten monetären Basis mit erheblichen Schwierigkeiten verbunden ist. Trotz dieses aus theoretischer Sicht höheren Schwierigkeitsgrads bei der Steuerung der Zentralbankgeldmenge ist es der Bundesbank gelungen, die von ihr seit Januar 1975 angestrebte Wachstumsrate von jährlich 8 % nahezu einzuhalten. Für die Periode von Januar 1975 bis Juni 1977 betrug die Wachstumsrate gegenüber dem Vorjahresquartal im Durchschnitt 8,2 %[8]. Stärkere Abweichungen von der Zielgröße in Form eines Überziehens ergaben sich im 4. Quartal 1975 sowie im 1. und 3. Quartal 1976. Sie traten hauptsächlich als Folge von Devisenmarktinterventionen auf, bei denen die Bundesbank versuchte, einer Tendenz zur Aufwertung der Deutschen Mark durch Devisenaufkäufe entgegenzuwirken.

[8] Diese Berechungsmethode unterscheidet sich von der Methode, die die Deutsche Bundesbank verwendet. Bei der obigen Methode wird für Quartalswerte mit dem Durchschnitt der Wachstumsraten gegenüber dem Vorjahresquartal gerechnet:

$$W_t = \frac{1}{4}\left[\frac{D_{t/\mathrm{I}}}{x_{t-1/\mathrm{I}}} + \frac{D_{t/\mathrm{II}}}{x_{t-1/\mathrm{II}}} + \frac{D_{t/\mathrm{III}}}{x_{t-1/\mathrm{III}}} + \frac{D_{t/\mathrm{IV}}}{x_{t-1/\mathrm{IV}}}\right] \text{ mit } D_t = x_t - x_{t-1} \; .$$

Die Bundesbank berechnet dagegen die Wachstumsrate gegenüber dem Vorjahresdurchschnitt:

$$W_t^{BBK} = \frac{\Sigma_t - \Sigma_{t-1}}{\Sigma_{t-1}} \text{ mit } \Sigma_t = x_t/_{\mathrm{I}} + x_t/_{\mathrm{II}} + x_t/_{\mathrm{III}} + x_t/_{\mathrm{IV}} \; .$$

Der formale Unterschied zwischen beiden Methoden läßt sich durch Umformung aufzeigen:

Die Steuerung der Zentralbankgeldmenge durch die Bundesbank erfolgte im wesentlichen indirekt über eine Veränderung der Zinssätze und der Refinanzierungsbedingungen[9]. Eine große Rolle haben hierbei die Diskontpolitik vor allem in Form einer Veränderung der Rediskontkontingente sowie die Offenmarktpolitik mit Geldmarktpapieren (Schatzwechsenl mit dreimonatiger Laufzeit und unverzinsliche Schatzanweisungen mit einer Laufzeit von bis zu zwei Jahren) gespielt. Darüber hinaus dürfte das neue Instrument „Offenmarktgeschäfte über Wechsel mit Rückkaufsvereinbarung" erheblich zur Feinsteuerung der Zentralbankgeldmenge beigetragen haben. Dieses Instrument, bei dem die Bundesbank zentralbankfähige Inlandswechsel nur für kurze Fristen, meist 10 Tage, von den Kreditinstituten aufnimmt, gibt ihr eine sehr große Flexibilität. Die Bundesbank kann durch ständige Neufestsetzung der Zinssätze für die Wechsel die gewünschten Mengeneffekte auf die Zentralbankgeldmenge relativ gut erreichen.

III. Beziehung zwischen Zentralbankgeld und Geldmengenaggregaten

Die Bundesbank versucht, über die Steuerung der Zentralbankgeldmenge die gesamtwirtschaftliche Nachfrage zu beeinflussen. Diese Nachfrage wird jedoch weniger durch das Zentralbankgeld, das zu einem nicht unerheblichen Teil in Form von Reserven der Geschäftsbanken gebunden ist, repräsentiert, sondern vielmehr durch die Geldmengenaggregate M_1, M_2 oder M_3. Daher ergibt sich die Frage nach dem Zusammenhang zwischen dem von der Zentralbank geschaffenen Geld und den verschiedenen Geldmengenaggregaten.

Für die Bundesrepublik Deutschland liegen inzwischen mehrere Studien vor, in denen die Beziehung zwischen Zentralbankgeld und den einzelnen Geldmengenaggregaten empirisch untersucht worden ist. Diejenigen Untersuchungen, in denen nicht-zeitverzögerte Reihen verwen-

$$W_t = \frac{\Sigma_{t-1}}{4x_{t-1}/_{\mathrm{I}}} \frac{D_{t/\mathrm{I}}}{\Sigma_{t-1}} + \frac{\Sigma_{t-1}}{4x_{t-1}/_{\mathrm{II}}} \frac{D_{t/\mathrm{II}}}{\Sigma_{t-1}} + \frac{\Sigma_{t-1}}{4x_{t-1}/_{\mathrm{III}}} \frac{D_{t/\mathrm{III}}}{\Sigma_{t-1}} + \frac{\Sigma_{t-1}}{4x_{t-1}/_{\mathrm{IV}}} \frac{D_{t/\mathrm{IV}}}{\Sigma_{t-1}}$$

$$W_t^{BBK} = \frac{D_{t/\mathrm{I}}}{\Sigma_{t-1}} + \frac{D_{t/\mathrm{II}}}{\Sigma_{t-1}} + \frac{D_{t/\mathrm{III}}}{\Sigma_{t-1}} + \frac{D_{t/\mathrm{IV}}}{\Sigma_{t-1}}$$

In dem hier verwendeten Konzept wird demnach mit einem impliziten Gewichtungsschema gearbeitet, dessen Gewichte in jedem Quartal in absteigender Folge um den Wert 1 schwanken, während die Gewichte nach der Bundesbankmethode exakt den Wert 1 haben.

[9] Vgl. *Helmut Schlesinger*, Problems of Monetary Policy in Germany: Some Basic Issues, Vortrag, gehalten vor der Société Universitaire Européenne de Recherches Financières, Wiesbaden, September 1977. *Horst Bockelmann*, Quantitative Ziele der Geldpolitik in der Bundesrepublik Deutschland, unveröffentlichtes Manuskript, Frankfurt, April 1977.

det werden, kommen zu dem Ergebnis, daß der statistische Zusammenhang zwischen dem von der Zentralbank geschaffenen Geld und den einzelnen Geldmengenaggregaten bei einer Regressionsanalyse unter Verwendung von Wachstumsraten gegenüber dem Vorjahresmonat oder bei einer Verwendung von ersten Differenzen meist nicht sehr eng ist[10].

Eine erheblich engere statistische Beziehung ergibt sich demgegenüber, wenn in den Regressionsanalysen Quartalswerte anstelle von Monatswerten verwendet werden. Der Grund hierfür ist darin zu sehen, daß die Quartalswerte Durchschnitte aus Monatswerten darstellen und somit die in den Monatszahlen vorhandenen Ausschläge glätten. Ökonomisch läßt sich der engere statistische Zusammenhang auch damit erklären, daß sich innerhalb von drei Monaten die durch kurzfristige Veränderungen der Zentralbankgeldmenge ausgelösten Portfolioanpassungsprozesse der Geschäftsbanken und des Publikumssektors stärker durchgesetzt haben als dies nach einem Monat der Fall ist.

In Tabelle 1 werden die auf Wachstumsraten gegenüber dem Vorjahresquartal basierenden Regressionsanalysen zwischen der erweiterten monetären Basis sowie der von der Deutschen Bundesbank verwendeten Zentralbankgeldmenge und den verschiedenen Geldmengenaggregaten M_1, M_2, M_3 zusammengefaßt dargestellt. In der Tabelle sind auch die Einflüsse des Kassenhaltungskoeffizienten c, des Termineinlagenkoeffizienten t und des Spareinlagenkoeffizienten s auf die Geldmengenaggregate wiedergegeben. Sie reflektieren die Wirkung, die von dem Portofolioverhalten des Publikumssektors auf die Geldmengenaggregate ausgeht[11].

Tabelle 1 zeigt, daß sich das Wachstum der erweiterten monetären Basis oder der Zentralbankgeldmenge in der Definition der Deutschen Bundesbank in der Periode von 1969 bis 1977 dominant in dem Wachstum der Geldmengenaggregate niedergeschlagen hat[12]. Besonders ausgeprägt ist der Einfluß des Wachstums der Zentralbankgeldmenge in der Bundesbankdefinition auf M_1 und M_3. So werden 96 % des Wachstums der Zentralbankgeldmenge in M_1 und 85 % in M_3 reflektiert. Das

---

[10] Vgl. *Karl-Heinz Ketterer*, Probleme der Neo-Quantitätstheorie und der Geldmengenpolitik, Berlin 1975; *Peter Trapp*, Geldmenge, Ausgaben und Preisanstieg in der Bundesrepublik Deutschland, Tübingen 1976; *Werner Neubauer*, Über die Unmöglichkeit einer monetaristischen Geldpolitik, in: Kredit und Kapital, 10. Jg., H. 1 (1977), S. 65—90.

[11] Der Regressionsansatz basiert teilweise auf Identitätsgleichungen. Im Zusammenhang mit der Fragestellung ist er jedoch sinnvoll, da er den Einfluß der einzelnen Faktoren auf die Geldmengenaggregate aufzeigt.

[12] Die hier diskutierten Gleichungen 1 und 4 in Tabelle 1 gehen von folgendem Regressionsansatz aus:

$$\hat{M} = a_1 + b_1 \hat{B}$$

bzw.

$$\hat{M} = a_2 + b_2 \hat{B}^{BBK}$$

Tabelle 1: **Regressionsgleichungen für alternative Geldmengenaggregate**

(Wachstumsraten gegenüber dem Vorjahreswert aus saisonbereinigten Quartalsdurchschnitten: 1969/I—1977/I)

Nr.	Abhängige Variable	Erklärende Variablen						R^2	DW
		Konstante	B	B^{BBK}	c	t	s		
1	M_1	0.021 (0.845)	0.767 (2.947)	—	—	—	—	0.215	0.711
2	M_1	0.033 (2.893)	0.446 (3.667)	—	—0.770 (—10.303)	—	—	0.840	1.228
3	M_1	0.033 (3.885)	0.513 (5.532)	—	—0.423 (—4.367)	—0.089 (—4.196)	—0.219 (—3.486)	0.910	2.065
4	M_1	0.008 (0.283)	—	0.962 (3.113)	—	—	—	0.237	0.278
5	M_1	0.024 (1.957)	—	0.570 (4.016)	—0.764 (—10.547)	—	—	0.850	0.433
6	M_1	0.011 (2.239)	—	0.853 (14.679)	—0.215 (—4.258)	—0.141 (—12.817)	—0.147 (—4.959)	0.979	1.471

Tabelle 1: (Fortsetzung)

Nr.	Abhängige Variable	Erklärende Variablen						R^2	DW
		Konstante	B	B^{BBK}	c	t	s		
1	M_2	0.047 (1.246)	0.474 (1.207)	—	—	—	—	0.016	0.276
2	M_2	0.037 (1.110)	0.744 (2.079)	—	0.649 (2.956)	—	—	0.235	0.523
3	M_2	0.013 (1.158)	0.760 (6.100)	—	—0.438 (—3.369)	0.318 (11.124)	—0.340 (—4.035)	0.910	1.019
4	M_2	—0.032 (—0.874)	—	1.401 (3.474)	(4.965) —	—	—	0.283	0.233
5	M_2	—0.048 (—1.811)	—	1.797 (5.891)	0.772	—	—	0.618	0.445
6	M_2	—0.010 (—0.987)	—	1.131 (9.340)	—0.181 (—1.723)	0.252 (10.955)	—0.235 (—3.815)	0.951	2.085

Tabelle 1: (Fortsetzung)

Nr.	Abhängige Variable	Erklärende Variablen						R^2	DW
		Konstante	B	BBBK	c	t	s		
1	M_3	0.059 (4.548)	0.416 (3.092)	—	—	—	—	0.234	0.885
2	M_3	0.058 (4.422)	0.424 (2.995)	—	0.020 (0.232)	—	—	0.206	0.914
3	M_3	0.051 (5.267)	0.439 (4.210)	—	—0.270 (—2.478)	0.087 (3.617)	—0.140 (—1.983)	0.582	0.908
4	M_3	0.022 (2.711)	—	0.854 (9.285)	—	—	—	0.753	0.696
5	M_3	0.021 (2.563)	—	0.891 (9.579)	0.072 (1.527)	—	—	0.764	0.824
6	M_3	0.028 (3.906)	—	0.774 (8.933)	—0.074 (—0.981)	0.039 (2.381)	—0.078 (—1.756)	0.832	1.047

Anm.: Die Werte in Klammern sind die t-Werte der partiellen Regressionskoeffizienten. R^2 bezeichnet das korrigierte Bestimmtheitsmaß. DW ist der Durbin-Watson-Koeffizient.

Wachstum der erweiterten monetären Basis schlägt sich zu 77 % in M_1 nieder. Für die Beziehung zwischen der Zentralbankgeldmenge in der Definition der Deutschen Bundesbank und M_2 ergibt sich ein Koeffizient von 1.4, was auf einen Einfluß von 140 % hindeuten würde. Dieses Regressionsergebnis läßt vermuten, daß sich in dem Koeffizienten Einflüsse, die sich aus dem Portfolioverhalten des Publikums ergeben, widerspiegeln.

Die statistischen Signifikanzmaße für die obigen Regressionsgleichungen sind relativ schlecht. Die Werte für das korrigierte Bestimmtheitsmaß liegen meist nur bei $R^2 \approx 0.23$. Lediglich für die Beziehung zwischen der Zentralbankgeldmenge in der Bundesbankdefinition und M_3 ist $R^2 = 0.75$, der Zusammenhang zwischen beiden Zeitreihen also sehr eng. Die Durbin-Watson-Werte liegen in einer Größenordnung, die auf ein zyklisches oder trendmäßiges Element in den Residuen schließen läßt.

Die Regressionsanalyse macht auf der einen Seite deutlich, daß das Wachstum der verschiedenen Geldmengenaggregate stark von dem Wachstum an Zentralbankgeld abhängt. Auf der anderen Seite ist jedoch zu erkennen, daß auch andere Einflüsse auf die Entwicklung der Geldmengenaggregate einwirken. Diese übrigen Einflüsse ergeben sich aus dem Portfolioverhalten des Publikums vor allem in Form von Umschichtungen zwischen Sichtdepositen, Termindepositen und Spardepositen.

Die Umschichtungen sind in erster Linie eine Folge der zyklischen Schwankungen der kurzfristigen Zinssätze. Eine Senkung der kurzfristigen Zinssätze führt dazu, daß die Wirtschaftseinheiten ihre Einlagen bei den Geschäftsbanken bevorzugt in Form von Sichtdepositen halten, während eine Tendenz zur Zinserhöhung sie veranlaßt, ihren Bestand an Sichtdepositen relativ einzuschränken und in größerem Umfang Termin- und Spardepositen zu halten. Die stärksten Umschichtungen finden zwischen Sicht- und Termindepositen statt. Sie bewirken, daß die Wachstumsraten der Geldmenge M_1 in Phasen einer Hochzinspolitik sinken und die von M_2 steigen, während sich in Phasen einer Niedrigzinspolitik meist eine entgegengesetzte Entwicklung beobachten läßt.

Die skizzierten Zusammenhänge führen dazu, daß die zyklischen Schwankungen der Wachstumsraten von M_1 und M_2 im allgemeinen stärker ausfallen als die Schwankungen der Wachstumsraten der erweiterten monetären Basis. Es gibt ein typisches zyklisches „Überschießen“ der Wachstumsraten der Geldmengenaggregate gegenüber den Wachstumsraten der Zentralbankgeldmenge. Dies ist sehr deutlich aus der Abbildung 2 zu ersehen, in der die Wachstumsraten der erweiterten monetären Basis und der Geldmenge M_1 für die Periode von 1961 bis 1977 dargestellt sind.

Gegenüber M_1 und M_2 ist für das Geldmengenaggregat M_3 mit geringeren Schwankungen der Wachstumsraten zu rechnen. Der Grund hierfür liegt darin, daß Umschichtungen zwischen den einzelnen Depositenarten M_3 nicht berühren, da M_3 die Sichtdepositen, die Termindepositen und die Spardepositen umfaßt. Umschichtungen werden somit innerhalb von M_3 neutralisiert. Daher ist auch die statistische Beziehung zwischen den Wachstumsraten von M_3 und den Wachstumsraten der Zentralbankgeldmenge in der Definition der Deutschen Bundesbank besonders eng[13].

Die Hypothese, daß das Portfolioverhalten der Wirtschaftseinheiten einen nicht unbedeutenden Einfluß auf die zyklischen Schwankungen der Geldmenge ausübt, wird durch die empirischen Ergebnisse bestätigt. Sobald neben dem Zentralbankgeld der Klassenhaltungskoeffizient in die Analyse einbezogen wird, schnellt das korrigierte Bestimmtheitsmaß hoch. Die statistischen Signifikanzmaße werden noch besser, wenn neben dem Kassenhaltungskoeffizienten der Termineinlagenkoeffizient und der Spareinlagenkoeffizient in den Gleichungen berücksichtigt werden.

Die Regressionsergebnisse für die Periode von 1969 bis 1977 sind ebenfalls in Tabelle 1 zusammengefaßt[14]. Die Ergebnisse zeigen, daß das Publikumsverhalten in erheblichem Ausmaß die Geldmengenaggregate M_1 und M_2 beeinflußt. Alle Elastizitäten mit Ausnahme von $\varepsilon(m_2, c)$ in den Gleichungen (2) und (5) haben das erwartete Vorzeichen und sind statistisch signifikant. Die Ergebnisse zeigen auch, daß mit der Einbeziehung der das Publikumsverhalten reflektierenden Koeffizienten in die Schätzgleichungen der Einfluß des Zentralbankgeldes auf die Geldmengenaggregate zwar in den meisten Gleichungen etwas zurückgeht, die Koeffizienten aber an statistischer Signifikanz gewinnen.

Im Gegensatz zu den Schätzgleichungen für M_1 und M_2 fallen die Regressionsansätze für M_3, in denen das Publikumsverhalten zusätzlich zu dem Zentralbankgeld berücksichtigt wird, relativ schlecht aus. Die Ko-

[13] Die enge statistische Beziehung zwischen der Zentralbankgeldmenge in der Definition der Deutschen Bundesbank und dem Geldmengenaggregat M_3 ergibt sich nicht zuletzt aus der engen definitorischen Beziehung zwischen den beiden Variablen. Vgl. hierzu *Dieter Duwendag,* Die neue Geldpolitik der Deutschen Bundesbank: Interpretation und kritische Anmerkungen, in: Konjunkturpolitik, 22. Jg., H. 5 (1976), S. 265—306.

[14] In den Gleichungen stellen die Regressionskoeffizienten für die Variablen *c*, *t* und *s* die Elastizitäten des jeweiligen Geldmengenmultiplikators *m* in bezug auf diese Variablen dar. Die geschätzte Gleichung ist spezifiziert als

$$\hat{M} = a + b\hat{B} + \varepsilon(m, c)\,\hat{c} + \varepsilon(m, t)\,\hat{t} + \varepsilon(m, s)\,\hat{s}\ .$$

ABBILDUNG 2:

GELDMENGE M1 UND ERWEITERTE ZENTRALBANKGELDMENGE

QUARTALSDURCHSCHNITTE VON SAISONBEREINIGTEN MONATSENDDATEN

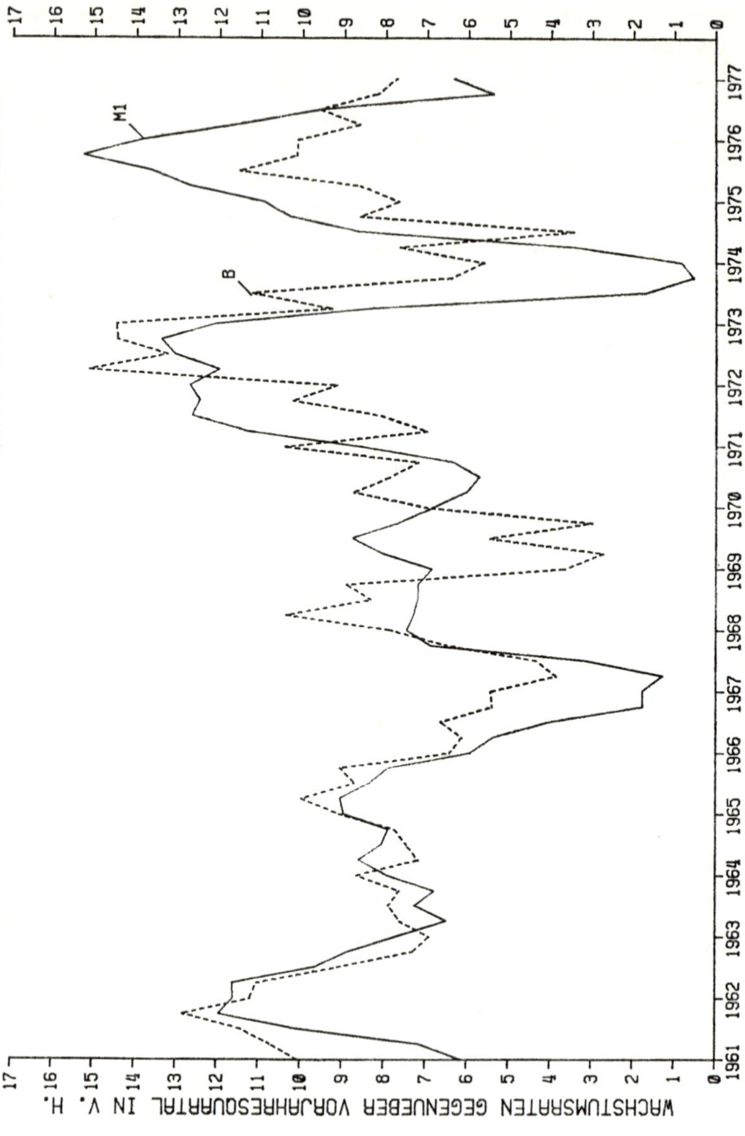

effizienten haben teilweise ein falsches Vorzeichen, oder sie sind statistisch nicht signifikant. Diese Ergebnisse sind insofern nicht überraschend, als von Umschichtungen des Publikums zwischen den einzelnen Depositenarten kein nachhaltiger Einfluß auf M_3 zu erwarten ist, und die Zentralbankmeldmenge in der Definition der Bundesbank in unmittelbarer definitorischer Beziehung zu M_3 steht.

Insgesamt zeigen die empirischen Untersuchungen, daß das Wachstum der einzelnen Geldmengenaggregate dominant von dem Wachstum des Zentralbankgeldes beeinflußt wird. Die durch das Publikumsverhalten bedingten Abweichungen des Wachstums der Geldmengenaggregate M_1 und M_2 von dem Wachstum des Zentralbankgeldes vermögen den Geldangebotsprozeß nicht nachhaltig zu stören. Sie stellen lediglich kurzfristige Abweichungen dar und sind nicht in der Lage, einer Richtungsänderung des Wachstums der Zentralbankgeldmenge auch nur mittelfristig entgegenzuwirken.

Ohne Betrachtung der Publikumsvariablen läßt sich feststellen, daß die Geldmenge M_1 ungefähr in gleichem Maße von der erweiterten monetären Basis wie von der Zentralbankgeldmenge der Bundesbank beeinflußt wird. Für das Aggregat M_3 ergibt sich gegenüber der erweiterten monetären Basis die erwartete eindeutige Dominanz des Einflusses der Zentralbankgeldmenge der Bundesbank.

Eine Untersuchung, bei der im Gegensatz zu dem hier verwendeten Ansatz mit zeitverzögerten Gleichungen zur Ermittlung der Wirkung von Veränderungen verschiedener Geldbasiskonzepte auf die Geldmenge M_1 im Rahmen eines Zwei-Gleichungs-Modells für die Geldangebots- und die Geldnachfragebeziehung gearbeitet wird, kommt zu dem Ergebnis, daß Veränderungen der erweiterten monetären Basis im Untersuchungszeitraum im Gegensatz zur einfachen monetären Basis besonders stark auf die Geldmengenentwicklung einwirkten und daß der Anpassungsprozeß nach etwa 12 Monaten abgeschlossen war[15]. Wegen der statistisch-ökonomischen Probleme bei dem Einsatz der verwendeten Methoden zur Berechnung der zeitlichen Anpassungskoeffizienten wird ein solcher Ansatz hier nicht weiter verfolgt.

IV. Multiplikatorprognose und Geldmengensteuerung

In der bisherigen Analyse wurde die Frage behandelt, inwieweit die Zentralbankgeldmenge gesteuert werden kann und inwieweit über die Steuerung der Zentralbankgeldmenge eine Kontrolle der verschiedenen Geldmengenaggregate möglich ist. Die Untersuchungen haben gezeigt,

[15] Vgl. *Hans-Joachim Jarchow* und *Herbert Möller*, Geldbasiskonzepte und Geldmenge (II), in: Kredit und Kapital, 9. Jg., H. 3 (1976), S. 317—346.

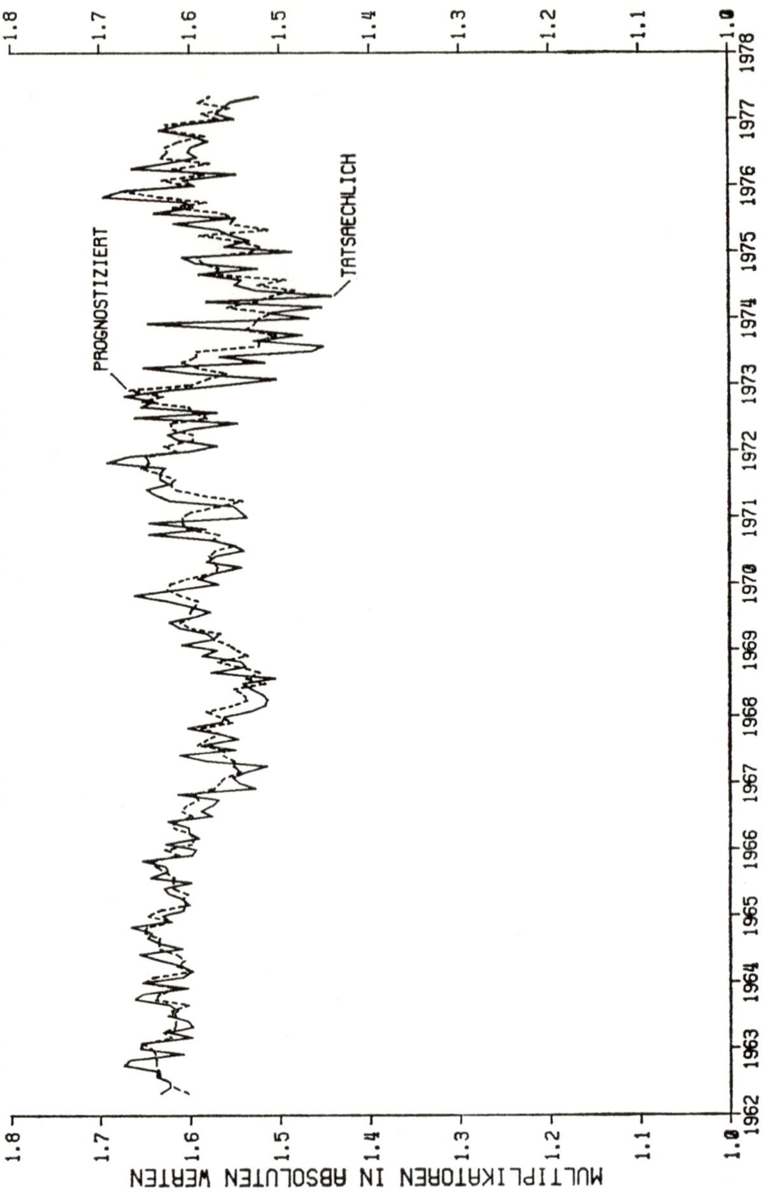

ABBILDUNG 3:
TATSAECHLICHE UND PROGNOSTIZIERTE ENTWICKLUNG DES GELDMENGENMULTIPLIKATORS M1/B
MULTIPLIKATORPROGNOSE MITTELS BOX-JENKINS-VERFAHREN

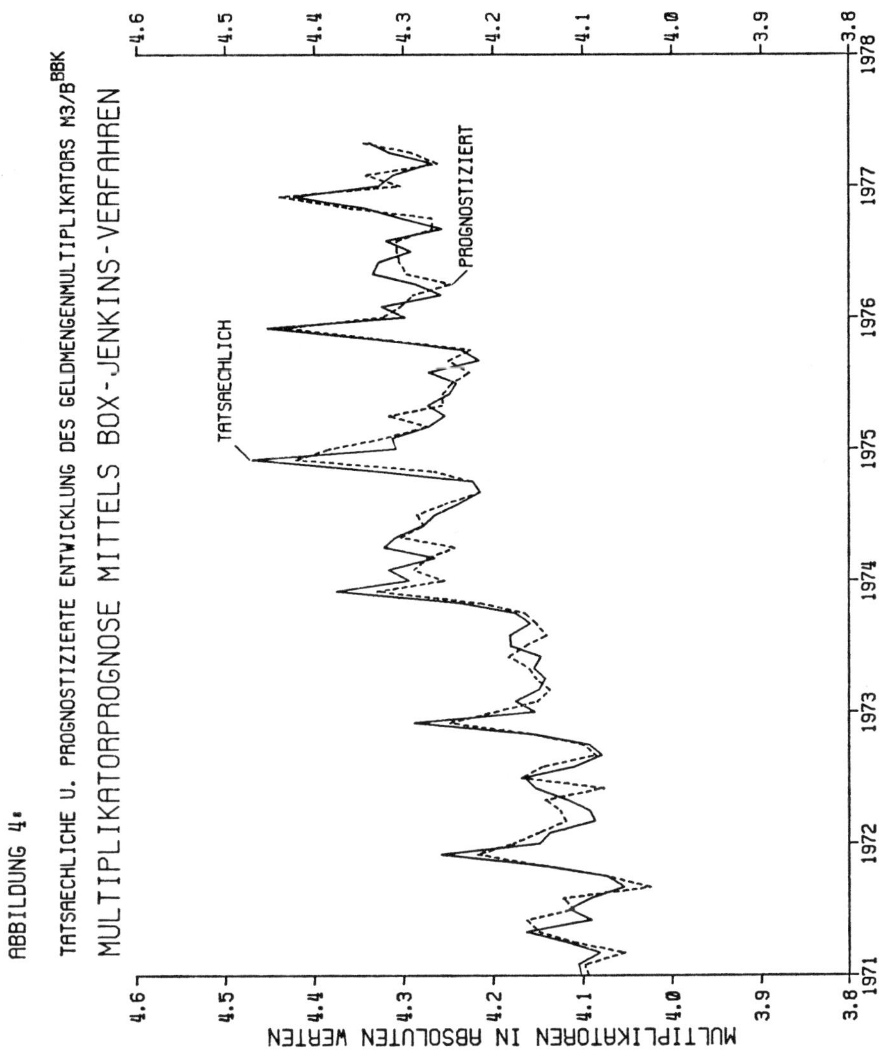

daß bei diesem Steuerungsverfahren kurzfristige Abweichungen der Wachstumsraten der Geldmengenaggregate von der Wachstumsrate der Zentralbankgeldmenge in Kauf genommen werden müssen. Es läßt sich jedoch auch ein Steuerungskonzept denken, bei dem das Wachstum eines Geldmengenaggregats wesentlich genauer gesteuert werden kann. Ein derartiges Konzept basiert auf der Prognose des Geldmengenmultiplikators und einer entsprechenden Anpassung der Zentralbankgeldmenge zur Erreichung eines vorgegebenen Wachstumsziels für das Geldmengenaggregat.

Im einzelnen liegen dem Konzept folgende geldpolitischen Schritte zugrunde: 1. Auswahl des zur Steuerung vorgesehenen Geldmengenaggregats; 2. Fixierung der Wachstumsrate des Geldmengenaggregats; 3. Prognose des Geldmengenmultiplikators; 4. Ermittlung der für die gewünschte Ausdehnung des Geldmengenaggregats erforderlichen Ausdehnung der Zentralbankgeldmenge und Umsetzung in praktische Geldpolitik; 5. Anpassung der Zentralbankgeldmenge in der nächsten Periode, um eine eventuelle Abweichung des tatsächlichen Multiplikators von seinem prognostizierten Wert zu korrigieren.

Das zentrale Problem bei diesem Steuerungskonzept ist die Prognose des Geldmengenmultiplikators. Ein Forscherteam der Federal Reserve Bank of St. Louis hat gute Ergebnisse für monatliche Multiplikatorprognosen in den U.S.A. aus einem Regressionsansatz gewonnen, in dem der Prognosewert aus gleitenden Durchschnitten der jeweils drei letzten Monatswerte ermittelt worden ist[16]. In einer soeben veröffentlichten Arbeit[17] wird zur Schätzung der Geldmengenmultiplikatoren in den U.S.A. und den Niederlanden ein autoregressives Zeitreihenmodell verwendet, wie es von G. E. P. Box und G. M. Jenkins entwickelt worden ist[18]. Nach dem gleichen Verfahren werden in einer Studie für die Schweiz Geldmengenmultiplikatoren prognostiziert[19].

Auf der Grundlage der Box-Jenkins-Methode werden im folgenden Schätzungen von Geldmengenmultiplikatoren für die Bundesrepublik Deutschland vorgenommen. Die tatsächlichen und prognostizierten Monatswerte sind für den Multiplikator M_1/B in Abbildung 3 und für den Multiplikator M_3/B^{BBK} in Abbildung 4 dargestellt. Die Abbildungen lassen die starke Übereinstimmung zwischen tatsächlichen und prognostizierten Werten, wie sie insbesondere für den M_3/B^{BBK}-Multiplikator besteht, gut erkennen.

---

[16] Vgl. *Albert E. Burger, Lionel Kalish III* und *Christopher T. Babb*, Money Stock Control and its Implications for Monetary Policy, in: Federal Reserve Bank of St. Louis Review, Vol. 53, H. 10 (1971), S. 6—22. Die Verwendung eines ähnlichen Ansatzes zeigt auch für die Bundesrepublik Deutschland brauchbare Ergebnisse. Vgl. *Volbert Alexander* und *Hans Edi Loef*, Methoden und Probleme einer Geldmengensteuerung — Empirische Simulationstests für die BRD —,in: Kredit und Kapital, 9. Jg., H. 4 (1976), S. 455—480.

[17] Vgl. *Edward J. Bomhoff*, Predicting the Money Multiplier — A Case Study for the U.S. and the Netherlands, in: Journal of Monetary Economics, Vol. 3, No. 3 (1977), S. 325—345.

[18] *G. E. P. Box* and *G. M. Jenkins*, Time Series Analysis, Forecasting and Control, 2. Auflage, San Francisco 1971.

[19] Vgl. *H.-J. Büttler, J.-F. Gorgerat, H. Schiltknecht* und *K. Schiltknecht*, A Multiplier Model for Controlling the Money Stock, unveröffentlichtes Manuskript, Zürich und Basel 1977.

In den Tabellen 2 und 3 sind die für eine Simulation der Geldmengensteuerung erforderlichen Größen für Monatswerte von Januar 1975 bis Mai 1977 zusammengestellt.

In Tabelle 2 gibt M_1^* die gewünschte Höhe der Geldmenge M_1 an[20]; m_1^{prog} ist der prognostizierte Multiplikatorwert; $\overline{B}$ ist die erweiterte monetäre Basis, die unter Berücksichtigung des prognostizierten Multiplikators zur Realisierung der gewünschten Höhe der Geldmenge M_1 erforderlich ist; ΔB stellt denjenigen Geldbasisimpuls dar, der in der laufenden Periode realisiert werden muß, um das Geldmengenziel dieser Periode zu erreichen und um den Fehler bei der Multiplikatorschätzung der Vorperiode zu korrigieren; m_1 ist der tatsächliche Multiplikator; $\overline{M}_1$ ist diejenige Geldmenge, die sich bei Realisierung von $\overline{B}$ tatsächlich einstellt; $M_1^* - \overline{M}_1$ stellt die absolute und $(M_1^* - \overline{M}_1)/M_1^*$ die relative Abweichung zwischen der gewünschten und der sich durch das Kontrollverfahren ergebenden Geldmenge dar.

Tabelle 2 zeigt, daß die Abweichungen überwiegend gering sind. In Monaten stärkerer Abweichungen in eine Richtung zeigt sich jedoch nach spätestens vier Perioden eine gegenläufige Tendenz, so daß reale Effekte durch eine Abweichung der gewünschten von der tatsächlichen Geldmengenentwicklung nicht zu erwarten sind. Es zeigt sich außerdem, daß die relative Abweichung in den meisten Fällen unter 2 % liegt. Lediglich in einem Monat (August 1975) erreicht sie —5 %.

Tabelle 3 gibt die Ergebnisse einer Steuerung des Geldmengenaggregats M_3 auf der Grundlage des mittels der Box-Jenkins-Methode prognostizierten Multiplikators für die Zentralbankgeldmenge in der Definition der Deutschen Bundesbank wieder. Die Symbolik dieser Tabelle entspricht der von Tabelle 2.

Die Berechungen in Tabelle 3 zeigen, daß die Steuerung von M_3 durch die Zentralbankgeldmenge in der Definition der Deutschen Bundesbank mittels Multiplikatorprognose erheblich präziser ausfällt als die Steuerung von M_1 über die durch die Multiplikatorprognose ermittelte Variation der erweiterten monetären Basis. Sowohl die obsoluten als auch die relativen Abweichungen zwischen den gewünschten und den tatsächlichen Werten von M_3 sind erheblich geringer als diejenigen für M_1. Die relativen Abweichungen liegen bis auf drei nicht gravierende Ausnahmen im Jahr 1975 unter 1 %. Damit kommt auch bei diesem Ansatz der bereits zuvor dargestellte enge konzeptionelle Zusammenhang zwischen

[20] In dem hier verwendeten Ansatz wird untersucht, ob die sich tatsächlich eingestellte Geldmengenentwicklung mittels Multiplikatorprognose hätte realisiert werden können; die gewünschte Höhe der Geldmenge entspricht demnach der tatsächlichen Größe.

Tabelle 2: **Simulationsergebnisse für die Steuerung der Goldmenge M_1 von 1975/1—1977/5**

Prognose-periode	M_1^* Mrd. DM	m_1prog	$\overline{B}$ Mrd. DM	ΔB Mrd. DM	m_1	$\overline{M}_1$ Mrd. DM	$M_1^*-\overline{M}_1$ Mrd. DM	$\frac{M_1^*-\overline{M}_1}{M_1^*}$ in %
1975 01	144.642	1.531	94.476	—6.164	1.486	140.429	4.213	2.9
02	144.917	1.521	95.277	3.635	1.561	148.706	3.789	—2.6
03	149.341	1.547	96.536	—1.168	1.533	147.955	1.386	0.9
04	151.777	1.588	95.577	—0.054	1.554	148.571	3.206	2.1
05	155.953	1.512	103.144	9.630	1.568	161.696	—5.743	—3.7
06	160.641	1.553	103.439	—3.369	1.617	167.266	—6.625	—4.1
07	160.712	1.548	103.819	—3.717	1.552	161.089	—0.377	—0.2
08	161.592	1.561	103.518	—0.544	1.639	169.630	—8.038	—5.0
09	164.425	1.617	101.685	—6.738	1.595	162.228	2.197	1.3
10	163.883	1.580	103.723	3.415	1.606	166.557	—2.674	—1.6
11	180.100	1.629	110.559	5.171	1.695	187.442	—7.342	—4.1
12	183.298	1.675	109.432	—5.458	1.674	183.179	0.119	0.1

Tabelle 2 (Fortsetzung)

Prognose-periode	M_1^* Mrd. DM	m_1^{prog}	$\overline{B}$ Mrd. DM	ΔB Mrd. DM	m_1	$\overline{M}_1$ Mrd. DM	$M_1^*-\overline{M}_1$ Mrd. DM	$\frac{M_1^*-\overline{M}_1}{M_1^*}$ in %
1976 01	167.621	1.599	104.829	—4.532	1.595	167.163	0.458	0.3
02	169.604	1.629	104.115	—0.427	1.608	167.373	2.231	1.3
03	166.800	1.583	105.370	2.643	1.548	163.163	3.637	2.2
04	169.675	1.618	104.867	1.845	1.662	174.292	—4.617	—2.7
05	175.490	1.577	111.281	3.636	1.627	181.039	—5.549	—3.2
06	180.171	1.630	110.534	—4.158	1.592	175.970	4.201	2.3
07	179.269	1.624	110.387	2.492	1.602	176.787	2.482	1.4
08	178.548	1.625	109.876	1.039	1.599	175.648	2.900	1.6
09	176.915	1.610	109.885	1.823	1.579	173.553	3.362	1.9
10	178.208	1.582	112.647	4.891	1.599	180.108	—1.900	—1.1
11	191.047	1.623	117.712	3.877	1.632	192.161	—1.114	—0.6
12	186.852	1.625	114.986	—3.408	1.606	184.622	2.230	1.2
1977 01	178.050	1.566	113.697	0.100	1.551	176.340	1.710	0.9
02	179.394	1.585	113.182	0.588	1.571	177.784	1.610	0.9
03	179.738	1.554	115.662	3.505	1.562	180.646	—0.908	—0.5
04	182.623	1.589	114.930	—1.314	1.553	178.503	4.120	2.3
05	187.021	1.577	118.593	6.315	1.524	180.699	6.322	3.4

Tabelle 3: **Simulationsergebnisse für die Steuerung der Geldmenge M_3 von 1975/1—1977/5**

Prognose-periode	M_3^* Mrd. DM	$m_3$prog	$\bar{B}$BBK Mrd. DM	Δ BBBK Mrd. DM	m_3	$\bar{M}_3$ Mrd. DM	$M_3^*-\bar{M}_3$ Mrd. DM	$\frac{M_3^*-\bar{M}_3}{M_3^*}$ in %
1975 01	440.849	4.383	100.582	—2.847	4.308	433.302	7.546	1.7
02	442.474	4.323	102.353	3.529	4.312	441.346	1.127	0.3
03	440.014	4.272	103.000	0.902	4.271	439.908	0.105	0.0
04	441.061	4.315	102.216	—0.748	4.253	434.720	6.340	1.4
05	443.668	4.256	104.245	3.512	4.272	445.334	—1.666	—0.4
06	443.729	4.255	104.284	—0.342	4.248	442.998	0.730	0.2
07	446.495	4.245	105.181	1.080	4.240	445.967	0.527	0.1
08	452.307	4.226	107.030	1.969	4.271	457.120	—4.813	—1.1
09	451.557	4.249	106.274	—1.872	4.215	447.940	3.616	0.8
10	459.115	4.225	108.666	3.249	4.235	460.200	—1.085	—0.2
11	475.604	4.318	110.145	1.219	4.323	476.152	—0.548	—0.1
12	495.790	4.432	111.866	1.592	4.452	498.022	—2.232	—0.5

Tabelle 3 (Fortsetzung)

Prognose-periode		M_3^* Mrd. DM	m_3prog	$\overline{B}BBK$ Mrd. DM	Δ BBBK Mrd. DM	m_3	$\overline{M}_3$ Mrd. DM	$M_3^*-\overline{M}_3$ Mrd. DM	$\frac{M_3^*-\overline{M}_3}{M_3^*}$ in %
1976	01	481.773	4.323	111.444	—0.926	4.298	478.986	2.786	0.6
	02	485.637	4.303	112.860	2.057	4.324	488.006	—2.369	—0.5
	03	478.583	4.289	111.584	—1.822	4.257	478.627	—0.044	0.0
	04	483.558	4.247	113.859	3.125	4.286	487.995	—4.437	—0.9
	05	489.441	4.296	113.929	—0.968	4.334	493.768	—4.327	—0.9
	06	493.865	4.304	114.746	—0.191	4.327	496.501	—2.636	—0.5
	07	496.167	4.307	115.200	—0.166	4.291	494.323	1.843	0.4
	08	501.857	4.307	116.521	1.754	4.319	503.254	—1.397	—0.3
	09	499.687	4.267	117.105	0.262	4.256	498.394	1.293	0.3
	10	509.451	4.267	119.393	2 585	4.303	513.748	—4.297	—0.8
	11	521.575	4.360	119.627	—0.759	4.343	519.540	2.034	0.4
	12	532.027	4.438	119.880	0.725	4.423	530.224	1.802	0.3
1977	01	523.165	4.303	121.581	2.123	4.327	526.080	—2.915	—0.6
	02	526.367	4.341	121.255	—1.008	4.311	522.725	3.641	0.7
	03	522.861	4.261	122.709	2.300	4.268	523.717	—0.856	—0.2
	04	526.405	4.290	122.705	—0.211	4.315	529.472	—3.067	—0.6
	05	533.744	4.347	122.784	—0.626	4.339	532.759	0.984	0.2

M_3 und der Zentralbankgeldmenge in der Abgrenzung der Deutschen Bundesbank klar zum Ausdruck.

Insgesamt zeigen die Ergebnisse, daß eine ziemlich präzise Steuerung der Geldmengenaggregate M_1 und M_3 unter Verwendung von mittels der Box-Jenkins-Methode geschätzten Multiplikatoren möglich ist. Es bleibt die Frage zu beantworten, ob das relativ komplizierte Box-Jenkins-Verfahren bessere Ergebnisse liefert als das Verfahren, bei dem die Prognosewerte aus Regressionsansätzen gewonnen werden, in die die jeweiligen vergangenen Multiplikatorwerte nicht nach systematischen Kriterien eingehen, sondern mittels eines trial- and error-Prozesses nach dem Kriterium des besten „fit" ausgesucht werden. Bomhoff hat für die U.S.A. nachgewiesen, daß die Box-Jenkins-Methode überlegen ist[21]. Eine ähnliche Feststellung läßt sich auch für die Bundesrepublik Deutschland treffen. So beträgt der durchschnittliche absolute prozentuale Fehler der m_1-Multiplikatorprognose für Monatswerte in der Periode 1962/5 bis 1973/12 bei dem von Alexander und Loef verwendeten „besten" Regressionsansatz 1,85 %, während er sich bei dem hier zugrunde gelegten Verfahren auf 1,55 % beläuft. Bei diesem Vergleich ist zu berücksichtigen, daß Alexander und Loef ihre Prognose auf ein aufwendiges Verfahren mit variablem Parameterinput aufbauen, bei dem die Parameter für jede Prognoseperiode neu geschätzt werden. Außerdem verwenden sie zur Prognose bereits saisonbereinigte Zeitreihen.

Bei dem Box-Jenkins-Verfahren basieren die Schätzungen der Parameter auf Werten für die Periode 1960—1970; von 1970 bis 1973 werden ex-ante Prognosen vorgenommen, ohne die Struktur des Modells zu ändern. Die größere Genauigkeit des Box-Jenkins-Verfahrens kommt auf diese Weise nicht deutlich genug zum Ausdruck.

Die Überlegenheit des Box-Jenkins-Verfahrens tritt stärker hervor, wenn die Schätzfehler beider Methoden für die Periode 1962/5 bis 1970/12 verglichen werden. Die Ergebnisse von Alexander und Loef weisen für die obige Periode einen durchschnittlichen absoluten prozentualen Fehler von 1,80 % auf, d. h. der durchschnittliche Fehler hat sich bei dem Verfahren mit variablem Parameterinput kaum verändert. Bei der Box-Jenkins-Methode, nach der für diese Periode nur expost-Prognosen vorgenommen wurden, beträgt dieser Fehler demgegenüber lediglich 1,22 %.

[21] Vgl. *Edward J. Bomhoff*, Predicting the Money Multiplier, a. a. O., S. 334.

V. Zusammenfassung und Ergebnisse

In der Untersuchung wurde zunächst die Problematik der Kontrolle der Zentralbankgeldmenge in der Bundesrepublik Deutschland theoretisch analysiert. Hierbei zeigte sich, daß auf die Schaffung von Zentralbankgeld in der Definition der Deutschen Bundesbank mehr noch als auf die erweiterte monetäre Basis zahlreiche gegenläufige Kräfte einwirken. Das Steuerungsproblem besteht somit darin, die einzelnen Komponenten so zu beeinflussen, daß der gewünschte Zuwachs erreicht wird. Die Realisierung eines bestimmten Zuwachses ist über die von der Deutschen Bundesbank praktizierte Diskont- und Offenmarktpolitik möglich. Insbesondere mit Hilfe des neuen Instruments „Offenmarktgeschäfte über Wechsel mit Rückkaufsvereinbarung" kann die Deutsche Bundesbank die Zentralbankgeldmenge gut kontrollieren.

Die Analyse der Beziehungen zwischen der Zentralbankgeldmenge und den Geldmengenaggregaten M_1, M_2 und M_3 hat ergeben, daß die Wachstumsraten dieser Aggregate dominant von den Wachstumsraten der Zentralbankgeldmenge beeinflußt werden. Aufgrund des bestehenden definitorischen Zusammenhangs zwischen der Zentralbankgeldmenge in der Abgrenzung der Deutschen Bundesbank und dem Geldmengenaggregat M_3 ist die statistische Beziehung zwischen diesen Variablen besonders eng. Auf die Geldmengenaggregate M_1 und M_2 übt neben dem Zentralbankgeld das Portfolioverhalten des Publikums einen starken Einfluß aus. Das Publikumsverhalten äußert sich vor allem in Umschichtungen zwischen Sichtdepositen und Termindepositen. Diese Umschichtungen führen insbesondere in Phasen konjunktureller Umbrüche zu typischen Ausschlägen der Wachstumsraten von M_1 und M_2 gegenüber den Wachstumsraten des Zentralbankgeldes. Die Wachstumtrends von M_1 und M_2 werden jedoch nicht durch das Publikumsverhalten, sondern eindeutig durch den Wachstumstrend der Zentralbankgeldmenge geprägt.

Die Analyse einer Steuerung der Geldmengenaggregate über die Verwendung von Prognosewerten für Geldmengenmultiplikatoren und einer entsprechenden Anpassung der Zentralbankgeldmenge zeigt, daß die Deutsche Bundesbank die Geldmengenaggregate noch stärker kontrollieren kann, als dies bei einer indirekten Kontrolle über die Zentralbankgeldmenge der Fall ist. Die Genauigkeit der Steuerung hängt hierbei sehr stark von dem gewählten Prognoseverfahren für den Multiplikator ab. Ein Vergleich mit anderen Prognoseverfahren zeigt, daß auch für die Bundesrepublik Deutschland das Box-Jenkins-Verfahren die besten Ergebnisse liefert.

Anhang: Theoretische und praktische Aspekte der Box-Jenkins-Technik

I. Theoretische Aspekte

Box und Jenkins[22] haben eine Technik zur Konstruktion von univariaten Zeitreihenmodellen entwickelt, die sich in den letzten Jahren immer stärker durchgesetzt hat. Einerseits sind die theoretischen Grundlagen fundiert und relativ einfach auf die praktische Anwendung übertragbar, andererseits ist die Prognosequalität meist besser als bei anderen Zeitreihenverfahren oder ökonometrischen Modellen. Zuweilen kann durch die Verwendung von Transfermodellen, bei denen zusätzliche exogene Variablen berücksichtigt werden und die eine Erweiterung der Box-Jenkins-Technik darstellen, eine noch höhere Prognosegenauigkeit erreicht werden.

Es sollen hier lediglich die wesentlichen Merkmale der univariaten Box-Jenkins-Technik vereinfacht wiedergegeben werden.

Zunächst wird angenommen, daß die Beobachtungswerte einer Zeitreihe als Realisationen eines stochastischen Prozesses (X_t) angesehen werden. Es gilt nun, diesen Prozeß, der die Zeitreihe erzeugt, durch eine iterative, datenbezogene Strategie herauszufinden. Ferner wird verlangt, daß der erzeugende Prozeß linear und stationär (bzw. homogen nichtstationär) sein soll[23].

Als Modellklasse werden ARMA (autoregressive-moving-average) Prozesse verwendet, die folgende Form haben:

$$X_t + \Phi_1 X_{t-1} + \ldots + \Phi_m X_{t-m} = U_t + \Theta_1 U_{t-1} + \ldots + \Theta_n U_{t-n} .$$

Dabei ist X_t die betrachtete Zeitreihe, vermindert um ihren Mittelwert, während U_t eine Restgröße („weißes Rauschen“) darstellt. Die linke bzw. rechte Seite der Gleichung repräsentieren den autoregressiven bzw. moving-average Teil. Die Koeffizienten $\Phi_1, \ldots, \Phi_m$ und $\Theta_1, \ldots, \Theta_n$ sind zeitunabhängig.

Es gibt zwei wichtige Spezialfälle, und zwar reine AR-Modelle (autoregressive Modelle) ($\Theta_1 = \ldots = \Theta_n = 0$) und reine MA-Modelle (moving-average Modelle) ($\Phi_1 = \ldots = \Phi_m = 0$).

Die beiden wichtigsten Modellannahmen besagen, daß die Zufallsgrößen X_t und U_t (schwach) stationär und die U_t zusätzlich unkorreliert sein müssen.

---

[22] *G. E. P. Box* und *G. M. Jenkins*, Time Series Analysis, Forecasting and Control, 2. Auflage, San Francisco 1971.

[23] Die Stationarität ist gewährleistet, wenn gilt:
$E(X_t) = \mu$, $\mathrm{Var}(X_t) = \sigma_X^2$ für alle t, $\mathrm{Cov}(X_t, X_{t+k}) = \gamma_k$ für alle t, $t + k$.

In der Praxis kommen oft Zeitreihen vor, die starke Trend- und/oder Saisoneinflüsse zeigen und strenggenommen nicht mehr stationär sind. Durch die Forderung, daß z. B. geeignete Differenzen[24] dieser Reihe stationär sein sollen, erfolgt eine Erweiterung auf die Klasse der sog. ARIMA-Modelle.

Das Fundament der Box-Jenkins-Technik bildet die folgende Aussage, wonach jedem (zulässigen) ARMA-Modell umkehrbar eindeutig ganz bestimmte Verläufe hinsichtlich der Kenngrößen zugeordnet sind. Letztere sind charakteristische Größen, die wesentliche Informationen über den erzeugenden Prozeß speichern. Hier soll lediglich die Autokorrelationsfolge p_k betrachtet werden[25].

Diese ergibt sich durch Normierung der Autokovarianzfolge γ_k als $p_k = \frac{\gamma_k}{\gamma_0}$. Man kann zeigen[26], daß bei einem reinen MA-Modell die Glieder der Autokorrelationsfolge von einer bestimmten Stelle an sämtlich Null sind, während bei reinen AR- bzw. ARMA-Modellen gedämpfte Exponentialfunktionen, gedämpfte Sinusschwingungen oder Mischtypen auftreten können.

Der zugrundeliegende Prozeß und die zugeordneten Kenngrößen sind zwar unbekannt, die Kenngrößen lassen sich jedoch aus dem Datenmaterial schätzen. Daraus kann man zumindest approximativ auf den erzeugenden Prozeß zurückschließen. Die Autokorrelationsfolge wird wie folgt aus den Beobachtungswerten $x_1, \ldots, x_n$ geschätzt.

$$\hat{p}_k = \frac{\hat{\gamma}_k}{\hat{\gamma}_0} \text{ mit } \hat{\gamma}_k = \frac{1}{n} \sum_{i=1}^{n-k} (x_i - \bar{x})\,(x_{i+k} - \bar{x}) \text{ für } k = 0, 1, \ldots \text{ und } \bar{x} = \frac{1}{n} \sum_{i=1}^{n} x_i \,.$$

---

[24] Es werden häufig einfache, saisonale und gemischte Differenzenfilter verwendet

$$W_t = \nabla X_t = (1 - B)\,X_t = X_t - X_{t-1};\; W_t = \nabla_s X_t = (1 - B^s)\,X_t = X_t - X_{t-s} \quad \text{(z. B. mit } s = 12\text{)},$$

$$W_t = \nabla\nabla_s X_t = (1 - B)\,(1 - B^s)\,X_t = X_t - X_{t-1} - X_{t-s} + X_{t-s-1} \quad \text{(z.B. mit } s = 12\text{)}\,.$$

Der verwendete Rückwärtsverschiebungsoperator B^k hat die Eigenschaft

$$B^k X_t = X_{t-k}\,.$$

[25] Eine vollständige Darstellung der Kenngrößen findet man in: *Walter Mohr,* Univariate Autoregressive Moving-Average-Prozesse und die Anwendung der Box-Jenkins-Technik in der Zeitreihenanalyse, Würzburg 1976.

[26] Ebenda, S. 56—62.

II. Praktische Aspekte

Die Box-Jenkins-Analyse erfolgt in drei Phasen, die mindestens einmal nacheinander zu durchlaufen sind. Zunächst wird z. B. anhand der graphischen Darstellung untersucht, ob ausgeprägte Trend- und/oder Saisonverläufe vorliegen, so daß spezielle Differenzenfilter sinnvoll erscheinen. Ferner kann eine nichtlineare Transformation der Reihe erforderlich sein. Anschließend erfolgt die Identifikation, d. h. mittels der aus den Beobachtungswerten geschätzten Kenngrößen werden ARMA-Modelle ausgewählt, die approximativ die vorgelegten Verläufe besitzen. Es sind also die Ordnungen m bzw. n des autoregressiven bzw. moving-average Teils sowie geeignete Differenzenfilter festzulegen.

In der zweiten Phase werden die Koeffizienten Φ_j bzw. Θ_i und die Restgrößenwerte für U_t berechnet. Zur Schätzung wird der Marquardt-Algorithmus herangezogen, der als Kriterium die Summe der Quadrate der Restgrößen verwendet und diese auf spezielle Art minimiert. Außerdem wird noch eine Güteprüfung durchgeführt, wobei untersucht wird, ob die geschätzten Restgrößen tatsächlich die ideale Struktur des weißen Rauschens besitzen.

Auf der letzten Stufe erfolgt die Prognose, indem die Zufallsgrößen X_t und U_t durch bedingte Erwartungswerte, d. h. unter Berücksichtigung der Realisationen $x_1, \ldots, x_n$ ersetzt werden. Schließlich werden bestimmte Prognosemaße, wie etwa der prozentuale Fehler, die Tendenztrefferquote, das Theilsche U (Vergleich mit der naiven Prognose) für den ex-post-, und falls möglich, auch für den ex-ante-Bereich berechnet.

Als Gütekriterien für die endgültige Auswahl von Modellen werden in der Rangordnung ihres Gewichtes verwendet: die Prognosemaße im ex-post-Bereich, die Varianz der Restgröße bzw. das entsprechende Bestimmtheitsmaß, der Vergleich der Restgrößen mit der Idealform sowie die Signifikanz der Koeffizienten.

Für die Modellkonstruktionen können u. a. folgende Vorgehensweisen verwendet werden.

Die Auswahl des geeigneten Differenzenoperators erfolgt entweder aus mehr praktischen Überlegungen oder aus statistisch abgesicherten Gründen. Für die übrigen Modellteile kann man, wie von Box und Jenkins vorgeschlagen, nur wenige Parameter verwenden (einfache, multiplikative Modelle), oder es werden reine autoregressive bzw. reine moving-average Modelle mit einer größeren Zahl von Parametern verwendet. Als Kompromiß kann eine Version angesehen werden, bei der als erste Approximation ein autoregressives Modell angesetzt wird, und danach die Restgröße durch ein MA-Modell angepaßt wird.

III. Beispiel (Geldmengenmultiplikator M_3/B^{BBK})

Auf der Grundlage von 60 Beobachtungswerten (69/1 bis 73/12) sind Box-Jenkins-Modelle zu erstellen. Es stehen ferner die nachfolgenden 41 Werte zu einem ex-ante Prognosevergleich zur Verfügung. Aus Abbildung 4 erkennt man einen leichten Trend und eine saisonale Komponente mit s = 12. Insbesondere fallen die Spitzen in den Dezembermonaten auf[27]. Somit ist aus praktischen Erwägungen ein saisonales Modell oder ein gemischter Differenzfilter der Form $W_t = \nabla \nabla_{12} X_t$ sinnvoll.

Tabelle 1:

Varianzen für die Differenzenfilter $= \nabla_1^{d_1} \nabla_{12}^{d_2} X_t$

$d_1 \downarrow$ \ $d_2 \rightarrow$	0	1
0	0.00676	0.00225
1	0.00348	0.00181
2	0.00784	0.00427

Aus der Tabelle geht hervor, daß für den gemischten Differenzenoperator ($d_1 = 1$, $d_2 = 1$) eine starke Reduktion der Varianz erreicht wird. Das multiple Bestimmtheitsmaß liegt schon bei 0,73, womit eine Bestätigung der ersten Hypothese gegeben ist.

Weitere Anhaltspunkte liefert die Autokorrelationsfolge, die hier für $W_t = X_t$ und $W_t = \nabla_1^1 \nabla_{12}^1 X_t$ skizziert wird.

Für X_t verläuft die Autokorrelationsfolge nur wenig gedämpft mit einem zweiten Maximum für $k = 12$. Solche Verläufe sind typisch für multiplikative, saisonale Modelle, die im einfachsten Fall von der Bauart $(1 + \Phi_1 B)(1 + \Phi_{12} B^{12}) X_t = U_t$, wobei Φ_1 und Φ_{12} in der Nähe von —1 liegen. Die Schätzung bestätigt diese Vermutung. Man erhält für diesen Ansatz die Schätzwerte: $\hat{\Phi}_1 = -0{,}80\ (0{,}09)$, $\hat{\Phi}_{12} = -0{,}77\ (0{,}07)$, $\sigma_u^2 = 0{,}00123$. Aus den in Klammern stehenden Standardfehlern geht hervor, daß die Koeffizienten signifikant von Null verschieden sind. Sie liegen — statistisch gesehen — nicht hinreichend dicht bei —1, so daß bei dieser strengeren Betrachtungsweise kein gemischter Differenzenoperator eingesetzt werden sollte. Die Verringerung der Varianz ist im Ver-

[27] Dieser Verlauf ist darin begründet, daß die Zeitreihe im Nenner — abweichend von allen anderen hier betrachteten Reihen — nur in saisonbereiter Form von der Deutschen Bundesbank veröffentlicht wird. Daher setzt sich das Saisonmuster der Zählerzeitreihe durch.

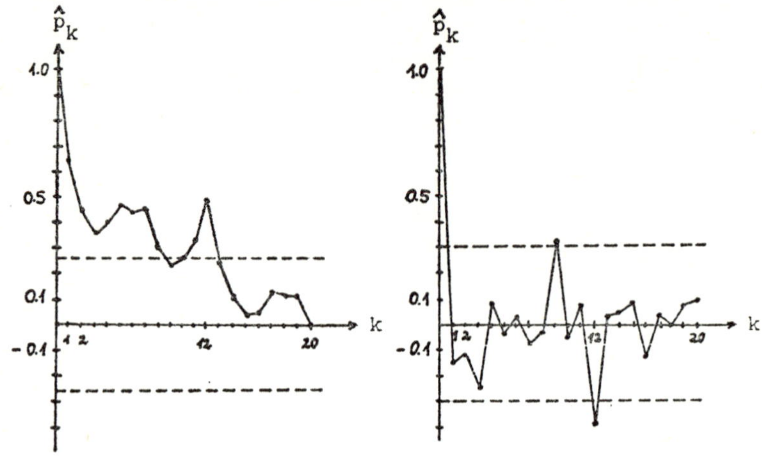

Abbildung Autokorrelationsfolge mit 2 Sigma-Bereich

gleich zum gemischten Differenzenoperator relativ groß; R^2 erhöht sich auf 0,82. Auch der Vergleich der Restgrößen mit der idealen Form fällt gut aus. Ferner sind die Prognoseeigenschaften für dieses einfache Modell beachtlich, wie ein Vergleich mit dem naiven Modell $X_t - X_{t-1} = U_t$ zeigt.

Tabelle 2: **Prognosemaße für den ex-post-(ex-ante)Bereich:**

	Prognosemodell		naives Modell	
durchschnittl. absoluter, prozentualer Fehler[28] (DAPF)	0,55 %	(0,55 %)	1,07 %	(1,14 %)
Tendenztrefferquote[29] (TTQ)	78 %	(83 %)	58 %	(49 %)
Trefferquote TU[30] (TTU)	72 %	(78 %)	50 %	(50 %)
Geometrisches Mittel TU (GMTU)	0.49	(0.38)	1.00	(1.00)
Trefferquote für das Konfidenzintervall[31] (TQKI)	94 %	(90 %)	86 %	(88 %)

---

28 DAPF $\bar{e} = \frac{1}{m} \sum_{t=1}^{m} |e_t|$ mit $e_t = (\hat{X}_t - x_t) / x_t$

29 TTQ gibt die Prozentzahl der Fälle an, in denen ein Ansteigen oder Fallen richtig vorhergesagt worden ist.

30 Das Theilsche U ist ein Vergleichswert in bezug auf die naive Prognose. Je nachdem, ob dieser Wert kleiner, gleich oder größer 1 ist, ist die Modell-

Als Modellerweiterungen bieten sich an:

$$(1 + \Phi_1 B)(1 + \Phi_{12} B^{12}) X_t = (1 + \Theta_1 B)(1 + \Theta_{12} B^{12}) U_t$$

$$\nabla_1^1 \nabla_{12}^1 X_t = (1 + \Theta_1 B)(1 + \Theta_{12} B^{12}) U_t$$

Dabei treten keine wesentlichen Änderungen auf. Die kurzfristigen Prognosen sind von ähnlicher Güte wie beim ersten Modell. Betrachtet man die Autokorrelationsfolge für $W_t = \nabla_1^1 \nabla_{12}^1 X_t$, so sind lediglich $\hat{p}_9$ und $\hat{p}_{12}$ signifikant. Hier kann ein reines MA-Modell verwendet werden, z. B: $\nabla_1^1 \nabla_{12}^1 X_t = \left(1 + \Theta_1 B + \Theta_9 B^9 + \Theta_{12} B^{12}\right) U_t$.

Bei höherem Zeitaufwand läßt sich sicher ein größeres Modell konstruieren, daß vielleicht noch (etwas) günstigere Prognosen erzeugt. Dieses Ziel ist hier nicht verfolgt worden, da die Prognosen des ersten Modells als hinreichend gut angesehen werden.

---

prognose als besser, gleich oder schlechter einzustufen. TTU gibt die Prozentzahl der Fälle an, in denen die Modellprognose besser ausfällt. Entsprechend steht GMTU für das geometrische Mittel aller TU-Werte, das möglichst kleiner als 1 sein sollte.

[31] Zu jedem Prognosewert läßt sich ein Prognoseintervall zum Niveau α angeben. Hier wird $\alpha = 0{,}90$ gewählt. TQKI gibt die Anzahl der Fälle an, in denen der realisierte Wert innerhalb des Intervalls liegt. Dieser Wert sollte möglichst dicht bei 90 % liegen.

Die Steuerung der Bankenliquidität als geldpolitische Aufgabe

Von *Alois Oberhauser*, Freiburg

Es erscheint fast anachronistisch, sich in einer Zeit, in der die Bundesbank von der früheren Steuerung der frei verfügbaren Liquiditätsreserven zur Steuerung der Wachstumsrate der Zentralbankgeldmenge übergegangen ist, mit der Politik der Beeinflussung der Bankenliquidität zu beschäftigen. Die folgenden Ausführungen werden jedoch zeigen, daß Geldpolitik nach wie vor Liquiditätspolitik ist und Liquiditätspolitik sein muß — zumindest wenn man von institutionellen Voraussetzungen ausgeht, wie sie in der Bundesrepublik und einer Reihe anderer Länder gegeben sind[1]. Dieses wird im weiteren stets unterstellt. Zu den institutionellen Voraussetzungen gehört vor allem, daß sich die Banken in nennenswertem Umfang bei der Zentralbank refinanzieren können und im Bedarfsfall auch davon Gebrauch machen.

Die Problemstellung dieses Aufsatzes läßt sich wie folgt umreißen: Ausgehend von der Bedeutung der Bankenliquidität für das Geldangebot in der Wirtschaft soll gezeigt werden, welche Möglichkeiten die Zentralbank besitzt, diese Liquidität entsprechend ihren geldpolitischen Zielen zu steuern, woran sie sich orientieren sollte und welche Mittel geeignet sind. Um die Ausführungen zu begrenzen, wird dabei teilweise auf Vorarbeiten zurückgegriffen, die der Verfasser früher publiziert hat[2].

I. Begriff und Bedeutung der Bankenliquidität

Ähnlich wie das Wort Kapital gehört Liquidität zu den verschwommensten und vieldeutigsten Begriffen der Nationalökonomie. Dies gilt auch, obgleich in geringerem Umfang, für den Begriff der Bankenliqui-

[1] Zur Bedeutung der institutionellen Gegebenheiten siehe auch *H. Schlesinger:* Neuere Erfahrungen der Geldpolitik in der Bundesrepublik Deutschland. In: Kredit und Kapital, 9. Jg., 1976, S. 438.

[2] Vgl. Liquiditätstheorie des Geldes als Gegenkonzept zum Monetarismus. In: Kredit und Kapital, 10. Jg., 1977, S. 207 ff. Geldpolitik als Liquiditätspolitik. Ein Vorschlag zur Neugestaltung des geldpolitischen Instrumentariums. In: Kredit und Kapital, 5. Jg., 1972, S. 373 ff. Geld- und Kreditpolitik bei weitgehender Vollbeschäftigung und mäßigem Preisanstieg (1958—1968). In: Währung und Wirtschaft in Deutschland, Hrsg.: Deutsche Bundesbank, Frankfurt 1976, S. 609 ff.

dität. Es ist daher weitgehend müßig, eine Auseinandersetzung mit den Begriffsverwendungen in der Literatur zu versuchen; es soll vielmehr vom Untersuchungsobjekt her eine (nicht ungebräuchliche) Abgrenzung vorgenommen werden.

Liquidität ist umfassender als Geld zu definieren, aber auch wieder nicht so weit, daß die Begriffsverwendung nicht mehr operational ist, wie dies beispielsweise im Radcliffe-Report geschieht[3]. Unter Bankenliquidität soll die aktuelle und potentielle Verfügbarkeit der Geschäftsbanken über Zentralbankgeld verstanden werden. Das aktuelle Zentralbankgeld[4] der Banken kann als ihre Primärliquidität bezeichnet werden, das potentielle Zentralbankgeld wird im folgenden Sekundärliquidität genannt. Der Grund für diese Abgrenzung liegt in der Bedeutung des Zentralbankgeldes für die Banken. Jede Inanspruchnahme der Banken durch Überweisungen, Abhebungen und Mindestreserven kann nur durch Zentralbankgeld befriedigt werden. Ausnahmen gibt es nicht. Die Banken müssen jeweils auf vorhandene Liquiditätsreserven zurückgreifen, zu denen auch ihre Verschuldungsmöglichkeiten zu rechnen sind. Als Liquiditätsreserve der Banken insgesamt dient vor allem ihre Sekundärliquidität. Zur Sekundärliquidität, zum potentiellen Zentralbankgeld, gehören die Größen, die im Bedarfsfall in (aktuelles) Zentralbankgeld umgewandelt werden können. *Es wird die Behauptung aufgestellt, daß diese Sekundärliquidität geldpolitisch die entscheidende Größe ist und daß sich die geldpolitischen Maßnahmen vornehmlich darauf richten.*

Geldpolitisch ist weniger die Verfügbarkeit der einzelnen Banken über aktuelles und potentielles Zentralbankgeld relevant als vielmehr die des gesamten Bankensystems. Interbankguthaben und die Möglichkeiten, sich bei anderen Banken zu verschulden, sind zwar für den Liquiditätsspielraum der einzelnen Bank von Bedeutung, heben sich jedoch gesamtwirtschaftlich auf. Die aus den Interbankbeziehungen resultierende Liquiditätsillusion stellt zwar ein wichtiges geldpolitisches Problem dar, läßt es aber dennoch nicht sinnvoll erscheinen, bei gesamtwirtschaftlichen Betrachtungen von der Summe der einzelwirtschaftlichen Bankliquiditäten auszugehen[5], zumal sich deren potentielle Höhe überhaupt nicht ermitteln läßt.

---

[3] Vgl. Report of the Committee on the Working of the Monetary System, London 1959, Ziffer 390.

[4] Das aktuelle Zentralbankgeld entspricht der geläufigen Abgrenzung der Zentralbankgeldmenge oder der Geldbasis. Dieses Zentralbankgeld zirkuliert als Bargeld vor allem im privaten Nicht-Bankenbereich; der Rest sind Guthaben der Geschäftsbanken bei der Zentralbank, die hauptsächlich der Dekkung der Mindestreserveverpflichtungen dienen.

[5] Vgl. auch die unterschiedliche Auffassung von *R. Pohl:* Geldkreislauf und Einkommenskreislauf, Berlin 1976, S. 147 ff. Siehe ferner *V. Timmermann:* Interbankkredite und Geldpolitik. In: Kyklos, Bd. 29, 1976, S. 495 ff.

Unter den institutionellen Gegebenheiten der Bundesrepublik ist das aktuelle Zentralbankgeld der Banken nahezu vollständig durch ihre Mindestreserveverpflichtungen gebunden. Daneben halten die Banken nur relativ geringe Bestände an Bargeld, um Abhebungen ihrer Einleger befriedigen zu können. Überschußreserven in aktuellem Zentralbankgeld gibt es faktisch nicht, da die Banken bemüht sind, möglichst keine zinsertraglosen Überschußguthaben bei der Zentralbank zu halten. Der Geldmarkt zwischen den Banken übernimmt entsprechende Ausgleichsfunktionen. Lediglich aufgrund unzulänglicher Voraussicht und zahlungstechnischer Ursachen kommen minimale Überschußreserven zustande.

Im Gegensatz zu dem durch die Mindestreserven fast vollständig gebundenen Zentralbankgeld der Banken ist ihre Sekundärliquidität frei verfügbar. Die Sekundärliquidität setzt sich aus den Positionen zusammen, die jederzeit in Zentralbankgeld umgetauscht werden können. Dazu gehören unter den heutigen Gegebenheiten in der Bundesrepublik die nicht-ausgenutzten Rediskont- und Lombardkontingente, die kurzfristigen Geldmarktpapiere, für die die Zentralbank eine Rücknahmegarantie übernommen hat bzw. die sie bereit ist zurückzunehmen, und die kurzfristig verfügbaren Devisenguthaben, die auf Währungen von Ländern lauten, mit denen ein Währungsverbund besteht. Bei festen Wechselkursen gilt dies für alle Devisenguthaben. Die potentielle Verfügbarkeit über derartige Devisenguthaben ist nicht beschränkt auf die Geldmarktanlagen der Banken im Ausland; sie kann genauso aus einer Verschuldung im Ausland oder aus dem Abbau sonstiger Vermögenswerte im Ausland stammen. Hieraus folgt, daß die von der Bundesbank ausgewiesenen frei verfügbaren Liquiditätsreserven der Banken nur einen Teil der Sekundärliquidität umfassen[6]. In der Vergangenheit hat sich immer wieder gezeigt, daß der Verschuldung im Ausland eine erhebliche Bedeutung als Sekundärliquiditätsreserve zukam.

Ein zusätzlicher Bedarf an Zentralbankgeld wird von den Banken durch Umwandlung von Sekundärliquidität in Zentralbankgeld befriedigt. Ein solcher Bedarf kann erwachsen aus einer Ausweitung der Bargeldnachfrage der Nicht-Banken oder einer Erhöhung der Mindestreserveverpflichtungen aufgrund eines Anstiegs der Sicht-, Termin- und Spareinlagen bzw. aufgrund einer Anhebung der Mindestreservesätze. Ein solcher Bedarf entsteht aber auch, wenn Zentralbankgeld etwa durch Ansammlung von Guthaben des Staates bei der Zentralbank, durch Devisenverkäufe der Zentralbank oder restriktive Offenmarktoperationen abgezogen wird. Auch in diesen Fällen müssen die Banken

[6] Ähnliches gilt auch für den Liquiditätssaldo bei *C. Köhler:* Geldwirtschaft, 2. Aufl., Berlin 1977, S. 94 ff.

auf Sekundärliquiditätsreserven zurückgreifen, um ihren Mindestreserveverpflichtungen nachkommen zu können.

Umgekehrt läuft eine Verminderung des Bedarfs an Zentralbankgeld sei es aufgrund von Marktvorgängen, sei es wegen einer Senkung der Mindestreservesätze — zumindest zunächst — auf eine Erhöhung der Sekundärliquidität hinaus. *In der Bundesrepublik ist daher die Zentralbankgeldmenge lediglich ein Reflex des von den Banken weitgehend unabhängigen Bargeldumlaufs, der Bankeinlagen und der Mindestreservesätze. Die geldpolitisch eigentlich relevante Größe ist das Volumen der Sekundärliquidität,* also die Fähigkeit der Banken, sich Zentralbankgeld im Bedarfsfall zu verschaffen. Alle geldpolitischen Maßnahmen sind, wie noch zu zeigen sein wird, auf diese Größe und nur indirekt auf die Zentralbankgeldmenge gerichtet.

Die Bedeutung der Sekundärliquidität liegt nicht nur in ihrem Charakter als potentielles Zentralbankgeld. Es ist auch von Belang, inwieweit die Banken Sekundärliquiditätsreserven für erforderlich erachten und vor allem ob derartige Reserven, soweit sie über das als notwendig angesehene Maß hinausgehen, zu einer zusätzlichen Kreditgewährung und dadurch zu einer Erhöhung der umlaufenden Geldmenge mit einem entsprechenden Bedarf an Zentralbankgeld führen oder nicht.

Mit dieser Frage habe ich mich in einem jüngst erschienenen Aufsatz auseinandergesetzt. Es mag daher genügen, die dort abgeleiteten Ergebnisse zusammenfassen[7].

1. Die Summe der Sekundärliquidität war unter Berücksichtigung der Verschuldungsmöglichkeiten im Ausland in der Periode fester Wechselkurse so groß, daß es von dieser Seite her kaum eine Begrenzung des Geldangebotes gab. Die Elastizität des Geldangebotes näherte sich im relevanten Bereich unendlich. Die Geldnachfrage bestimmte die Geldmenge.

2. Der Umfang der Sekundärliquidität kann nicht erklärt werden als eine Liquiditätsreserve, die die Banken als angemessen und notwendig ansehen. Diese Funktion haben sie auch, doch läßt sich daraus höchstens eine Untergrenze auf mittlere Sicht herleiten.

   Der Umfang der Sekundärliquidität kann nicht mit Hilfe der Theorie der optimalen Portfoliostruktur erklärt werden. Zwar zählen zur Sekundärliquidität auch Teile der Vermögensanlagen der Banken (in in- und ausländischen Geldmarktpapieren), doch handelt es sich vor allem um Verschuldungsmöglichkeiten der Banken bei der Zentralbank und gegenüber dem Ausland.

[7] Vgl. Liquiditätstheorie des Geldes als Gegenkonzept zum Monetarismus, a. a. O., S. 207 ff.

Die Banken greifen als Gruppe auf Sekundärliquidität dann zurück, wenn ein Bedarf an Zentralbankgeld entsteht. Dafür haben sie einen Preis in Form der Refinanzierungszinsen, der Kosten der Auslandsverschuldung oder der entgangenen Erträge aus den in- oder ausländischen Geldmarktanlagen zu zahlen. Da die Inanspruchnahme der Sekundärliquidität für die Banken Zinskosten mit sich bringt bzw. einen Verzicht auf Zinserträge bedeutet, ergibt sich eine Preisuntergrenze für das Kredit- und Geldangebot, die um eine Kostendifferenz über den genannten Sätzen liegt. Soweit die Kreditnachfrage bereit ist, diesen Preis zu zahlen, wird die Nachfrage (bei entsprechender Kreditwürdigkeit der Schuldner) befriedigt. Hieraus erklärt sich, daß der Umfang der Sekundärliquidität unter Umständen fast beliebig groß sein kann und daß sich die Elastizität des Geldangebotes unendlich zu nähern vermag wie bei festen Wechselkursen oder in einem System, in dem die Rediskontierung nicht durch Kontingente, sondern nur durch den Diskontsatz gesteuert wird.

Statt der Portfoliotheorie als Erklärungsansatz kommt daher eher die Produktionstheorie bezogen auf die Banken als Unternehmen in Betracht; Zentralbankgeld ist dann ein Rohstoff, der zu einem gegebenen Preis zur Verfügung steht, aber nur in dem Umfang von den Banken nachgefragt wird, in dem sie ihn zur Befriedigung ihrer Mindestreserveverpflichtungen und der Bargeldnachfrage der Wirtschaftssubjekte benötigen.

3. Die empirischen Erfahrungen zeigen eindeutig, daß es falsch ist, davon auszugehen, daß die Banken Zuflüsse an Liquidität ohne weiteres zur Ausdehnung der Geldmenge benutzen. Es läßt sich nicht nur feststellen, daß sich im Zeitablauf und im Konjunkturzyklus die Vorstellungen der Banken über die für erforderlich gehaltenen Sekundärliquiditätsreserven erheblich verändern. Darüber hinaus blieben auch über Jahre hohe Bestände an Sekundärliquidität aus den genannten Gründen ungenutzt. Hieraus folgt, daß weder Zuflüsse an Bankenliquidität expansiv wirken müssen — insbesondere bei gegebenem Preis der Sekundärliquidität —, noch daß eine expansive Geldpolitik die angestrebte Ausdehnung des Geldumlaufs notwendigerweise zu bewirken vermag. Als Beispiel, auf das Köhler in seinem Referat vor diesem Ausschuß bereits hingewiesen hat, sei auf das Jahr 1975 verwiesen, in dem die Bundesbank die Summe von Primär- und Sekundärliquidität (im Sinne von Köhler die Zentralbankgeldversorgung) um 26 Mrd. DM erhöhte, während die Zentralbankgeldmenge nur um 9 Mrd. DM stieg[8].

[8] Vgl. *C. Köhler:* Probleme der Zentralbankgeldmengensteuerung, Berlin 1976, S. 27. Wiederabgedruckt in diesem Band, S. 23.

II. Geldpolitik ist Liquiditätspolitik

An diesem Beispiel kommt bereits die zentrale These meiner Ausführungen zum Ausdruck:

Unter institutionellen Bedingungen wie in der Bundesrepublik kann die Zentralbank lediglich Liquiditätspolitik betreiben. Nur über die Beeinflussung der Sekundärliquidität der Banken hat sie indirekt einen Einfluß auf die Veränderungen der Zentralbankgeldmenge[9]. *Der Einsatz der geldpolitischen Instrumente verändert lediglich die Sekundärliquidität der Banken; inwieweit Zentralbankgeldmenge und umlaufende Geldmenge reagieren, kann die Zentralbank nicht bestimmen und ist schwer im vorhinein zu sagen. Eine Feinsteuerung der Zentralbankgeldmenge ist der Zentralbank nicht möglich.*

Diese These wird einsichtig, wenn man die restriktive und expansive Verwendung der einzelnen geldpolitischen Instrumente betrachtet. Die Veränderungen der Rediskont- und Lombardkontingente sind unmittelbar auf den Umfang der Sekundärliquidität gerichtet. Ähnliches gilt für einige Maßnahmen, die in der Zeit fester Wechselkurse zur Verminderung der Auslandsliquidität der Banken und der Nicht-Banken ergriffen wurden. Variationen des Diskont- und des Lombardsatzes beeinflussen die Kosten, zu denen Banken sich bei der Zentralbank verschulden können. Allerdings wird dadurch nicht nur die zusätzliche Inanspruchnahme von Zentralbankkrediten berührt.

Bei der Mindestreservepolitik scheint auf den ersten Blick eine unmittelbare Beeinflussung der Zentralbankgeldmenge vorzuliegen. In Wirklichkeit geht es aber auch dabei letztlich um eine Einflußnahme auf die Sekundärliquidität der Banken[10]. Da in einer wachsenden Wirtschaft niemals eine absolute Einschränkung der umlaufenden Geldmenge angestrebt wird, dienen Erhöhungen der Mindestreservesätze dem Ziel, zu hoch erscheinende Sekundärliquiditätsbestände zu binden[11]. Auf diese Weise soll das Wachstum oder das Wachstumspotential der umlaufenden Geldmenge vermindert werden.

---

[9] Vgl. auch *C. Köhler:* Probleme der Zentralbankgeldmengensteuerung, a. a. O., S. 23 ff. Derselbe: Geldwirtschaft, a. a. O., S. 351. *D. Kath:* Das monetäre Interpretations- und Steuerungskonzept der Deutschen Bundesbank. In: WiSt, 8. Jg., 1976, S. 361.

[10] Vgl. *R. Caesar:* Die Rolle der Mindestreservepolitik im Rahmen der Geldbasiskonzeption der Bundesbank. In: Jahrbücher für Nationalökonomie und Statistik, Bd. 191, 1976, S. 231 ff.

[11] Der Beschluß der Bundesbank vom 4. Mai 1976 zur Anhebung der Mindestreservesätze mitten in der Rezession wurde ausdrücklich mit diesem Argument begründet.

Eine Senkung der Mindestreservesätze beeinflußt gleichfalls zunächst nur die Sekundärliquidität. Die Minderung der Mindestreserveverpflichtungen veranlaßt die Banken sofort, ihre Verschuldung bei der Zentralbank abzubauen oder Offenmarktpapiere von der Zentralbank zu übernehmen. Inwieweit sie ihr Kreditangebot (auch in Form von Wertpapierkäufen) ausdehnen und diese Ausdehnung durch Zinszugeständnisse auch realisieren, ist zumindest im quantitativen Volumen ungewiß, von der konjunkturellen Situation abhängig und durch den bereits vorhandenen Umfang an Sekundärliquidität mitbestimmt.

Auch die Offenmarktpolitik unterscheidet sich im Ergebnis nicht grundlegend. Restriktive Offenmarktoperationen vermindern zwar ceteris paribus zunächst die Zentralbankgeldmenge und müßten unter dieser Annahme — bei gegebenem Bargeldbedarf des Nicht-Bankenbereichs — eine Einschränkung der umlaufenden Geldmenge durch eine Verminderung des Kreditbestandes herbeiführen. In einer wachsenden Wirtschaft ist das aber wiederum nicht erwünscht. Schon die laufenden Sparprozesse, die zu einer Ausweitung der Bankeinlagen führen, erfordern einen zusätzlichen Bedarf an Zentralbankgeld aufgrund der Mindestreserveverpflichtungen. Infolgedessen ist restriktive Offenmarktpolitik nur dann angebracht, wenn es gilt, überschüssige und unerwünschte Sekundärliquidität der Banken zu binden[12]. Nur dazu wird sie eingesetzt.

Ähnliche Zusammenhänge gelten auch für die expansive Offenmarktpolitik. Ceteris paribus steigt durch sie zwar die Zentralbankgeldmenge, doch muß daraus keineswegs eine Ausdehnung des Geldvolumens folgen. Kauft die Zentralbank kurzfristige Staatspapiere, die mit einer Rücknahmegarantie ausgestattet sind, so findet bei den Banken lediglich ein Umtausch von Sekundärliquidität in Primärliquidität statt. Sie werden in einem zweiten Schritt dann wahrscheinlich ihre Refinanzierung bei der Zentralbank entsprechend abbauen, was ihnen in etwa gleich hohe Zinserträge bringt. Es ist nicht einzusehen, warum sie nur wegen dieses Umtausches eine Erhöhung der Kreditgewährung durch Zinszugeständnisse an ihre Kreditnehmer herbeiführen sollten. Die Kreditgewährung wäre ihnen auch schon bisher aufgrund ihrer Sekundärliquiditätsreserven möglich gewesen.

Bei expansiven Offenmarktoperationen mit langfristigen Papieren steigt dagegen die gesamte Liquidität der Banken. Sie können jetzt ihr Kreditangebot erhöhen, können aber auch das ihnen zufließende Zen-

---

[12] Da eine solche Bindung bei dem Verkauf kurzfristiger Papiere, vor allem wenn sie mit einer Rücknahmegarantie versehen sind, nicht eintritt, ergibt sich die weitgehende Wirkungslosigkeit einer Offenmarktpolitik mit derartigen Papieren.

tralbankgeld in Sekundärliquidität umwandeln. Sie sind keineswegs gezwungen, durch Zinszugeständnisse nach Anlagemöglichkeiten im privaten Sektor zu suchen. Lediglich in dem Umfang, in dem die Kreditnachfrage aufgrund der durch die Zentralbank herbeigeführten Zinssenkungen steigt, dürfte die Kreditvergabe durch die Banken zunehmen. Die übrigen Beträge werden in Sekundärliquidität umgewandelt.

Auf diese und ähnliche Weise läßt sich erklären, warum die Geldpolitik unter den gegebenen institutionellen Verhältnissen die Zentralbankgeldmenge und ihre Veränderungen so wenig in der Hand hat. *Geldpolitik ist vor allem eine Politik zur Beeinflussung des Umfangs und der Preise der Sekundärliquidität;* nur über diese wird indirekt die Entwicklung der Zentralbankgeldmenge und der umlaufenden Geldmenge beeinflußt. *Die traditionelle Annahme der geldtheoretischen Literatur, daß die Zentralbank die Zentralbankgeldmenge exakt zu steuern vermöge, ist zumindest für die europäischen Verhältnisse weitgehend wirklichkeitsfremd.* Solange diese Verhältnisse gegeben sind, muß Geldpolitik Liquiditätspolitik bleiben, auch wenn die Veränderungen der Zentralbankgeldmenge zum Zwischenziel erhoben werden. Neubauer ist daher zuzustimmen, wenn er für die Bundesrepublik feststellt: „Die Deutsche Bundesbank operiert auch heute mit den liquiditäts- und zinspolitischen Instrumenten, die sie schon vor 1972 gebraucht hat. In der Gesamtheit dieser Instrumente steuert sie die monetäre Expansion und folglich auch die Entwicklung ihres Indikators. Die Zentralbankgeldmengensteuerung in der Bundesrepublik Deutschland hat mit der in der Neoquantitätstheorie propagierten nicht mehr als den Namen gemeinsam — und damit schon zu viel.“[13]

III. Die Aufgabe der liquiditätsorientierten Geldpolitik

Es soll in diesem Zusammenhang nicht untersucht werden, ob es vorteilhaft wäre, die geldpolitischen Rahmenbedingungen so umzugestalten, daß es keine Sekundärliquidität der Banken mehr gibt. Selbst für die USA trifft dies nicht zu, wenn auch in anderer Weise als für uns. Die Sekundärliquidität verleiht dem monetären Prozeß eine hohe Anpassungselastizität, die nicht ohne Nachteile beseitigt werden kann.

Solange sie existiert — und davon soll weiterhin ausgegangen werden — steht die Geldpolitik vor der Notwendigkeit, ihre Maßnahmen darauf auszurichten: *Zum einen stellt die Sekundärliquidität das Reservoir der nachfragebestimmten endogenen Veränderungen der Zentral-*

---

[13] *W. Neubauer:* Über die Unmöglichkeit einer monetaristischen Geldpolitik, in: Kredit und Kapital, 10. Jg., 1977, S. 74.

bankgeldmenge dar. Zum anderen wirken die geldpolitischen Instrumente nur über die Veränderungen und Preise der Sekundärliquidität[14].

Die Aufgabe der Geldpolitik muß infolgedessen nicht primär in der Steuerung der Zentralbankmenge (Geldbasis) gesehen werden. Dazu ist die Geldpolitik nur beschränkt in der Lage, da sie die Zentralbankgeldmenge nicht in der Hand hat. *Es ist einer der gravierendsten Fehler der Geldtheorie, daß sie meist von einer exogen durch die Zentralbank determinierten Zentralbankgeldmenge ausgeht.*

Unmittelbare Zielgröße der Geldpolitik muß die Steuerung der Sekundärliquidität sein. Geldpolitik ist Liquiditätspolitik. Sie hat dabei zwei Ansatzpunkte: den Umfang der Sekundärliquidität und deren Preis in Form der Kosten der Refinanzierung der Banken im In- und Ausland und der Erträge von Geldmarktanlagen.

Eine reine Mengensteuerung ist in vielen Fällen nicht möglich und nicht ausreichend. Nur unter der Voraussetzung voll flexibler Wechselkurse gegenüber allen anderen Ländern ist eine Zentralbank in der Lage, die Summe von Primär- und Sekundärliquidität zu bestimmen, wenn man von den Einflüssen staatlicher Transaktionen auf die Zentralbankgeldmenge absieht. Wieviel von der Bankenliquidität insgesamt bei gegebenen Mindestreservesätzen als Zentralbankgeld benötigt wird, liegt dagegen nicht im Entscheidungsbereich der Zentralbank. Lediglich wenn die Banken die Sekundärliquidität aufgrund starker Geldnachfrage des Nicht-Bankenbereichs (nahezu) vollständig abgebaut haben, wie das in etwa 1973 in der Bundesrepublik der Fall war, sind sie für die weitere Expansion der Zentralbankgeldmenge auf die Mitwirkung der Zentralbank angewiesen. Eine solche Situation stellt aber nach unseren bisherigen Erfahrungen lediglich einen Extremfall dar. Die Geldmarktsätze können in diesem Fall weit über den Diskontsatz steigen.

Verfügen die Banken indes über ins Gewicht fallende Sekundärliquiditätsreserven — sei es aufgrund eines angesammelten Spielraums in einer Phase expansiver Geldpolitik, sei es, weil zumindest gegenüber einigen Ländern feste Wechselkurse bestehen — vermindern sich die Einwirkungsmöglichkeiten der Zentralbank auf die Zentralbankgeldmenge. Sie kann versuchen, soweit es ihr möglich ist, überschüssige Sekundärliquidität durch den Einsatz ihrer Instrumente abzubauen oder zu binden. Insbesondere bei festen Wechselkursen wird sie sich jedoch häufig damit begnügen müssen, die Preise der Sekundärliquidität zielgerichtet zu verändern.

Ähnlich muß sie bei expansiver Politik reagieren. Die Erhöhung der gesamten Liquidität der Banken durch Ausweitung der Sekundärliqui-

[14] Vgl. *D. Duwendag:* Alternative Ansätze der Geldmengensteuerung. In diesem Band, S. 59 f.

dität bringt wenig, wenn keine zusätzliche Kreditnachfrage vorhanden ist oder die kreditnachfragenden Unternehmen den Banken aufgrund der wirtschaftlichen Situation zu unsicher sind. Als Beispiel sei auf die weitgehende Wirkungslosigkeit der Ausdehnung der Rediskontkontingente als Mittel expansiver Politik verwiesen. Lediglich über die Preiskomponente, das heißt über eine Senkung der Refinanzierungssätze kann eine — meist allerdings begrenzte — Ausweitung der Kreditnachfrage hervorgerufen werden. In diesen Zusammenhängen liegt der Grund, warum die expansive Geldpolitik in der Bundesrepublik in den letzten Jahren so wenig zur Überwindung der Arbeitslosigkeit beitragen konnte.

Insgesamt ergibt sich, daß die Zentralbank um so mehr auf zinspolitische Maßnahmen angewiesen ist, je größer der Umfang der Sekundärliquidität ist. Mengen- und Zinspolitik sollten sich daher ergänzen. Die Wirksamkeit restriktiver Geldpolitik steigt, wenn es gelingt, die Sekundärliquidität in dem Rahmen zu halten, der von den Banken als erforderlich angesehen wird. Expansive Politik kann dagegen auf Zinssenkungen nicht verzichten. Die Schwierigkeiten der Liquiditätspolitik bestehen darin, daß der Umfang der von den Banken als erforderlich angesehenen Sekundärliquidität nicht bekannt ist und sich im Zeitablauf vor allem bei konjunkturellen Schwankungen stark verändert. Geldpolitik ist weit schwieriger und in ihren Geldmengenwirkungen ungewisser, als es die theoretischen Modelle einer exogen determinierten Zentralbankgeldmengensteuerung vortäuschen.

IV. Die unterschiedliche Eignung der geldpolitischen Instrumente zur Liquiditätssteuerung

Um die liquiditätspolitische Aufgabe zu erfüllen, sind die einzelnen geldpolitischen Instrumente in unterschiedlicher Weise geeignet[15]. Einige der Instrumente sind viel zu sehr im Hinblick auf ihre (vermeintlichen) Wirkungen auf die Zentralbankgeldmenge hin konstruiert und werden auch in der Literatur unter diesem Gesichtspunkt beurteilt. Ihre Liquiditätseffekte finden kaum Beachtung. Diese müßten jedoch im Vordergrund stehen. Dabei geht es um Höhe, Preis und Bindung von Liquidität.

Als ungeeignet erweist sich zunächst die Offenmarktpolitik mit kurzfristigen Papieren, soweit sie mit Banken abgewickelt wird[16]. Offenmarktoperationen mit Titeln, die jederzeit von der Zentralbank zurück-

---

[15] Vgl. dazu im einzelnen den Aufsatz des Verfassers: Geldpolitik als Liquiditätspolitik, a. a. O.

[16] Ähnliches gilt für die Swapsatzpolitik.

genommen werden, haben zwar Rückwirkungen auf den Geldmarktzins, stellen aber ansonsten lediglich einen Austausch zwischen Zentralbankgeld und Sekundärliquidität dar. Daß das Bankensystem, um Anlagen in derartigen Papieren vorzunehmen, auf die Kreditgewährung an die privaten Kreditnehmer verzichtet, ist äußerst unwahrscheinlich.

Diese Schlußfolgerungen gelten nicht für eine Offenmarktpolitik mit langfristigen Papieren, da derartige Transaktionen die Summe von Primär- und Sekundärliquidität der Banken verändern. Es bleibt daher uneinsichtig, warum sich die Bundesbank immer noch gegen diese Form der Offenmarktpolitik weitgehend sperrt und, wenn sie in Rezessionen einmal derartige Papiere ankauft, stets bemüht ist, sie bald wieder abzustoßen. Daß in einer wachsenden Wirtschaft die Zentralbankgeldmenge laufend steigen muß und daher eine zeitlich unbefristete Versorgung mit Zentralbankgeld erforderlich ist, daß mithin ein kurzfristiger Rückfluß der Mittel weder notwendig noch erwünscht ist, scheint weitgehend unberücksichtigt zu bleiben.

Der ständige kurzfristige Rückfluß gewährter Zentralbankkredite, der auf bankingtheoretische Wurzeln zurückgeführt werden kann, kommt auch in der Rediskontpolitik zum Ausdruck, die nach wie vor auf Wechseln basiert, die eine Restlaufzeit von unter drei Monaten haben. Warum die langfristig steigende Geldversorgung auch nach dem weitgehenden Fortfall der außenwirtschaftlich bedingten Geldzuflüsse, der mit dem Übergang zu flexiblen Wechselkursen eingetreten ist, auf diesem Wege erfolgt, ist nicht einzusehen. Es wäre sinnvoll, zu Refinanzierungskontingenten der Banken in Form von einfachen Überziehungskrediten überzugehen.

Diese könnten in ihrem Volumen entsprechend den geldpolitischen Erfordernissen variiert und mit einem variablen Refinanzierungszinssatz ausgestattet werden, der unter Umständen noch nach der relativen Ausnutzung der Kontingente abgestuft werden könnte. Änderungen des Refinanzierungssatzes würden erhebliches Gewicht erlangen, da sie den jeweiligen Gesamtbestand an Refinanzierungskrediten treffen. Der einzige Nachteil eines solchen Verfahrens gegenüber der heutigen Regelung könnte behoben werden. Er besteht darin, daß die Unternehmen, deren Wechsel rediskontiert werden, nicht mehr ihre Bilanzen der Bundesbank zur Verfügung stellen müßten. Die Unternehmen könnten jedoch durch Gesetz zu einer entsprechenden Information der Bundesbank verpflichtet werden.

Innerhalb eines solchen Systems, das auf einer Kombination von Refinanzierungskontingenten und Offenmarktoperationen mit langfristigen Papieren beruht, hätte die Mindestreservepolitik die Aufgabe, eine

Grobsteuerung der Sekundärliquidität vorzunehmen und über die Mindestreservebelastung der Banken Zinsniveau und Kreditkosten zu beeinflussen. Gerade weil der Bedarf an Sekundärliquidität, der von den Banken als erforderlich angesehen wird, im Konjunkturzyklus schwankt, könnte ihm durch Variation der Mindestreservesätze tendenziell Rechnung getragen werden.

Auf die übrigen geldpolitischen Instrumente, die sich vor allem auf die Steuerung der außenwirtschaftichen Liquidität einer Volkswirtschaft (bei festen Wechselkursen) und auf die Gestaltung der finanziellen Beziehungen zwischen Staat und Notenbank beziehen, soll in diesem Zusammenhang nicht eingegangen werden.

V. Liquiditätspolitik bei konjunkturellen Schwankungen

Ziel der Geldpolitik ist letztlich die Beeinflussung der Güternachfrage, weil von ihr Beschäftigung und Preisniveauveränderungen einer Volkswirtschaft abhängen. Je geringer die Güternachfrage auf der einen Seite, Zentralbankgeldmenge und Bankenliquidität auf der anderen Seite miteinander verbunden sind, um so weniger kann die Geldpolitik zur Erreichung der gesamtwirtschaftlichen Ziele beitragen. Sind schon die Beziehungen zwischen den Veränderungen des nominellen Sozialproduktes und denen der Zentralbankgeldmenge im Konjunkturablauf äußerst lose[17], zwischen der Entwicklung des Sozialproduktes und der Bankenliquidität gab es in der Vergangenheit überhaupt keine direkten Korrelationen. Die Zentralbank vermag aber, wie gezeigt, unmittelbar höchstens die Bankenliquidität zu steuern, die Zentralbankgeldmenge kann sie nur indirekt beeinflussen. Hieraus ergeben sich einige Schlußfolgerungen für den geldpolitischen Einsatz.

Selbst wenn die Geldpolitik nur eine mittelfristig orientierte konstante Wachstumsrate der Zentralbankgeldmenge zu verwirklichen versucht, steht sie vor der Notwendigkeit, ihre Instrumente jeweils zu variieren, damit dieses Ziel erreicht wird. Die häufig vorgeschlagene Beschränkung auf Offenmarktoperationen genügt nicht. Da die Zentralbank die Zentralbankgeldmenge nicht exogen zu bestimmen vermag und da keine konstante oder stetige Relation zwischen Primär- und Sekundärliquidität der Banken besteht, ist sie darauf angewiesen, durch den laufenden Einsatz der geldpolitischen Mittel die gewünschten Veränderungen der Zentralbankgeldmenge herbeizuführen. Die Entwicklung in der Bundesrepublik in den letzten Jahren ist ein Beispiel dafür, daß ihr dies nur in beschränktem Umfang gelingen kann. *Das Vorhan-*

---

[17] Vgl. W. *Neubauer:* Über Adäquationsprobleme in der Geldstatistik, in: Allgemeines statistisches Archiv, Bd. 60, 1976, S. 372 ff.

densein von Sekundärliquidität führt zu Bandbreiten für den Schwankungsbereich monetärer Aggregate, die einen eigenständigen Einfluß auf den Konjunkturablauf zu gewinnen vermögen.

Schon aus diesem Grund kommt die Geldpolitik nicht umhin, mit Hilfe diskretionärer Maßnahmen einen zielgerichteten Einfluß auf den Wirtschaftsablauf auszuüben. In welchem Umfang dies erwünscht und notwendig ist, sei hier dahingestellt. Alle derartigen Maßnahmen laufen über Umfang und Preise der Sekundärliquidität.

Die Expansion der Zentralbankgeldmenge kann die Notenbank dann am besten beeinflussen, wenn sie den Umfang der Sekundärliquidität in Grenzen zu halten vermag. Unabdingbare Voraussetzung dafür sind flexible Wechselkurse. Aber auch dann schlagen Veränderungen der Sekundärliquidität keineswegs ohne weiteres auf die Zentralbankgeldmenge durch. Da die Sekundärliquidität des Bankensystems keine Orientierungsgröße für die einzelnen Banken ist, die Gesamtgröße aber auch nicht aus den gewünschten Liquiditätsreserven der einzelnen Banken abgeleitet werden kann, weil die Interbankbeziehungen mit hineinspielen, kommen erhebliche zufallsbedingte Veränderungen des Sekundärliquiditätsvolumens zustande. Die Geldmarktzinssätze können nur beschränkt — wie zum Beispiel in der Extremsituation 1973 — als marktmäßige Steuerungsgröße fungieren. Vor allem ist aber zu berücksichtigen, daß der Umfang der von den Banken als erforderlich angesehenen Sekundärliquiditätsreserven offensichtlich stark im Konjunkturzyklus schwankt. Das heißt, bei hoher Kreditnachfrage in Perioden konjunktureller Übersteigerungen sind die Banken bereit, ihren Kunden bis zu einer extremen Anspannung der Liquiditätsposition entgegenzukommen, während sie bei konjunkturellen Rückschlägen offensichtlich hohe Vorsichtsreserven zu halten trachten.

Wegen der fehlenden festen Relationen zwischen Primär- und Sekundärliquidität und insbesondere wenn die Zentralbank die Sekundärliquidität nicht im Griff hat, muß sie auch deren Preis als Aktionsparameter verwenden. Da die Nachfrage nach Geld zinsabhängig ist und Zentralbankgeld den Wirtschaftssubjekten nicht kostenlos zur Verfügung steht, können die Refinanzierungssätze durchaus als ein, wenn auch nicht als alleiniges Mittel zur Beeinflussung der Zentralbankgeldmenge eingesetzt werden. Bei festen Wechselkursen ist allerdings ihr Anwendungsbereich eng begrenzt, da die Zinssätze auf den ausländischen Geld- und Kapitalmärkten nicht wesentlich überschritten werden können.

Die Bedeutung der Sekundärliquidität wird bei *konjunkturellen Rückschlägen* und expansivem Einsatz der Geldpolitik besonders klar.

In dieser Situation *ist es eindeutig die Geldnachfrage, die umlaufende Geldmenge und Zentralbankgeldmenge bestimmt.* Die Geldnachfrage läßt sich jedoch nur wenig mit geldpolitischen Mitteln beeinflussen. Die Zentralbank ist zwar in der Lage, die Banken mit Sekundärliquidität zu überschütten, wie sie das beispielsweise 1967 getan hat, die Geldmenge wird dadurch jedoch kaum beeinflußt. Eine reine Erhöhung der Sekundärliquidität hat auch meist keinen zinssenkenden Effekt, wie die Ausweitung der Rediskontingente als Extremfall zeigt. Expansiv wirkt vor allem die Senkung des Geld- und Kapitalmarktzinsniveaus, die mit Hilfe der geldpolitischen Mittel erreicht werden kann.

Konjunkturpolitisch ist es weit günstiger, wenn die expansiven geldpolitischen Maßnahmen mit einer Ausweitung der Güternachfrage gekoppelt werden. Das ist dann der Fall, wenn eine durch finanzpolitische Maßnahmen herbeigeführte Ausdehnung der Nachfrage mit einer Erhöhung der Zentralbankgeldmenge finanziert wird. Unter diesen Voraussetzungen ist aufgrund der Multiplikatoreffekte am ehesten zu erwarten, daß die expansiven geldpolitischen Maßnahmen nicht in einer Erhöhung der Sekundärliquidität versickern. *Expansive Geldpolitik ist ohne parallele Finanzpolitik weitgehend zum Scheitern verurteilt.*

VI. Zusammenfassung der Ergebnisse

Die Ergebnisse lassen sich in folgenden Thesen zusammenfassen. Zuvor sei nochmals auf die Voraussetzung hingewiesen, daß stets institutionelle Gegebenheiten unterstellt werden, wie sie in der Bundesrepublik und verschiedenen anderen Ländern vorliegen:

1. Die Bankenliquidität umfaßt die Bestände der Banken an Zentralbankgeld (Primärliquidität) und das potentielle Zentralbankgeld in Form von Sekundärliquidität. Während die Primärliquidität faktisch völlig durch Mindestreserveverpflichtungen gebunden ist und Überschußreserven nicht bestehen, stellt die Sekundärliquidität den eigentlichen Variationsspielraum der Banken und damit den Hauptansatzpunkt der Geldpolitik dar.

2. Die Umwandlung von Sekundärliquidität in Zentralbankgeld durch die Banken ist im wesentlichen abhängig von der Geldnachfrage des Nicht-Bankenbereichs und dem Preis der Sekundärliquidität. Umfang und Preis der Sekundärliquidität können daher als Aktionsparameter von der Geldpolitik genutzt werden.

3. Der Einsatz der geldpolitischen Instrumente erfolgt stets nur über die Sekundärliquidität. Die Zentralbank kann die Zentralbankgeldmenge nur indirekt beeinflussen. Eine Feinsteuerung ist ihr nicht möglich. Geldpolitik ist daher stets Liquiditätspolitik.

4. Expansive Geldpolitik versickert ohne realwirtschaftlich bedingte Mehrnachfrage weitgehend in einer Erhöhung der Sekundärliquidität. Kontraktive Geldpolitik verspricht erst Erfolg, wenn die verbleibende Sekundärliquidität von den Banken als erforderliche Reserve angesehen wird. Das Verhalten der Banken ändert sich jedoch stark im Zeitablauf und während des konjunkturellen Zyklus.

5. Die geldpolitischen Instrumente sind für den liquiditätspolitischen Einsatz in unterschiedlicher Weise geeignet. Das geldpolitische Instrumentarium sollte entsprechend umgestaltet werden.

Die Transmission monetärer Impulse über den Kreditmarkt

Zur Bedeutung der Kreditrationierung und ihrer institutionellen Voraussetzungen in Europa[1]

Von *Erich Streissler*, Wien und *Gunther Tichy*, Graz

Highbrow opinion is like a hunted hare; if you stand long enough it will come back to the place it started from.

Sir Dennis Robertson

1. Einleitung

Die Transmission monetärer Impulse auf die Güterwirtschaft ist relativ gut untersucht, soweit sie über Zinssatz und Geldmenge erfolgt. Der alternative Übertragungsmechanismus über den Kreditmarkt, also über die Passivseite der Bilanzen der Wirtschaftssubjekte, findet sich zwar in den Aussagen der Praktiker und steht hinter zahlreichen Maßnahmen der Währungspolitik, hatte in wissenschaftlichen Analysen bisher jedoch bloß untergeordnete Bedeutung; für letztere ist der Kredit Spiegelbild der Geldmenge. Im folgenden werden Argumente gesammelt — naiv-statistische, institutionelle und theoretische —, die den Transmissionsweg über den Kreditmarkt unter europäischen Voraussetzungen durchaus als wissenschaftlich „konkurrenzfähig" erscheinen lassen.

Naiv-statistisch spricht für die Effizienz des Transmissionsmechanismus über den Kreditmarkt erstens, daß das Buchkreditvolumen der Banken rund drei Mal und das Gesamt-Kreditvolumen (einschließlich Auslands- und Wertpapierkredite) rund fünf Mal so hoch ist wie das Geldvolumen in der meist verwendeten Abgrenzung *M1;* ferner daß die Korrelation zwischen Kreditvolumen und Geldmenge durchaus bescheiden ist (Spalten 1 und 2 von Tabelle 1). Dazu kommt, daß die Korrelationen zwischen Geldmenge und Brutto-Nationalprodukt — wie die Spalten 3 bis 5 von Tabelle 1 zeigen — in jeweils 8 der 11 Fälle schlechter sind als zwischen Kreditvolumen und Brutto-Nationalprodukt, ein ungefähr an der 95 %-Grenze signifikantes Ergebnis. Unter diesem Ge-

[1] Die Autoren danken Herrn W. *Schuster* und Herrn P. *Szopo* für ihre Hilfe bei der Literaturaufarbeitung und Herrn Univ. Prof. Dr. G. *Winckler* für wertvolle Kritik.

sichtspunkt scheint die Konzentration auf *M1* primär historisch erklärlich; das Geldvolumen hat früher quantitativ größere Bedeutung gehabt als das Kreditvolumen und wird auch statistisch schon länger erfaßt.

Tabelle 1:

Korrelation zwischen den wichtigsten Aggregaten

	1 Ml/PK	2 Ml/GK	3 Ml/BNP	4 PK/BNP	5 GK/BNP
Belgien	0,33	0,41	0,19	— 0,38	— 0,16
Deutschland	— 0,04	0,12	— 0,11	0,35	0,32
Frankreich	0,35	0,27	0,07	0,21	0,21
Großbritannien	0,34	0,51	0,53	0,40	0,66
Italien	0,18	0,28	— 0,10	0,59	0,41
Japan	0,85	0,85	— 0,14	0,12	— 0,02
Niederlande	— 0,59	— 0,44	— 0,02	0,25	0,36
Österreich	0,42	0,58	0,41	0,59	0,46
Schweden	0,72	0,65	— 0,39	0,08	— 0,02
Schweiz	0,68	0,57	0,34	0,29	0,21
USA	0,31	0,66	0,31	0,37	0,38

Q.: International Financial Statistics
Ml: Money (Zeile 34)
PK: Claims on Private Sector (Zeile 42 d.s.)
GK: PK + Claims on Government (42 d.s. + 42 a.s.)
BNP: Gross Nat'l Expenditure = GNP (99a)

Institutionell stellt der Geldmengen-Transmissionsmechanismus deutlich auf US-amerikanische Verhältnisse ab[2]; europäische Institutionen, insbesondere die des deutschsprachigen Raums, müßten jedoch dem Kreditmarkt viel mehr Bedeutung zubilligen als dem Geldmarkt (siehe dazu Abschnitt 2). Dazu kommt eine relative Stärkung des Kredit-

[2] Selbst für die USA kann man jedoch nicht ganz sicher sein, ob der hier stets behauptete Geldmengen-Transmissionsmechanismus nicht teilweise auch nur auf vorgefaßter amerikanischer theoretischer Meinung, statt auf gesicherten Fakten fußt. So findet *J. Hamburger*, „Indicators of Monetary Policy: The Arguments and the Evidence", AER LX (1970), PP, S. 32 ff., sehr gegen seine theoretische Überzeugung (S. 38): „Income is more closely related to items on the asset side of the bank balance sheet — credit — than to items on the liability side — money".

Transmissionsmechanismus durch die Beschleunigung der Inflation in den letzten Jahren; sie hat die Bedeutung des Übertragungsmechanismus über den nominalen Zinssatz geschwächt; eine Theorie der Zinsbildung bei Inflation ist noch nicht ausgearbeitet[3].

Der Übergang zu wirklich flexiblen Wechselkursen würde hingegen die Argumente zugunsten der Geldmenge als Zwischenziel der Währungspolitik zweifellos verstärken; tatsächlich bilden sich die Wechselkurse jedoch weiterhin nicht frei, sondern sie „floaten", d. h. es gibt erhebliche Interventionen, und das System ist eher nach der Theorie des optimalen Währungsgebietes (optimal currency area) als nach dem Modell der flexiblen Wechselkurse zu beschreiben. Das Geldmengenziel wird daher durch die offene außenwirtschaftliche Flanke in den meisten Staaten weiterhin entwertet. Unter bloß beschränkt flexiblen Wechselkursen dürfte ein eher weit gefaßtes Kreditvolumensziel die Steuerung effizienter machen als ein Geldvolumensziel (siehe Abschnitt 5).

Aus *theoretischer Sicht* wäre anzuführen, daß der Transmissionsmechanismus über das Kreditvolumen leichter zu formulieren sein müßte als über das Geldvolumen, nicht zuletzt weil das Kreditvolumen — wie erwähnt — drei- bis fünfmal größer ist. Überdies haben die Kredite eher den Charakter einer Finanzierungs- als einer Reservegröße und sind daher vermutlich weniger komprimierbar. Man erfaßt über das Kreditvolumen mit den Kreditnehmern die Personen, die Ausgabenüberschüsse planen (zumindestens in der Regel planen, manchmal aber auch erleiden), wogegen die Kassenhalter neben Transaktionsmotiven bekanntlich auch andere Motive haben oder gar über unkontrollierte (unverplante) Kassen verfügen. Dies ist vor allem dann nicht unwahrscheinlich, wenn das Schwergewicht der Kassenhaltung — wieder im Gegensatz zu den USA — bei Kleinunternehmen und Haushalten liegt. Überlegungen dieser Art waren früher unter dem Schlagwort „aktive/inaktive Kassenhaltung" Gegenstand der Geldtheorie[4], sind heute jedoch weitgehend vergessen oder doch wenigstens nicht populär[5]. Schließlich hat sich gezeigt, daß die Frage „woher das Geld stammt", also nach den Quellen der Geldschöpfung bzw. der Zusammensetzung des Kredits, durchaus nicht irrelevant ist.

---

[3] Siehe dazu: *M. J. M. Neumann:* Inflationserwartungen und andere Determinanten des Zinsniveaus. Referat vor dem Ausschuß „Geldtheorie und Geldpolitik" des Vereins für Socialpolitik, Jänner 1977.

[4] *C. Menger:* Artikel „Geld", XXIV. Abschn. HdStW III. Aufl., IV Bd. (Jena 1909).

[5] *I. Friend* hat diese „idle balances" in seinem Beitrag für die Commission on Money and Credit (Private Capital Markets, New York 1964, S. 1—172) zu schätzen versucht.

Sicherlich läßt sich der Transmissionsmechanismus über den Kreditmarkt daher nicht von vornherein abtun. Wie weit allerdings die angeführten Indizien tatsächlich für eine Überlegenheit der Kredit-Transmissions- gegenüber der Geld-Transmissions-These sprechen, kann nur eine genauere Untersuchung zeigen. Dabei muß allerdings nicht völliges Neuland betreten werden: Ein paar Partisanen, im englischen Sprachraum insbesondere J. Robinson[6] und N. Kaldor[7], im deutschen etwa W. Stützel[8] und Cl. Köhler[9] haben den Einfluß der Kredite stets herausgearbeitet, Roosa bezeichnet die Transmission über Kredite als „old established Federal Reserve theory". Neuerdings wächst die Zahl der Mitkämpfer: Bei der Arbeit mit dem Keynes-Hick'schen Modell hat man erkannt, daß die bloß implizite Formulierung des bond-Markts den Angebots-Nachfragemechanismen nicht entsprechend Rechnung tragen kann[10], Brunner-Meltzer versuchen, in ihren Modellen den Kreditmarkt explizit zu spezifizieren[11], und die Monetäre Zahlungsbilanztheorie betont die Bedeutung des Kredits, nicht — wie vielleicht zu erwarten — der Geldmenge. Selbstverständlich handelt es sich dabei nicht um Alternativen: Natürlich spielen Kreditvolumen wie Geldmenge ihre Rolle in der Transmission. Bloß lassen sich beide zugleich in *einfache* Modelle nicht einbauen; diese wären dann überbestimmt. Tatsächlich wird jedoch von Banken wie von Nicht-Banken Aktiv- wie Passivseite der Bilanz geplant, jedoch simultan mit den Rückwirkungen auf die jeweils andere Seite (Schwellenwerte, Puffer usw.). Auf diese Probleme kann jedoch hier nicht eingeangen werden[12].

Diese Arbeit wird sich bemühen, ihrem Auftrag gemäß[13] die Argumente für den Transmissionsmechanismus über den Kreditmarkt zu-

---

[6] *J. Robinson:* Economic Heresies: Some Old Fashioned Questions in Economic History. New York 1971.

[7] *N. Kaldor:* The New Monetarism. Lloyds Bank Review No. 97 (July 1970), S. 1—18.

[8] *W. Stützel:* Volkswirtschaftliche Saldenmechanik. Tübingen 1958.

[9] *Cl. Köhler:* Potentialorientierte Kreditpolitik. Berlin 1971.

[10] *B. Hansen:* A Survey of General Equilibrium System. New York 1970. *G. Akerlof:* The Demand for Money: A General Equilibrium Inventory Theoretic Approach. RES XL (1973), S. 115 ff.

[11] Siehe z. B.: *K. Brunner — A. H. Meltzer:* A Monetarist Framework for Aggregative Analysis. Kredit und Kapital, Beiheft 1 (Berlin 1972), S. 31—88. Die Funktion des Kreditmarktes in diesem Modell ist allerdings nicht ganz klar. Seine wichtigste Funktion scheint darin zu liegen, den Zins aus dem Geldmarkt-(Modell) herauszuschaffen.

[12] *G. Tichy:* Einige Bemerkungen zur Geldstromrechnung — Gegenwärtiger Stand und künftige Möglichkeiten. In: J. Bombach Hrsg: Studien zur Geldtheorie und monetäre Ökonomie. Berlin 1972, S. 194 ff.

[13] Die Arbeit entstand im Rahmen einer Untersuchung des Ausschusses „Geldtheorie und Geldpolitik" des Vereins für Socialpolitik über die alternativen Transmissionsmechanismen wie Geldmenge, Zinssatz und Kreditmarkt.

sammenzustellen. Sie darf aber nicht als Plädoyer für diesen Mechanismus verstanden werden. Sie wird zu zeigen versuchen, daß die Art des Transmissionsmechanismus stark von den institutionellen Voraussetzungen abhängt, und daß alle Transmissionsmechanismen variabel sind: Die Geldnachfrage- wie die Kreditfunktionen sind nicht stabil, weil Wirtschaftssubjekte wie Banken bei Unsicherheit sowie kostenabhängig planen müssen und die Anpassung nach Überraschungen nicht nur *ein* Aggregat („Puffer") trifft. Kreditvariationen führen zu Veränderungen der nachgefragten Güterstruktur und damit zu unterschiedlichen Effekten auf reale Aggregate. Weiters stört der Stützel'sche Spreizeffekt[14] die Stabilität der Funktionen, und es muß angenommen werden, daß für Phasen expansiver Politik andere Verhaltensweisen gelten als für solche restriktiver. Im allgemeinen dürfte jedoch der Transmissionsmechanismus über den Kreditmarkt in den meisten Banksystemen Mitteleuropas aus den vorne angeführten quantitativen, institutionellen und theoretischen Argumenten etwas stabiler sein.

Die Arbeit wird in folgenden Abschnitt 2 die Bedeutung der unterschiedlichen Organisation der Geld- und Kreditmärkte herausarbeiten; Abschnitt 3 beschreibt die einzelnen Elemente des Transmissionsmechanismus über den Kreditmarkt, Abschnitt 4 den zeitlichen Ablauf; Abschnitt 5 versucht, die alternativen Mechanismen über Geld- und Kreditmarkt zu vergleichen. Abschnitt 6 befaßt sich mit der Variabilität des Transmissionsmechanismus über die Kredite.

Diese Arbeit ist in Planung und Ausarbeitung eine Gemeinschaftsarbeit, doch trägt der in alphabetischer Reihenfolge zweitgenannte Autor die primäre Verantwortung für die Abschnitte 1 bis 5 und Anhang A, der Erstgenannte für den Abschnitt 6 und Anhang B.

2. Die Bedeutung institutioneller Faktoren

Vernachlässigt man den Einfluß der Zinssätze, dann sind grundsätzlich drei Transmissionsschemata von der monetären Basis auf das (nominelle) Brutto-Nationalprodukt denkbar:

— der direkte Weg von der Basis auf das Brutto-Nationalprodukt

— der Weg über die Geldmenge

— der Weg über die Kredite.

Versucht man, mit Hilfe von einfachen Regressionen Anhaltspunkte über die relative Bedeutung dieser drei Wege zu erhalten, zeigt sich ein stark differenziertes Bild (Abbildung 1): In drei Ländern, in der BRD,

---

[14] *Stützel* Saldenmechanik loc. cit. S. 210 f.

Alternative Transmissionsmechanismen

Die Zahlen geben die jeweiligen Determinationskoeffizienten an

1. Transmission direkt über die Basis

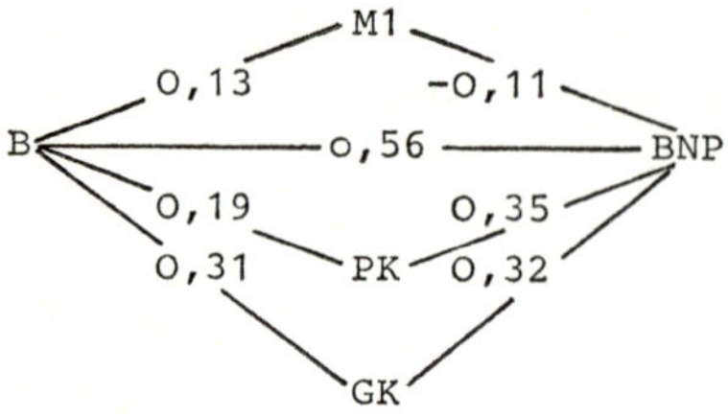

Deutschland

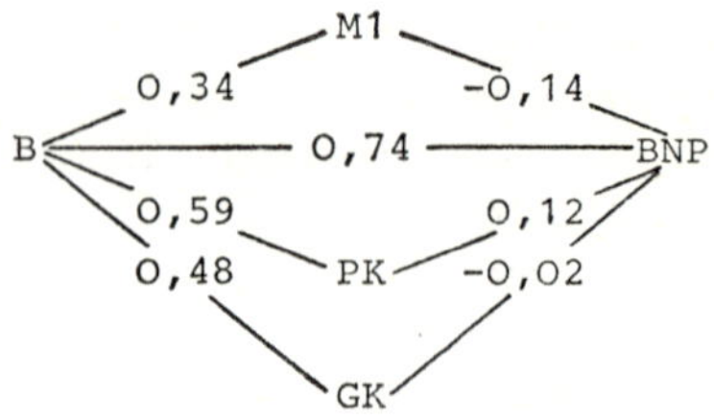

Japan

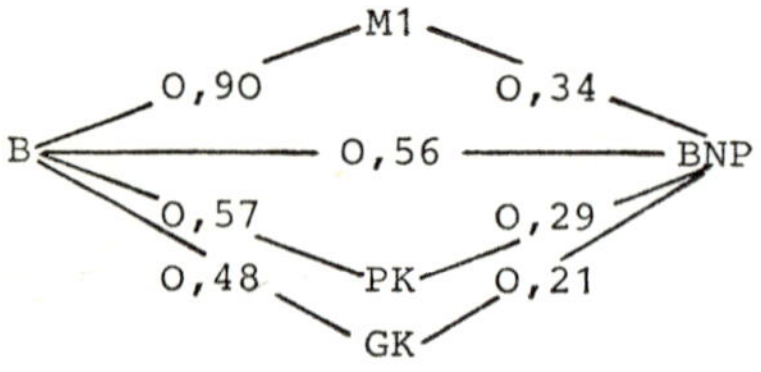

Schweiz

2. Transmission über die Kredite

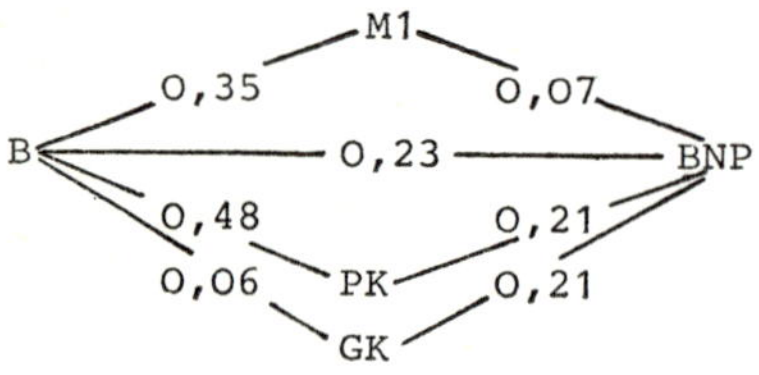

Frankreich

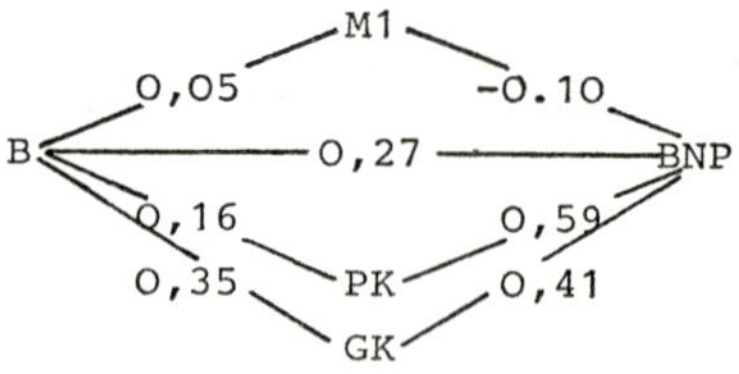

Italien

3. Gebrochene Transmission

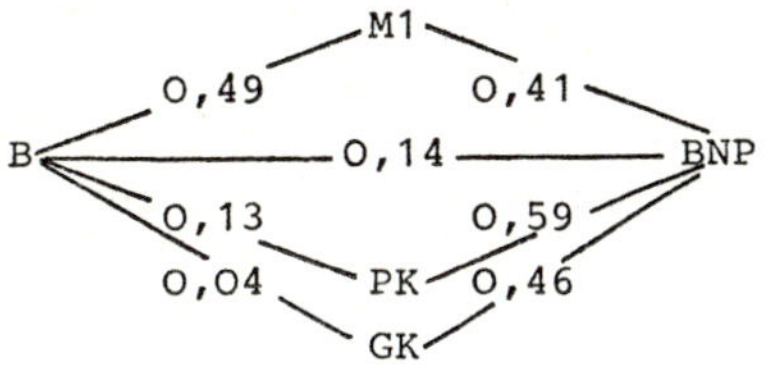

Österreich

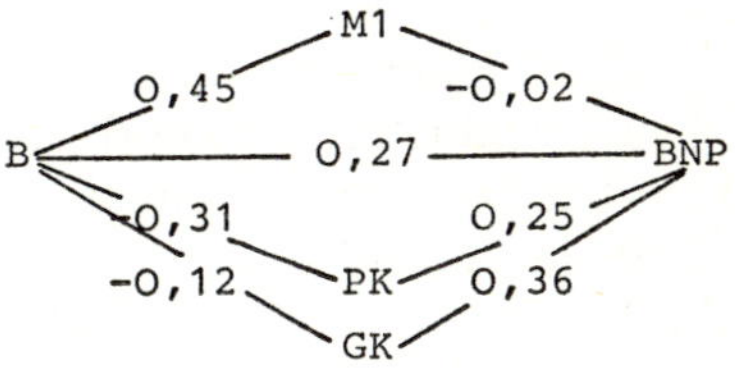

Niederlande

4. Transmission bleibt im monetären Bereich stecken

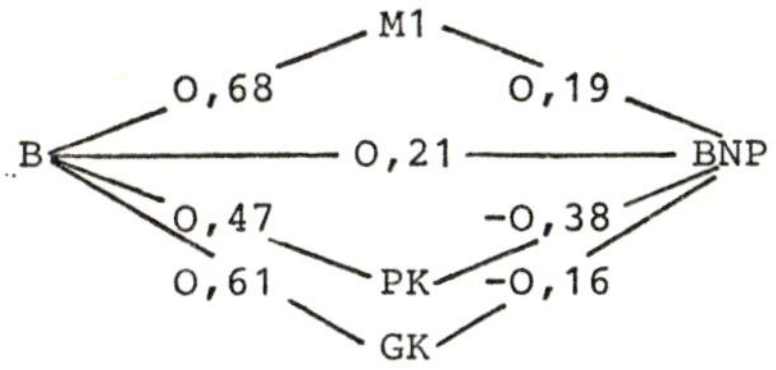

Belgien

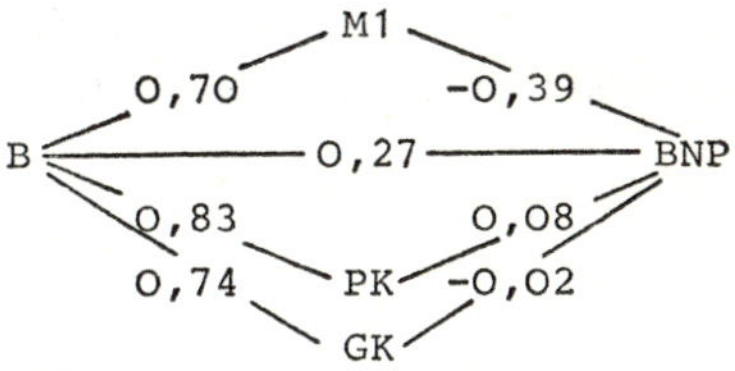

Schweden

5. Transmission ohne Notenbankeinfluss

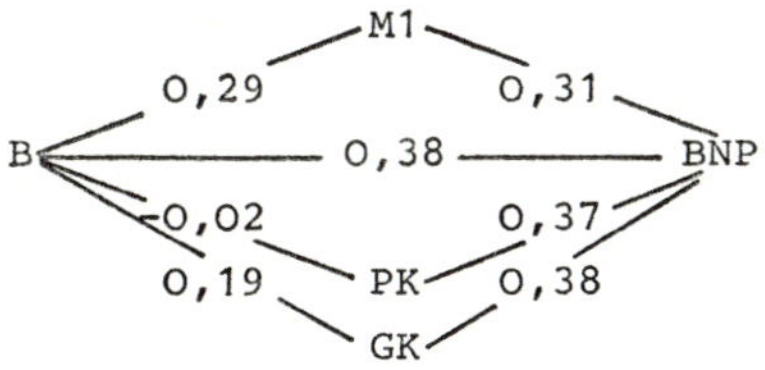

U S A

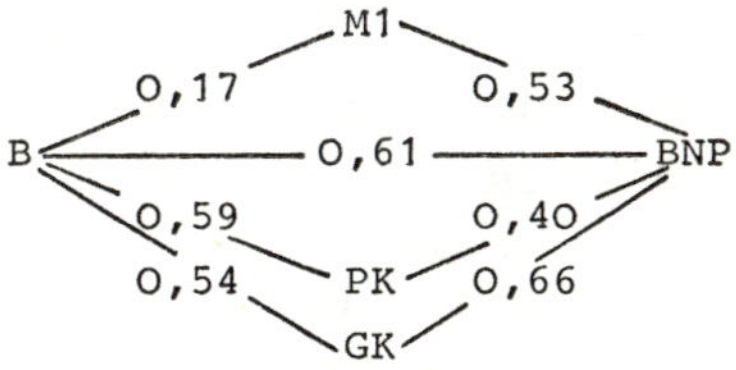

Grossbritannien

B: Monetäre Basis
M1: Geldvolumen
PK: Privatkredite
GK: Gesamtkredite
BNP: Brutto-Nationalprodukt nominell

Quelle: IMF International Financial Statistics

Abbildung 1

der Schweiz und in Japan, ist die direkte Beziehung zwischen monetärer Basis und Brutto-Nationalprodukt am stärksten, in zwei Ländern, Frankreich und Italien, dominiert die Transmission über die Kredite. Ansätze zu einer Transmission über die Geldmenge gibt es in den USA und in Großbritannien, doch läßt die relativ schwache Beziehung zwischen den Mengen auf einen kräftigen Einfluß der Zinssätze schließen. In Belgien und Schweden besteht ein relativ kräftiger Einfluß der Basis auf alle monetären Größen, Geldmenge wie Kredite, doch haben beide wenig Einfluß auf das Brutto-Nationalprodukt; umgekehrt ist in den USA und in Großbritannien der Einfluß des Zentralbankgeldes auf Kredite und Geldmenge bescheiden, wogegen beide gut mit dem Nationalprodukt korrelieren. In Österreich und den Niederlanden ist die Transmission gebrochen: Es besteht ein guter Zusammenhang zwischen Basis und Geldmenge einerseits, zwischen Krediten und Brutto-Nationalprodukt andererseits.

Ohne die Bedeutung einfacher Korrelationen zu überschätzen[15], läßt sich doch zweierlei vermuten:

— Erstens, daß der Transmissionsmechanismus über keines der Aggregate sehr straff ist, und

— zweitens, daß der Weg der Transmission über den einen oder anderen Mechanismus von Land zu Land variiert und offenbar von den institutionellen Voraussetzungen und der Verflochtenheit mit dem Ausland abhängt.

Es wird meist übersehen, daß der Transmissionsmechanismus über Geldmenge und Geldmarkt in der Regel von US-amerikanischen Bankverhältnissen ausgeht. Dort werden Kredite meist sofort nach der Gewährung voll ausgezahlt und der Kreditnehmer muß den nicht sofort benötigten Betrag auf dem Geldmarkt, meist in titrierter Form, anlegen. Auch erhält er häufig nur einen Teil des Kredites (80—90 %) ausbezahlt, den Rest muß er als compensating balance auf einem unverzinsten Girokonto bei der kreditgewährenden Bank halten; es muß also wesentlich mehr Kredit aufgenommen werden, als eigentlich benötigt wird. Unter diesen Voraussetzungen muß die Beziehung zwischen Kreditmarkt und wirtschaftlicher Aktivität schwach sein; andrerseits erzwingen diese Regelungen sehr hohe Transaktionen auf dem Geldmarkt, der dadurch erst zum idealen Ansatzpunkt währungspolitischer Maßnahmen wird. Dazu kommt noch, daß in den USA mangels ent-

[15] Zweifellos wäre es leicht, die Signifikanz der Unterschiede zwischen den einzelnen Ländern und Transmissionswegen zu testen. Der Test wurde jedoch bewußt unterlassen, weil das zugrundeliegende „Modell“ viel zu simpel ist, und die Ergebnisse Genauigkeit bloß vortäuschen würden.

sprechender Überweisungsnetze Zahlungen auch zwischen Großfirmen in der Regel mittels Scheck getätigt werden.

Anders in den meisten mitteleuropäischen Staaten, wo es das Instrument des variabel ausnützbaren Kontokorrentkredits, der oft sogar kostenlosen Kreditlinie und der Banküberweisung als Hauptinstrument des Zahlungsverkehrs gibt. Hier halten die Firmen ihre liquiden Mittel in der Regel nicht in Form von Geldmarktpapieren, sondern von nichtausgenützten Kreditlinien[16] bzw. von Bankeinlagen, hier interveniert die Notenbank nicht am (bedeutungslosen) Geld-, sondern am Kreditmarkt, und hier spiegelt nicht der Geld-, sondern der Kreditmarkt das Ausmaß der wirtschaftlichen Aktivität, da (teurer) Kredit nur in dem Maße aufgenommen wird, als er unmittelbar benötigt wird. Die Funktion des anglo-amerikanischen Geldmarkts wird einerseits von den nicht-ausgenützten Kreditlinien, andererseits von den Sicht-, Termin- und Spareinlagen übernommen.

Ein weiterer wichtiger Unterschied ist die Bedeutung der Banken. In den USA tritt ein erheblicher Teil der Unternehmungen direkt an den Kapitalmarkt heran, mengenmäßige Beschränkungen können kaum größere Bedeutung erlangen als der Preismechanismus[17], die Investoren können durch ihre Preisgestaltung für financial assets die Bilanzstruktur der Sparer beeinflussen. In Mitteleuropa hingegen sammeln sich lang- und kurzfristige Ersparnisse (Kapital- und Geldmarktmittel) in der Regel bei den Banken und demgemäß läuft auch der überwiegende Teil der Fremdfinanzierung über Banken, und zwar auch von den Firmen, die an und für sich kapitalmarktfähig wären (daß das weniger sind als in den USA, ist ein weiterer institutioneller Unterschied). Die europäische Universalbank hat für den Kunden viel größere Bedeutung als die US-Bank, die schon von der Rechtslage her nur einen Teil seiner Geschäfte durchführen *kann* (regionale Beschränkung) und *darf* (Beschränkung auf bestimmte Geschäfte). In Europa besteht daher eine er-

---

[16] Hicks spricht in diesem Zusammenhang von einer overdraft-economy. Siehe: *J. R. Hicks:* The Crisis in Keynesian Economics. Oxford 1974. Die europäischen Staaten sind ganz generell dadurch charakterisiert, daß sie auf allen Ebenen Liquidität in einer Form halten, die sie ihrer Dispositionsfähigkeit entzieht. Das gilt für die internationale Liquidität (Dollar/Währungsreserven) ebenso wie für die nationale (Kreditlinie/Geldmarktpapier).

[17] Diese Möglichkeiten haben sich seit den 60er Jahren noch erhöht durch zusätzliche Refinanzierung der Banken in Form von „negotiable certificate of deposit", wodurch die Argumente für Kreditrationierung durch die Banken weiter geschwächt wurden. Siehe *B. M. Friedman,* „Regulation Q and the Commercial Loan Market in the 1960s", JMCB VII (1975), S. 227 ff. Gewisse Rationierungseffekte vermögen empirisch nachzuweisen etwa *D. M. Jaffee — F. Modigliani,* „A Theorie and Test of Credit Rationing", AER LIX (1969), S. 850 ff. (angefochten von Friedman) and *D. G. Harris,* „Credit Rationing and Commercial Banks", JMCB VI (1974), S. 227 f.

heblich engere Bank-Kunden-Beziehung. Die viel stärkere Konzentration auf den Kreditmarkt und die Versuche der Währungsbehörden, bei ihren Steuerungsmaßnahmen dort anzusetzen, führen zu einer viel größeren Bedeutung der Verfügbarkeit von Finanzierungsmitteln.

3. Der Transmissionsmechanismus über den Kreditmarkt

Die Analyse kann sicherlich davon ausgehen, daß für den Transmissionsmechanismus in den USA Geld- und Kapitalmarkt und die auf ihnen herrschenden *Zinssätze,* in Mitteleuropa hingegen der Kreditmarkt größere Bedeutung haben dürfte. Diese Unterscheidung ist deshalb wichtig, weil die Finanzmärkte, auf denen Liquidität primär in Form von Überziehungsmöglichkeiten gehalten wird, in der Regel oligopolistisch sind, und daher quantitative Beschränkungen neben die Preise als Marktausgleichskräfte treten werden[18].

Entscheidendes Charakteristikum des Transmissionsmechanismus über den Kreditmarkt ist seine Konzentration auf die Wirtschaftssubjekte, die Ausgabenüberschüsse tätigen; die Transmission über die Geldmenge hingegen konzentriert sich auf die Wirtschaftssubjekte mit Einnahmenüberschüssen, sie untersucht primär Spar- und Anlageentscheidungen, die erst in weiterer Folge Ausgabenentscheidungen beeinflussen. Im einzelnen dürfte es sich bei dem Kreditmarkttransmissionsmechanismus unter europäischen Bedingungen um eine Kombination von

— Rationierungseffekten,

— Zinsniveaueffekten,

— Zinsstruktureffekten,

— Umschichtungseffekten,

— Erwartungseffekten,

sowie verschiedenen Ausweich- und Vermögenseffekten handeln, wobei die letzteren von den bei den anderen Transmissionsmechanismen auftretenden Effekten grundsätzlich nicht verschieden sein dürften.

---

[18] Siehe dazu *Hicks* a. a. O., *R. J. Barro* — *H. I. Grossman:* A General Disequilibrium Model of Income and Employment. AER LXI (1971), S. 82—93; *R. Clower:* The Keynesian Counterrevolution: A Theoretical Appraisal. In: F. Hahn / F. P. Brechling: The Theory of Interest Rates. London 1966, S. 103 bis 125.

3.1 Der Rationierungseffekt

Zumindestens unter den in den meisten mitteleuropäischen Staaten vorherrschenden institutionellen Voraussetzungen scheint der Rationierungseffekt der zentrale und weitaus dominierende Effekt zu sein. Kreditrationierung bedeutet, daß nicht ausschließlich, ja vielfach nicht einmal in erster Linie der Preis das Marktgleichgewicht herstellt, sondern auch quantitative Beschränkungen im Angebot; nicht jeder Kreditnachfrager, der bereit wäre, den Zins zu zahlen, bekommt auch Kredit. Jaffee-Modigliani[19] unterscheiden equilibrium rationing, bei dem der Zinssatz seinen langfristigen Gleichgewichtswert erreicht, und dynamic rationing, bei dem er von ihm abweicht. Letzteres ist die bedeutendere Form[20] und impliziert insbesondere, daß der Kreditzins im Konjunkturverlauf nicht so stark schwankt, wie die Marktgegebenheiten verlangen würden. Empirisch ist das nicht leicht nachzuweisen, weil auch hier, wie überall anders, die Statistiken nicht die ex-ante Nachfrage, sondern nur den zu gegebenen Preisen befriedigten Teil der Nachfrage ausweisen, und es noch weniger Angaben über Preisdifferenzierung gibt. Neben den in den folgenden Abschnitten behandelten theoretischen Argumenten und Beobachtungen des Marktverhaltens läßt jedoch auch die Zinsstatistik zumindestens Elemente der Rationierung vermuten. Wie Tabelle 2 zeigt, schwanken die Zinssätze für Kredite im Zeitverlauf erheblich schwächer als die für Einlagen oder Wertpapiere, obwohl aus mikroökonomischer Optimaltheorie bei Sicherheit wohl das Gegenteil zu erwarten wäre (siehe Anhang B). Daraus läßt sich wohl schließen, daß die Banken den Kreditzinssatz zur Marktsteuerung nur beschränkt einsetzen.

Die Tatsache der Kreditrationierung wird in der Regel mit mangelndem Wettbewerb, also mit abgestimmten Verhalten der Banken, oder mit dem Kreditrisiko begründet[21]; das mag an der Oberfläche richtig

---

[19] Jaffee-Modigliani loc. cit. S. 581.

[20] Jaffee-Modigliani loc. cit. S. 867.

[21] Die umfangreiche ältere amerikanische Literatur zum Thema Kreditrationierung wurde von *A. Lindbeck:* The „New" Theory of Credit Control in the United States: An Interpretation and Elaboration (Uppsala ²1962) zusammengefaßt. Weiters seien erwähnt: *D. R. Hodgman:* Credit Risk and Credit Rationing, QJE LXXIV (1960), S. 258 ff., auslösender Artikel einer lebhaften Diskussion, der Kreditrationierung auf das Rückzahlungsrisiko gründet, andererseits unserer Meinung nach unrealistisch annimmt, daß jeder Kreditkunde im Verhandlungswege den individuell minimalen Zinssatz, zu dem er einen Kredit noch erhalten würde, tatsächlich erreicht. Für relativ riskante Kunden, folgert Hodgman, für die weitere Literatur paradigmatisch, sei „availability ... more important than interest". In den Kosten eines Konkursverfahrens sieht den entscheidenden Rationierungsgrund *M. H. Miller,* „Credit Risk and Credit Rationing: A Further Comment", QJE LXXVI (1962), S. 480 ff. Schwierigkeiten ergeben sich in der Analyse, wenn das Kapitalvolumen oder die beabsichtigte Investitionshöhe des Kreditvolumens nicht fest ist,

Tabelle 2:

Zinssätze und ihre Streuung (Variationskoeffizienten)

	1959/74	1970/76	1967/77
Österreich Ertragsrate des Kapitals	42 %	.	.
Sekundärmarktrendite	26 %	10 %	.
Prime rate	.	9 %	.
BRD Kontokorrentkredite bis 1 Mio. DM	.	19 %	18 %
1—5 Mio. DM	.	22 %	25 %
Hypothekenkredite	.	11 %	15 %
Dreimonatsgelder bis 1 Mio. DM	.	35 %	43 %
1—5 Mio. DM	.	35 %	38 %
Spareinlagen			
gesetzliche Kündigungsfrist	.	16 %	18 %
12 Monate Kündigungsfrist	.	15 %	19 %

Q.: Anhang A

sein, trifft den Kern der Problematik jedoch nicht. Daß die Banken ihr Verhalten überhaupt abstimmen können, und daß die Rationierung „bessere" Ergebnisse bringt als der Preismechanismus, hat folgende Ursachen:

— die Form der Organisation der Geld-, Kapital- und Kreditmärkte in Europa (siehe Abschnitt 2),

— die Reaktion der Kreditnehmer auf Zinsänderungen

— die Folgen von Zinsänderungen für die Banken, und

— die Entscheidungsbildung bei den Banken.

3.1.1 Die Reaktion der Kreditnehmer auf Zinsänderungen

Eine der wichtigsten Ursachen der großen Bereitschaft der Banken, die Nachfrage durch Rationierung zu steuern, liegt in der geringen Zinselastizität der Nachfrage nach Krediten, die selbst kräftige Zins-

---

wie *M. Freimer — M. J. Gordon*, „Why Bankers Ration Credit", QJE LXXIX (1965), S. 397 ff. zeigen. Einen gewissen Abschluß fanden diese Überlegungen in *Jaffee-Modigliani* loc. cit S. 850 ff., einer Kurzfassung der Monographie von Jaffee; *Jaffee-Modigliani* meinen, daß ein risikofreier Kunde nie rationiert wird. Sie verschieben jedoch die Argumentation eher auf einen Wettbewerbsaspekt: der Bankmonopolist, der nicht voll zwischen den einzelnen Kunden diskriminieren kann, sofern nur zwischen Kundenklassen, oder der nur Kundenklassen bilden will, weil dies informationskostenmäßig optimal ist, rationiert die jeweils schlechtesten Kunden jeder Klasse.

änderungen nur mit schwachen Mengeneffekten auf die Nachfrage wirken läßt. Die Banken können die Kreditnachfrage über den Preis offenbar deshalb so wenig steuern, weil die Ertragsrate auf das Kapital infolge der hohen Risikokomponente relativ viel höher ist als der Kreditzinssatz[22]. Die Risikoprämie dürfte in der Regel wohl nicht viel niedriger sein als der Netto-Zinssatz, und ihre Schwankungsbreite viel größer als die der monetären Zinssätze. (Siehe Anhang A)[23]. Zinssatzänderungen gehen in der Regel in den viel stärkeren Schwankungen der Risikoprämie unter und schlagen gar nicht auf den Bruttozinssatz durch. Die Steuerungsfunktion kommt also nicht dem Kreditzinssatz, sondern der Spanne zwischen der Ertragsrate des Kapitals und dem Kreditzinssatz zu[24]. Aber auch da gibt es Grenzen: Selbst wenn die Banken bereit wären, Kredite in jeder gewünschten Höhe zu geben[25], wären die Unternehmer wohl nicht bereit, Kreditzinsen auch bloß in annähernder Höhe der hochkonjunkturellen Ertragsrate des Kapitals zu zahlen. Erstens sind sie sich der Schwankungen der Ertragsrate voll bewußt und schätzen das hochkonjunkturelle Niveau als bloß vorübergehend ein, wes-

[22] Wir vertreten hier den Standpunkt, daß Unternehmer zu wenig Information haben, um den Erwartungswert der Erträge ihrer Investitionen mehr als durch ein grobes Rahmenmaß zu quantifizieren. Man könnte die Auffassung vertreten, daß durch den Aufwand von Informationskosten diese grobe Schätzung verfeinert werden könnte. Damit erweist sich die Betonung von Informationskosten, einerseits der Banken, andererseits der Kunden als ein der Ertragsunsicherheit ähnliches Fundament für Kreditrationierung. Hierzu siehe vor allem *H. Milde,* Informationskosten, Anpassungskosten und die Theorie des Kreditmarktes, KK 7. Jg. (1974), S. 489 ff. Sein Argument, daß Konstanz der Sollzinsen von den Kunden gewollt sei, weil es ihnen Suchkosten nach dem besten Kredit spart, überzeugt nicht ganz, ist es doch typisches Interessenargument etwa in der Diskussion der vertikalen Preisbindung.

[23] Siehe dazu *E. Streissler:* „What Kind of Microeconomic Foundations of Macroeconomics are Necessary" in: G. C. Harcourt, The Microeconomic Foundations of Macroeconomics, London und Basingstoke 1977, S. 96 ff., Abschn. III (Hayek's Monetary Model of the Business Cycle: A Case Study in Quantitative Constraints or the Non-Use of the Price Mechanism), S. 105 ff.

[24] „An objection which in the past has frequently been raised against my analysis of the Ricardo effect is that, if money can be borrowed in any desired amount at the current rate of interest, the character of the investment will be determined by this market rate and the internal rate of return of the enterprise will be adjusted to it... This however is evidently not the case, since the risk to the lender increases with the amount of the loan... There would then exist a uniform market rate of interest at which every borrower could borrow up to say 25 percent of his equity. For an additional lo percent, he would have to pay more... What will than be the position of an enterprise that finds that the price of its product has risen relative to the price of the factors...? ... The firms internal rate of return will have greatly risen, but what it can borrow at a rate corresponding to this increased rate of internal return would only be a fraction of what it could profitably employ at that rate...". *F. A. Hayek:* Three Elucidations of the Ricardo Effect. JPE 77/2 (1969), S. 282 f.

[25] Siehe dazu Abschnitt 3.1.2.

wegen sie längerfristige Investitionen nur wenig an bloß konjunkturellen Ertragsschwankungen orientieren[26]; zweitens erkennen sie die Höhe der Ertragsrate zum Teil gar nicht als solche, weil sie die Risikokomponente vielfach überschätzen; darauf deutet der Wunsch nach oft extrem kurzen pay off-Perioden[27]. Drittens tragen die Unternehmer insbesondere in einer overdraft-economy neben allem anderen auch ein Finanzierungsrisiko. Wenn die Banken die Überziehungsmöglichkeiten einschränken, sei es, weil ihnen das Risiko zu groß wird, sei es, weil die Geldpolitik ihren Veranlagungsspielraum einschränkt, entsteht für sie nicht nur ein Ertrags-, sondern darüber hinaus noch ein — viel gefährlicheres — Ruin-Risiko.

Alle diese Faktoren tragen dazu bei, daß der Nachfragepreis für Kredite in der Hochkonjunktur erheblich niedriger sein wird als die Ertragsrate des Kapitals (siehe Anhang A), und im Konjunkturverlauf weniger stark schwankt. Der statistisch gemessene monetäre Zinssatz schwankt allerdings noch weniger, da üblicherweise nur monetärer Zinssatz und Risikoprämie gemeinsam als Brutto-Zinssatz gemessen werden. Die Risikoprämie schwankt jedoch antizyklisch: In der Hochkonjunktur wird die Risikoprämie wegen des hohen Auslastungsgrades der Sachwertanlagen, der guten Absatzchancen und des geringen Risikos von Fehlinvestitionen relativ niedrig sein, in der Rezession relativ dazu hingegen sehr viel höher. Selbst ein konstanter Brutto-Zinssatz bedeutet bei antizyklisch schwankender Risikoprämie jedoch einen prozyklisch schwankenden Netto-Zinssatz aus der Sicht der Bank.

3.1.2 Die Folgen von Zinssatzänderungen für die Banken

Das Marktmodell wird für die Banken oft viel zu einfach spezifiziert; es berücksichtigt weder, daß die Banken Zinsänderungen meist nicht auf neue Verträge beschränken können (recontracting ist möglich), daß die Einzelbank durch Zinsänderung bloß kurzfristige Vorsprungseffekte

[26] Diese Überlegungen gehen von der Hypothese aus, daß, soweit die Zukunft einigermaßen durchschaubar erscheint, die Unternehmer in bezug auf die Ertragsrate teilweise in permanenten Werten denken, analog zu der häufig getroffenen Annahme über Konsumentenentscheidungen.

[27] Umfragen haben ergeben, daß Einzelhandelsketten für neue Lokale mit pay off-Perioden von 3 Jahren, Automobilfabriken für Maschinen (Karosseriepressen) von 6 bis 9 Monaten kalkulieren. Diese Werte stehen in auffallendem Gegensatz zu den niedrigen Ertragsraten, die sich etwa aus der Aktienbilanzstatistik errechnen lassen. Die Differenz ergibt sich nur zum Teil aus den Möglichkeiten der Gewinnverschleierung. Mehr Bedeutung hat, daß es sich bei diesen Gewinnen um Planwerte bewußt vorgenommener Erweiterungsinvestitionen handelt. Manche von ihnen sind Fehlinvestitionen (*negative* Ertragsrate wenn Kapitalverlust). Zahlreiche Investitionen *müssen* auch zur Rationalisierung oder Marktanteilssicherung vorgenommen werden, ohne entsprechende Erträge zu versprechen.

erzielen kann, daß der Verzicht auf Rationierung möglicherweise das Risiko steigen läßt und Zinssteigerungen zwar höhere Erträge aus dem Kreditgeschäft, aber Buchverluste beim Obligationenportefeuille mit sich bringen würden[28].

Der wichtigste der Gründe, der die Banken lieber zur Rationierung als zu Zinsänderungen greifen läßt, dürfte die *Schwierigkeit* sein, *Zinsänderungen auf neu abgeschlossene Verträge zu beschränken;* daß Änderungen das gesamte Spektrum auch der alten Verträge erfassen, verringert die Zinselastizität in einem weiteren Sinn sehr stark, weil der relativ geringen Mengenänderungen an (neuen) Krediten eine absolut große Zinsänderung für den gesamten Bestand gegenübersteht (siehe Anhang B). Die Anpassung auch der alten Verträge (recontracting) erfolgt bei einer Zinssenkung über den Druck der Kunden und das in der Regel vorhandene Kündigungsrecht, bei Zinserhöhungen wird sie in der Regel vom Ertrag her erzwungen, und zwar durch Liquiditätsverknappung und Verteuerung der Einlagen, um die Zinsspanne nicht sinken zu lassen[29]. Nicht nur wegen der Kosten der Zinssenkungen, auch wegen des Arbeitsaufwandes und der Verärgerung der Kunden durch Zinserhöhungen sowie der unangenehmen Verhandlungen mit den Kunden versuchen die Banken, die Zinssätze möglichst konstant zu halten und eher Rationierung als Steuerungsinstrument einzusetzen. Soweit möglich, spalten sie den Markt: 1976 etwa wurden die normalen Kreditzinssätze in Österreich relativ zur Markt- und Liquiditätslage eher hoch gehalten, großen Firmen wurden aber statt billigeren Krediten kurzfristige Geldmarktmittel (Barvorlagen) zu sehr niedrigen Zinssätzen angeboten. Natürlich kam es dabei zu Rückzahlungen von Krediten durch die Firmen, die Barvorlagen in Anspruch nahmen, doch gab es vertragliche Beschränkungen, und der in Frage kommende Personenkreis konnte halbwegs abgegrenzt werden. Allerdings funktionieren solche Versuche stets nur begrenzte Zeit und in beschränktem Umfang.

Die hohen Kosten von Zinsänderungen infolge von recontracting wiegen besonders schwer, da die *Mengeneffekte von Zinsänderungen* nicht nur gering, sondern oft auch bloß *vorübergehend* sind. Eine Zinsänderung durch eine einzelne Bank führt bloß zu einem kurzfristigen Vorsprungseffekt, weil der Markt zumindest für die Großkunden recht durchsichtig ist, und die konkurrierenden Banken die Zinssenkung daher rasch nachvollziehen müssen; gerade die interessanten Kunden würden durch Zinsänderungen zwar nicht zu einer Einschränkung oder

---

[28] Siehe *E. Streissler* loc. cit. S. 96 ff., Abschn. III, S. 105 ff.

[29] Selbstverständlich erfolgt recontracting auch bei den Einlagen. Es hat dort jedoch geringere Bedeutung, da der Anteil der Großkunden am Mittelaufkommen viel kleiner ist als an der Mittelanlage.

Ausweitung ihres Finanzbedarfes, durch Zinsdifferenzen jedoch sicherlich zu einer Änderung ihrer Finanzierungsquelle bewogen.

Weiters könnte eine Steuerung der Nachfrage über den Preis die Kreditunternehmungen im Durchschnitt zu riskanteren Anlagen zwingen: Soweit Projekte überhaupt durch eine Senkung des Zinssatzes induziert werden, sind es in der Regel wohl die riskanteren: Sie sind ja erst durch Zinssenkung rentabel geworden und verlieren diese Rentabilität bei der nächsten Zinserhöhung wohl wieder. Die Marktabschöpfung würde beim höchsten Risiko beginnen: Zuerst würden die Kunden befriedigt werden, die bereit sind, die höchsten Zinssätze zu zahlen, und im Durchschnitt wohl auch das höchste Risiko bedeuten, erst dann kämen die Kunden mit relativ geringerer Risikoprämie und dementsprechend niedrigeren Zinssätzen dran. In der Regel dürfte es für die Banken jedoch kein Risiko-Zins-trade-off geben und dementsprechend auch nur eine beschränkte Variation der Zinssätze nach Risikogruppen[30]. Selbstverständlich verfügt jede Bank über prime-rate-Kondition für die besten Kunden, über etwas weniger günstige Zinssätze für mittlere Kunden und über einen dritten Zinssatz für Kunden der geringsten für die Bank bei gegebener Liquiditätslage gerade noch akzeptablen Bonität[31]. Für jede dieser Gruppen gibt es Vorstellungen über die maximale Ausstattung mit Fremdmitteln. Es ist nicht üblich, daß ein Kunde I. Bonität seinen Fremdkapitalanteil zu Konditionen für Kunden II. Bonität steigert, oder gar daß ein Kunde III. Bonität seine Kreditgrenzen durch Superzinsen überschreiten könnte. Ein Kunde, dessen Risiko höher ist als die eines Kunden III. Bonität, kann — zu welchen Zinsen immer — von der Bank normalerweise keinen Kredit bekommen[32].

Daß die Banken im allgemeinen kein Kreditzinsrisiko-trade-off haben, bedeutet nicht, daß sich ihre Bonitätsvorstellungen und -anforderungen im Zeit- und Konjunkturverlauf nicht ändern, doch verschieben sich dann die Gruppen gemeinsam und nicht zueinander.

---

[30] Dagegen kann natürlich eingewendet werden, daß sich die Banken am Nettozinssatz (netto Risikoprämie) orientieren. Das würde aber eine viel stärkere Differenzierung der Zinssätze erfordern, als das derzeitig der Fall ist (siehe dazu auch: „Entscheidungsbildung bei den Banken" weiter unten. Daß eine solche individuelle Differenzierung der Zinssätze aus Informationsgründen auch viel zu teuer käme, betont *Milde*, loc. cit.

[31] Für die Abschätzung der Bonität ist der Fremdmittelanteil ein, aber wohl nicht das wichtigste Kriterium; wichtige Kriterien sind die längerfristigen Ertragsaussichten, die Qualität des Management, die Verwertbarkeit des Vermögens usw.

[32] Daß optimale Bankverhalten bei Risiko einen solchen maximalen Kredit impliziert, hat u. a. die in FN 1 auf S. 11 genannte Literatur — mit verschiedenen Argumenten — dargetan.

Schließlich spricht gegen eine große Bereitschaft der Banken zu Zinsänderungen, daß sie nicht nur Buchkredite auf der Aktivseite ihrer Bilanz (rund die Hälfte ihrer Bilanzsumme) haben, sondern auch festverzinsliche Wertpapiere (etwa ein Zehntel der Bilanzsumme und ein Viertel des Kreditvolumens). Bei letzteren würden sie jedoch bei einer auf die Wertpapiermärkte durchschlagenden Kreditzinserhöhung nicht unerhebliche Kursverluste erleiden, die sie gemäß den üblichen Buchhaltungsvorschriften ausweisen müßten: Steigt das Zinsniveau nur um einen Prozentpunkt, so fällt der Kurs eines 7 %igen Wertpapieres auf 87,50; die Kursverluste sind also erheblich.

3.1.3 Die Entscheidungsbildung bei den Banken

Starker Differenzierung der Zinssätze zwischen den Kunden sowie raschen und häufigen Zinsänderungen steht die gesamte Organisationsstruktur der Banken entgegen. Da insbesondere Kreditverträge doch — vor allem betreffend Höhe, Laufzeit, Sicherheit — individuell verhandelt werden, und zwar durch eine relativ große Zahl von Angestellten — Personen also mit bloß abgeleiteter Entscheidungsbefugnis — sind, ähnlich der Entscheidungsbildung bei multinationalen Konzernen, relativ strenge Regeln für die Entscheidungsbildung und daher eine relativ starre Preisbildung notwendig.

Die schwerfällige Art der Entscheidungsbildung und Preisbestimmung und der relativ starke Zwang, Preisentscheidungen anderer Banken zu folgen, führt dazu, daß eine Zinserhöhung gegenüber den Kunden nur bei simultanem Vorgehen aller Banken durchzusetzen ist und dementsprechend später vollzogen wird, als das ohne Abstimmungsverhalten möglich wäre.

Tendenzen zur Steuerung des Kreditmarktes durch Rationierung resultieren aus allen vier beschriebenen Gründen — Organisation der *Kreditmärkte in Europa* (overdraft-economy, Kredit- statt Kapitalmarktfinanzierung, Universalbank), *Reaktion der Kreditnehmer auf Zinsänderungen* (Orientierung der Investitionen an permanenter Ertragsrate, Anschlußfinanzierung und Schwankungen der Ertragsrate wichtiger als Kreditzinssatz), *Folgen von Zinsänderungen für die Banken* (Möglichkeit des recontracting, bloß vorübergehende Mengeneffekte und Wahl möglichst wenig riskanter Projekte), sowie der *Form der Entscheidungsbildung der Banken.* Sogar auf dem dafür institutionell viel weniger anfälligen Obligationenmarkt dominiert — zumindest in Österreich[33] — die Rationierung über die Steuerung durch den Preis.

[33] Auch anderen Ländern dürfte eine Rationierung via „Kapitalmarktgespräche“, „Anleihekalender“, „grüne Tische“ und ähnliche Einrichtungen nicht fremd sein.

Es tritt also das interessante Phänomen auf, daß — obwohl es bei gegebener Liquiditätslage innerhalb jeder Bonitätsklasse kein Zins-Bonitäts-trade-off gibt[34] — die Bonitätsanforderung bzw. die Risikobereitschaft der Banken im Konjunkturverlauf doch schwankt: Je mehr die Überliquidität steigt, zu desto riskanteren Krediten finden sich die Banken letztlich doch bereit, so daß der Zinssatz relativ wenig sinkt und dementsprechend im Aufschwung dann relativ wenig steigt.

Statt die Kreditnachfrage durch entsprechend kräftige Variation der Kreditzinssätze zu steuern, lassen die Banken in der Hochkonjunktur lieber Warteschlangen entstehen und rationieren durch Kürzung bei den Kunden mit der schlechtesten Bonität bzw. bei den Verträgen, bei denen die Verschuldung bereits relativ groß ist[35]. Bei Überliquidität versuchen sie, Überschüsse auf dem ausländischen Geldmarkt unterzubringen, und zwar häufig zu dumping-Konditionen. Wenn die Kreditzinssätze trotz der Kreditrationierung im Konjunkturverlauf dennoch schwanken, dann aus zwei Gründen: Erstens machen sich die Banken durch ihre Geldmarktexporte (ins jeweilige Ausland) wechselseitig Konkurrenz und sind dadurch bei Konjunkturgleichschritt zwischen In- und Ausland gezwungen, ihre Inlandskonditionen den Konditionen ihrer ausländischen Konkurrenz anzupassen. Zweitens führt jede Kreditrationierung zu einem Liquiditätsbedarf der Wirtschaft, dementsprechend zu einem Rückgang der Einlagen und der Wertpapierkäufe des Publikums; die Wertpapierrendite steigt, die Habenzinsen müssen angepaßt werden und über eine mark-up-Kalkulation werden die Kreditzinssätze nachgezogen.

3.2 Zinsniveau und Zinsstruktur

Der *Zinsniveaueffekt* postuliert einen direkten Einfluß der Höhe der Kreditkosten auf die Ausgabenentscheidungen; empirisch ist er nach wie vor nicht unumstritten, obwohl sich in der ökonometrischen Literatur zunehmend Kreditzinskoeffizienten mit dem richtigen Vorzeichen feststellen lassen[36]. Von den Ausgabenkategorien konnten halbwegs ge-

---

[34] Es könnte argumentiert werden, daß der Schuldner bei Erreichung seiner Verschuldungsgrenze eben eine andere Bank mit lockeren Standards und höheren Zinsen sucht. Wenn sich jedoch die relative Größe der Banken nicht stark ändert, bleibt das auf Zins- und Bonitätsstruktur ohne weitere Folgen.

[35] Makroökonomisch wird die Rationierung dadurch erst effektiv, weil gerade diese Kunden in einer solchen Situation kaum auf Finanzierungsalternativen ausweichen können.

[36] Für Literaturangaben bezüglich Anlageinvestitionen siehe z. B. *R. Pohl:* Transmissionsmechanismen der Geldpolitik. Jahrbücher f. Nationalökonomie u. Statistik/190/1, (Feber 1976), S. 4; bezüglich Lagerinvestitionen: *G. Tichy:* Die Bedeutung der Lager für die Konjunktur. Teil A: Theoretische Überlegungen. Empirica Jg. 1976, H. 1, S. 23.

sicherte Elastizitäten am häufigsten bei den Bau- und Lagerinvestitionsentscheidungen, manchmal bei Anschaffungen dauerhafter Konsumgüter, seltener bei Maschineninvestitionen und Käufen nicht-dauerhafter Konsumgüter gefunden werden. Im Anschluß an die Ausführungen über Kreditrationierung muß allerdings betont werden, daß zwischen den Einflüssen der Zinshöhe und solchen quantitativer Beschränkungen ökonometrisch in der Regel nicht unterschieden werden kann. Meist sind die empirisch ermittelten Zinselastizitäten nicht sehr hoch; das ist nicht weiter verwunderlich, da die Schwankungen der Ertragsraten der Investitionen — wie erwähnt (siehe Anhang A) — und insbesondere die Schwankungen des Risikos — relativ zu den Schwankungen der Zinssätze sehr groß sein dürften.

Eher noch als ein quantitativ entscheidender Einfluß von Zinsänderungen auf das Niveau der Investitionen wäre zu erwarten, daß Änderungen der Zinssätze zur Vorziehung oder Aufschiebung von Investitionsvorhaben führen, um günstige Konditionen auszunützen und ungünstige zu vermeiden. Die Bedeutung eines solchen Verschiebungseffektes dürfte zum Teil wiederum von den institutionellen Bedingungen abhängen: Gibt es einen echten langfristigen Zinssatz, gilt also ein einmal vereinbartes Zinsversprechen für die gesamte Laufzeit des Kredites (ohne Kündigungsmöglichkeiten auf beiden Seiten), dann mögen solche Verschiebungseffekte einige Bedeutung haben, obwohl auch dann niedrige Zinsen häufig bloß zur Umschichtung von in Perioden hoher Zinssätze abgeschlossenen Zwischenfinanzierungen verwendet werden mögen. Gibt es hingegen — wie etwa in Österreich — keinen echten langfristigen Zinssatz, also wenig Verträge ohne Zinsänderungsmöglichkeit[37], dann fällt jeder Grund für Verschiebungseffekte von vornherein weg.

Stärker als auf die Investitions*entscheidung,* also die Durchführung bereits geplanter Investitionen, mögen Zinsniveau und Zinsänderung auf die Investitions*planung* wirken; dabei ist die Wahrscheinlichkeit, daß hohe Zinssätze abschreckend wirken, größer, doch dürfte auch für die Investitionsplanung die Verfügbarkeit von Fremdmitteln mehr Einfluß haben als die Kosten. *Zinsstruktureffekte* wirken einerseits über die Spanne zwischen den Ertragserwartungen der Kreditnehmer und den monetären Zinssatz, andererseits über die Spanne zwischen der Ertragsrate von Sach- und Finanzanlagen. Zwar schwanken die längerfristigen Ertragserwartungen der Unternehmer („permanent expectations") — wie argumentiert wurde — wahrscheinlich weniger stark als die Ertragsrate auf das Sachkapital, doch dürfte auch das noch genügen, um Transmissionswirkungen zuzulassen, die stärker sind als die über die

[37] Siehe dazu *G. Tichy:* Zu einigen wichtigen Strukturmerkmalen des österreichischen Kreditapparates. Österreichisches Bankarchiv IX/1977.

Geldmenge. Der zweite Mechanismus geht davon aus, daß steigende Kreditzinsen — wie Anhang A zeigt — meist mit steigenden Zinssätzen für Finanzanlagen verbunden sind. Steigt die Ertragsrate des Sachkapitals nicht entsprechend mit, kann sich daraus eine Tendenz zur Umschichtung der Vermögensbestände zu Gunsten des Finanzkapitals ergeben. Empirische Tests der Zinsstruktureffekte fehlen nach Wissen der Autoren weitgehend, doch lassen Abbildung 2 ebenso wie die Tatsache, daß deutsche und amerikanische Unternehmer[38] in letzter Zeit wenig in Sachkapital, dafür jedoch erhebliche Beträge in Finanzanlagen investierten, recht deutlich auf solche Zusammenhänge schließen. Zu dem Einfluß der Zinsstruktur auf die Wahl der Anlageart kommt möglicherweise noch ein Einfluß des Zinsniveaus auf die Wahl der Anlageform: Hohe Zinsen werden in der Regel kurzfristige Investitionen, niedrigere längerfristige Investitionen forcieren[39].

3.3 Umschichtungs-, Erwartungs- und Vermögenseffekte

Umschichtungseffekte werden sich in der Regel daraus ergeben, daß die von der Kreditrationierung betroffenen Kunden — und das werden in der Regel neue, nicht ortsansässige, solche mit schwächerer Kundenbeziehung oder solche mit einem der Bank weniger plausiblen Verwendungszweck des Kredits sein — versuchen werden, durch Reduzierung ihres Geldvermögens die Ausgaben dennoch durchzuführen. Der Versuch, Geldvermögen zu liquidisieren, wird zu einer Steigerung der Einlage- und Wertpapierzinsen führen, und, über den Versuch der Banken, mindestens eine konstante Zinsspanne zu halten, und erst recht bei der für Banken optimalen Zinsspannengestaltung (Anhang B), zu einer Verteuerung der Kredite von der Einlagenseite her. Wegen der Folgen der Kreditrationierung wird jedoch trotz der höheren Zinsen wahrscheinlich netto weniger Geldkapital gebildet als zuvor.

Verschiedene „*Vermögenseffekte*“[40], durch zinsbedingte Änderung der Bewertung des Vermögens oder durch Vermögensänderung via Einkommensänderung als Sekundärfolge der Kreditpolitik, werden sich beim Kredit-Transmissionsmechanismus ähnlich wie beim üblichen über die Geldmenge ergeben. *Erwartungseffekte* sind insoweit wahrscheinlich, als die Finanz- und Investitionsplanung auf die von den potentiel-

---

[38] Als Illustration sei die Bemerkung eines New Yorker Brokers zitiert: „Unsere einzigen zuverlässigen Kunden sind heute Gesellschaften, die ihre eigenen Aktien zurückkaufen.“ Frankfurter Allgemeine Zeitung, 20. 10. 1977.

[39] Siehe dazu: *W. Ehrlicher:* Geldkapitalbildung und Realkapitalbildung, Tübingen 1956; *E. Streissler:* Die Bedeutung von Investitionen für das Wirtschaftswachstum, WiPolBl. XVIII (1971), S. 5 ff.

[40] Siehe dazu *Pohl* loc. cit. S. 16 ff.

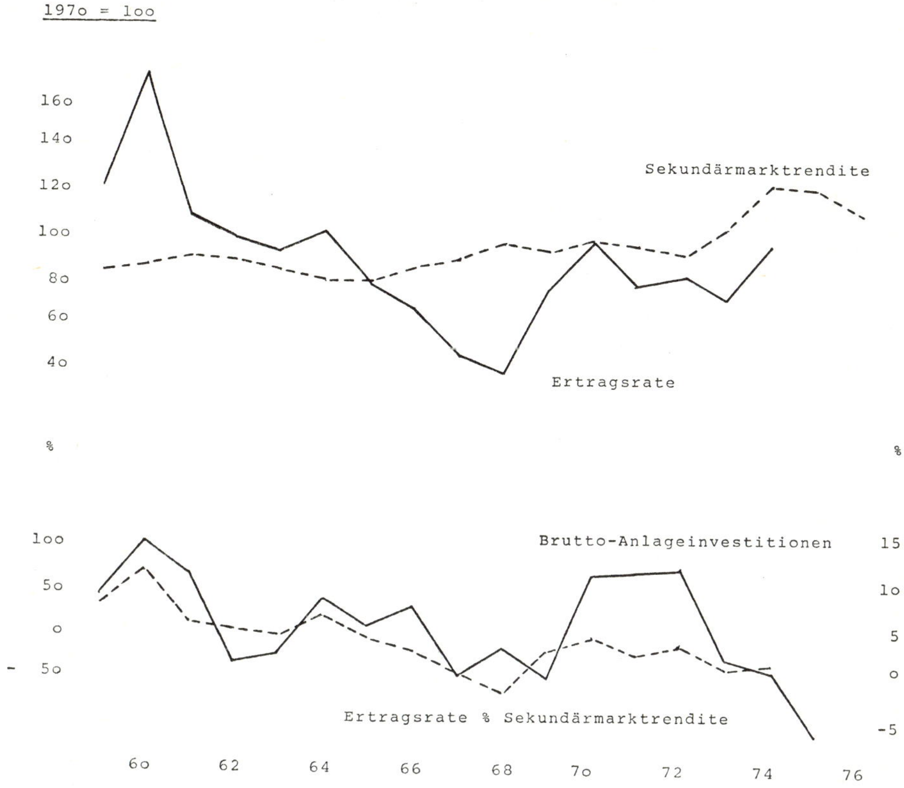

Q.: Anhang A

Abbildung 2

len Kreditnehmern erwartete Finanzierungslage abstellt. So werden größere Investitionsprogramme in der Regel mit der Hausbank auf ihre Finanzierbarkeit hin abgesprochen und mangelnde Finanzierungszusagen (Kreditrationierung) werden häufig dazu führen, daß Investitionsspläne überhaupt nicht gefaßt bzw. aufgeschoben werden, daß es also zu einer Diskrepanz zwischen Angebot und Nachfrage schon in der Planungsphase (ex ante) gar nicht kommt. Weiters wird die Erwartung knapperer Finanzierungsbedingungen zu einer Zwischenfinanzierung (je nach dem) führen. Abschließend wären noch die *Ausweicheffekte* zu erwähnen, die etwa in Zwischenfinanzierungen oder im Ausweichen auf Lieferantenkredite bestehen können, Aktionen, die in der Regel Bedarf an Krediten senken, bzw. die „Umlaufgeschwindigkeit" der Kredite „erhöhen".

4. Zeitlicher Ablauf und konjunkturelle Folgen

Im Konjunkturverlauf ergibt sich aus dem Zusammenwirken der in Abschnitt 3 beschriebenen Effekte folgender zeitliche Ablauf: Als Folge eines *expansiven* monetären Impulses, der zu einer Zunahme der Liquidität über das für notwendig erachtete Ausmaß führt, sieht sich der Kreditapparat aus Ertragsgründen zu zusätzlichen Anlagen veranlaßt. Üblicherweise wird er zunächst seine Geldmarktanlagen auszuweiten suchen, was zu einem raschen Sinken der Geldmarktzinssätze und zu einem Ausweichen auf Anlagen in Kapitalmarktpapiere führen wird; die Zinssenkungstendenz beginnt damit auf den längerfristigen Markt überzugreifen. Zugleich damit wird die Überliquidität auch auf den Markt der Buchkredite drängen, doch können dort die Banken zwangsläufig bloß eine passive Rolle spielen: Sie können anbieten, müssen aber im übrigen auf Kundenreaktionen warten, wogegen auf den organisierten Wertpapiermärkten zumindestens ein Teil der Anlageabsichten sofort verwirklicht werden kann. Ihre Bereitschaft, mehr und auch längerfristige Kredite zu gewähren, können die Banken auf verschiedenen Wegen an den Kunden herantragen: Durch verstärkte Werbung, die sich insbesondere bei Konsumkrediten als sehr erfolgreich erweist[41], durch das Anbieten von Sonderkrediten (Marktspaltung) oder durch Angebote an Kunden, deren Kreditansuchen vorher zurückgewiesen werden mußten, was indirekt eine generelle Senkung der Bonitätsanforderungen bedeutet. Die Bank kann ihre steigende Ausleihebereitschaft auch durch günstigere Zinssätze untermauern, doch erfolgt das — wegen der im vorigen Abschnitt erwähnten Folgen für die Verzinsung des Gesamtvolumens aushaftender Kredite — in der Regel erst in einer weiteren Phase, von Versuchen der Marktspaltung durch Sonderkreditaktionen wie erwähnt abgesehen. Zuerst wird also die Kreditrationierung mehr und mehr gelockert, erst als zweiter Schritt erfolgt eine Preissenkung. Der Wegfall der Rationierung und eine eventuell leichte Preissenkung werden zu gewissen Umschuldungsaktionen (Konsolidierung), insbesondere der Ablösung von Lieferantenkrediten durch Bankkredite und ceteris paribus (wenn sich die Konjunkturlage nicht zugleich verschlechtert hat) zur Vornahme mancher, bisher aus Mangel an Finanzierungsmöglichkeiten unterlassener Ausgaben führen; durch die Rückzahlung der Lieferantenkredite bessert sich die finanzielle Situation der Lieferanten-Kreditgeber, was in weiterer Folge zur Rückzahlung von Bankkrediten, zu zusätzlichen Geldeinlagen oder zu zusätzlichen Ausgaben führen kann. In der Regel wird eine günstigere Finanzierungssituation nicht sofort zu zusätzlichen Aus-

---

[41] Nach Aussagen von Praktikern führt eine Verstärkung oder Einschränkung der Werbung für Privatkredite binnen Monatsfrist zu merkbaren Wirkungen auf die Nachfrage der Kunden.

gaben führen, sondern erst zur Vorziehung von für später vorgesehenen Projekten, dann zur Planung von Ausgabenüberschüssen für die nächsten Rechnungsperioden. In der Planungsphase, also vor der Auftragsvergabe, sichern sich die Firmen in der Regel bloß die entsprechenden Kreditrahmen oder Promessen; Kredite werden unter Umständen vom *Produzenten* zur Finanzierung der Produktion in Anspruch genommen, vom *Investor* meist erst nach der Auslieferung. Abgesehen von allen anderen Einwänden kann daher die statistische Korrelation zwischen Kreditvolumen und Brutto-Nationalprodukt gar nicht sehr eng sein, weil auf der einen Seite die in Arbeit befindlichen Aufträge[42], auf der anderen Seite die Kreditrahmen und Promessen[43] vernachlässigt werden, die beide zwar nicht zur Gänze eingeschlossen werden dürfen, aber doch eine wohl erhebliche Rolle spielen.

Abgesehen von den Problemen mit in Arbeit befindlichen Aufträgen und verbindlichen Kreditzusagen, die vielfach die günstigste Form der Liquiditätsvorsorge sind, ist festzustellen, daß der monetäre Impuls der Liquiditätserhöhung bereits bei der Auftragsvergabe nachfragewirksam geworden ist; weder Kredit- noch Geldvolumen weisen jedoch in der Regel darauf hin, höchstens die ausgeweiteten Kreditrahmen. Erst mit der Kreditaufnahme und Bezahlung durch den Investor ist das Zwischenziel der Währungsbehörden auch statistisch erreicht, das Kreditvolumen, zugleich aber auch das Geldvolumen sind gestiegen. Wenn der Verkäufer den Erlös zu weiteren Ausgaben benützt, bleiben Geld- und Kreditvolumen auf ihrer neuen Höhe; bindet er einen Teil des Erlöses auf Termin- oder Sparkonten oder legt er ihn in Wertpapieren an, bleibt das Kreditvolumen hoch, das Geldvolumen sinkt jedoch wieder; zahlt er Kredite zurück, sinken Geld- und Kreditvolumen wieder auf ihren alten Stand.

Die nun zeitlich folgenden relativen Preiseffekte, Vermögenseffekte usw. werden hier vernachlässigt, weil sie für Geldmengen- und Kredit-

---

[42] In Arbeit befindliche Aufträge werden überhaupt nicht, Auftragsbestände nur für Industrie und Bauwirtschaft erhoben, wo sie allerdings die größte Bedeutung haben. Selbst 1974, in einem Jahr noch halbwegs guter aber bereits abflauender Konjunktur, machten die Auftragsbestände der österreichischen Industrie 52 % des Netto- und 19 % des Bruttoproduktionswertes aus, in der Bauwirtschaft 97 % und 68 %.

[43] Die nicht ausgenützten Kreditrahmen und Promessen erreichen etwa ein Viertel des aushaftenden Kreditvolumens. Im Konjunkturverlauf sind sie die viel rascher und stärker reagierende Größe. Im Zeitraum 1969/76 betrug der Variationskoeffizient der Kredite in Österreich 0.34, der nicht ausgenützten Rahmen 2.34, der Promessen 2.02. Rahmen und Promessen schwanken mit dem Kreditvolumen, eilen ihm jedoch insbesondere an den Wendepunkten voraus. Trotz dieses Vorauseilens war die Zuwachsrate der Rahmen und Promessen im letzten Jahr des Aufschwungs — obwohl sie bereits sank — noch immer höher als die der Kredite.

markttransmissionsmechanismus weitgehend identisch sind. Betont sei jedoch, daß Geld- und Kreditvolumen dann dieselbe Reaktion auf einen monetären Impuls zeigen, wenn es weder zu einer längerfristigen Bindung der zusätzlichen Erlöse, noch zu einer Kreditrückzahlung kommt.

Die Reaktionen auf einen *restriktiven* monetären Impuls sind im Verlauf ähnlich wie auf einen expansiven. Einige Unterschiede sind jedoch zu beachten: Der Kreditapparat *muß* auf einen restriktiven monetären Impuls reagieren, da es ihm sonst an Liquidität zur Aufrechterhaltung seiner Zahlungsbereitschaft fehlte und er einen Run der Einleger provozieren könnte; einem expansiven Impuls „muß" er hingegen nicht folgen, es ist das aus Ertragsgründen allerdings sehr ratsam. Die Kreditnehmer haben bei restriktiven Maßnahmen den zusätzlichen Spielraum ihrer Rahmen und Promessen, müssen nach deren Ausschöpfung aber auch zwangsläufig folgen, selbst wenn das zum Konkurs führt. Bei expansiven Impulsen hingegen bedarf es ihrer Mitwirkung, „sie können zum Wasser geführt werden, saufen müssen sie selbst".

Für die Konjunkturtheorie ist der Zusammenhang zwischen Liquidität, Kreditvolumen und einem Teil des Geldvolumens, nämlich der Bargeldhaltung des Publikums von besonderer Bedeutung: Die hohe Liquidität von Kreditapparat und Wirtschaft in der späten Rezession und im ersten Aufschwung führt gemeinsam mit den „realen Faktoren" (Erwartungen, Änderung der Einkommensverteilung, Akzelerator- und Multiplikatorimpulse) zu steigender Kreditnachfrage; die Liquiditätslage des Kreditapparates wird zunächst nicht berührt, weil der Kreditschöpfungsmultiplikator noch relativ hoch ist: Erstens ist der Bargeldabfluß im beginnenden Aufschwung niedrig, und zweitens ist das Risiko einer Liquiditätsknappheit für die Banken wegen der niedrigen Kosten und der leichten Erhältlichkeit von Geldmarkt- und Notenbankkrediten gering (Siehe Abschnitt 6). Auch profitiert der Kreditapparat davon, daß die Geldnachfrage nach deterministischen[44] wie stochastischen Überlegungen[45] in der Regel langsamer wächst als die Umsätze. Mit fortschreitender Konjunktur und Verschiebung der Einkommensverteilung zugunsten der Löhne steigt der Bargeldabzug selbst unter unserem System der bargeldlosen Gehaltszahlung, da Konsumtransaktionen noch immer zu einem höheren Teil in Bargeld getätigt werden; auch

[44] *W. J. Baumol:* The Transactions Demand für Cash: An Inventory Theoretic Approach. QJE LXVI (1952), S. 545 ff. verallgemeinert in *J. H. G. Olivera*, „The Square-Root Law of Precautionary Reserves", JPE LXXIX (1971), S. 1095 ff.

[45] *M. H. Miller-D. Orr:* A Model of Demand of Money by Firms. QJE XXX (1966), S. 426. *E. Streissler:* A Stochastic Model of International Reserve Requirements During Growth of World Trade, ZfN XXIX (1969), S. 347 ff.

das Liquiditätsrisiko der Banken steigt, der Kreditschöpfungsmultiplikator sinkt daher und die Kreditexpansion muß schon aus diesem Grunde zumindest langsamer werden, ohne daß es dazu Änderungen der Geldpolitik oder einer Verringerung des Zahlungsgleichschritts bedürfte, die in der Regel natürlich hinzutreten.

Zu untersuchen bleibt die Zwangsläufigkeit des Transmissionsmechanismus über den Kreditapparat: Zwar besteht wenig Zweifel, daß eine Reduzierung der Liquidität des Kreditapparates durch die Währungsbehörden via Kreditrationierung (also durch Erhöhung der Bonitätsanforderungen, Kreditkürzung bei neuen Kunden und solchen ohne stärkeren Bankkontakt) — trotz schleppenderen Tilgungen, steigendem Bedarf und eines Bremsweges durch die zusätzliche Ausnützung bereits eingeräumter Kreditrahmen — eine relativ rasche Wirkung zu erwarten ist. Wie steht es aber mit der expansiven Wirkung, mit dem Durchschlagen einer Liquiditätsverbesserung auf die Kreditversorgung? Muß es zu einer Belebung der Kreditnachfrage durch Wegfall der Rationierung und eine leichte Zinssenkung kommen? Der Wegfall der Rationierung, zusätzliche Werbung und günstigere Konditionen sind bloß ein Angebot; ob es von denen, die Ausgabenüberschüsse planen, angenommen wird oder nicht, hängt von diesen ab. Auch sind der Zinssenkung durch die in Phasen der Rezession meist relativ hohen Risikospannen Grenzen gesetzt, und gerade die jüngste Vergangenheit hat gezeigt, daß selbst negative Realzinssätze für Kredite die Investitionsbereitschaft praktisch nicht stimulieren können. Das ist durchaus verständlich, da — wie Anhang A zeigt — fallende Zinssätze meist gleichzeitig mit sinkender Grenzeffizienz des Kapitals auftreten, und selbst negative Grenzeffizienz bei ungenügender Kapazitätsauslastung leicht möglich ist. Eine „Liquiditätsfalle" auch auf dem Kreditmarkt[46] ist daher durchaus nicht unmöglich, aus manchen Gründen als längerfristiges Phänomen aber nicht unbedingt sehr wahrscheinlich: Selbst wenn der Zinsverfall auf dem Kreditmarkt wegen der Risikoprämie ins Stocken gerät, setzt er sich auf dem Rentenmarkt in Form von Kurssteigerungen infolge des hohen Anlagebedarfes des Kreditapparates fort und macht es der öffentlichen Hand leichter, antizyklische Ausgabenprogramme zu finanzieren; weiters führt der Zinsverfall über Schuldenfundierungen und -konsolidierungen zu neuen Verschuldungsmöglichkeiten und regt (in der Regel gemeinsam mit günstigeren Preisangeboten) zu Investitionen im frei finanzierten Wohnbau, zur Anschaffung

[46] Der Vergleich mit der Liquiditätsfalle ist im Detail unrichtig, da Kredit, der angeboten aber nicht nachgefragt wird, gar nicht entsteht, wogegen bei der Liquiditätsfalle das Geld physisch vorhanden ist.

von dauerhaften Konsumgütern, zur Aufstockung der Vorproduktenlager usw. an[47].

5. Vergleich der alternativen Transmissionsmechanismen über den Geld- bzw. Kreditmarkt

Die Indikatoren in der Einleitung haben gezeigt, daß der Konzentration auf den Transmissionsmechanismus über die Geldmenge die empirische Basis fehlt und ein Transmissionsmechanismus über den Kreditmarkt empirisch nicht auszuschließen ist; die theoretischen Überlegungen der Abschnitte 3 und 4 und ihre empirische Illustration haben gezeigt, daß unter den institutionellen Gegebenheiten Mitteleuropas eine Transmission über den Kreditmarkt durchaus möglich und in mancher Hinsicht sogar einfacher zu beschreiben ist als über das Geldvolumen. Wo liegen die Vor- und Nachteile der beiden Alternativen? Zunächst sind unterschiedliche Fragestellungen auseinanderzuhalten: Geht es darum, einen Indikator für die *Wirksamkeit der Geldpolitik* zu suchen, dann scheiden Geldvolumen wie Kreditvolumen aus; beide werden von den Dispositionen der Wirtschaftssubjekte zumindestens ebenso beeinflußt wie von der Wirtschaftspolitik. Als Indikator für den *Spielraum von Ausgabenentscheidungen,* die Möglichkeit der Wirtschaftssubjekte die Nachfrage autonom auszuweiten, sind die Geldmenge (Kassenreserven) bzw. die nichtausgenützten Kreditzusagen (Kreditrahmen und Promessen) von Bedeutung. Zur Beurteilung der *direkten und indirekten Wirkung (ex post) wirtschaftspolitischer Maßnahmen auf die Nachfrage* und damit als *Zwischenziel der Geldpolitik,* scheint das Kreditvolumen verschiedene Vorzüge aufzuweisen. Sie alle gipfeln letzlich darin, daß Kredite nur von den Wirtschaftssubjekten in Anspruch genommen werden, die Ausgabenüberschüsse finanzieren, wogegen die Kassenbestände nicht nur für Transaktionszwecke gehalten werden, sondern auch als Reservegröße fungieren. Damit soll nicht behauptet werden, daß der Zusammenhang zwischen Krediten und Güterwirtschaft sehr eng und straff ist — auf seine Schwächen wird Abschnitt 6 noch im Detail eingehen — er dürfte aber doch erheblich straffer sein als der über das

---

[47] Siehe *J. S. Duesenberry:* Business Cycles and Economic Growth, New York etc. 1958, Kap. V (Sources of Funds and the Cost of Capital) und VII (Investment in Housing). Amerikanische Studien finden bei der Hypothekarfinanzierung von Hausanschaffungen keine Beweise für die Rationierung; verständlich, da hier ein besonders geringes Maß von Risiko vorliegt; siehe z. B. *A. H. Meltzer,* „Credit Availbility and Economic Decisions: Some Evidence from the Mortgage and Housing Markets", JF XXIX (1974) S. 763 ff. Nach ihm haben freilich günstigere Hypothekarkredite auch keinen Einfluß auf die reale Hausnachfrage, sondern nur Einfluß auf die Höhe der Eigenfinanzierungskomponente. Das hieße jedoch, daß sie sich auf *andere* Konsumausgaben stimulierend auswirken müßten.

Geldvolumen. Im einzelnen lassen sich folgende Argumente dafür anführen:

a) Die Kredittheorie disaggregiert viel stärker: Im Gegensatz zu den globalen Transmissionsüberlegungen der Geldtheorie konzentriert sich die Kredittheorie auf die Wirtschaftssubjekte, die Ausgabenüberschüsse finanzieren müssen[48]. Die Geldtheorie hingegen unterscheidet nicht zwischen den Wirtschaftssubjekten, die die zusätzliche Kasse halten und denen, die sie ausgeben wollen. Das ermöglicht zwar, auch die — stark verzögerten — Reaktionen der Wirtschaftssubjekte auf ungewollt hohe Kassenbestände zu beschreiben, nicht jedoch, wie diese Kassenbestände in den Händen des Publikums gekommen sind. Stets wird dazu staatliche Budgetpolitik (Keynes) oder ein banknotenverstreuender Hubschrauber (Friedman) benötigt. Detailliertere Untersuchungen lassen vermuten, daß — entgegen der Ansicht des strengen Monetarismus — die Quellen der Veränderung des Geldvolumens für Ausgaben, Einnahmen und Zahlungsbilanz durchaus von Bedeutung sind[49].

b) Erhebliche Substitution zwischen M1 und anderen Finanzlagen: Kredite und Ausgaben sind komplementär, Geld bzw. sonstige Finanzlagen und Ausgaben hingegen substitutive Größen. Für den Bankkredit sind bloß Auslands-, Wertpapier- und Lieferantenkredite engere Substitute, für den „Gesamtkredit" allein die Lieferantenkredite[50]. Eine detallierte Untersuchung des Lieferantenkredits hat jedoch gezeigt, daß auch er die Wirkungen monetärer Impulse bestenfalls verzögern kann. In Zeiten restriktiver Geldpolitik mag zwar der Wunsch nach mehr Lieferantenkredit bestehen, kann aber nicht realisiert werden. Ganz im Gegenteil gehen die Lieferantenkredite in solchen Phasen relativ sogar zurück, und zwar auch bei großen Aktiengesellschaften[51].

Für Geld *(M1)* hingegen, das ja nicht nur Transaktions-, sondern auch Spekulations- und Vorsichtsfunktionen zu erfüllen hat, sind alle anderen Einlageformen (Termineinlagen, Spareinlagen) und Wertpapiere enge Substitute. Der unterschiedliche Grad der Substituierbarkeit wurde sogar zum Kernpunkt verschiedener Theorien: Der Radcliffe-Report

---

48 In diesem Sinne ist der Monetarismus viel globaler als der Keynesianismus.

49 Siehe dazu z. B. W. L. *Silber* (Monetary Channels and the Relative Importance of Money Supply and Bank Portfolios. JF XXIV/1 (1969) pp. 81 ff.); er zeigt, daß etwa ein Offenmarktkauf bereits existierender Wertpapiere weniger expansiv wirkt als Direktkredite.

50 Die Ähnlichkeit der Korrelationen in der Einleitung, die alternativ Privat- und Gesamtkredite verwenden, lassen vermuten, daß die Substitution innerhalb der Kreditgröße — offenbar aus institutionellen Gründen — nicht sehr groß sein dürfte.

51 V. *Timmermann:* Lieferantenkredit und Geldpolitik. Berlin-New York 1971, S. 90, 97 f, 113 f.

etwa nimmt ein kontinuierliches Spektrum von Substitutionsbeziehungen von Geld als liquidestem bis zu schwer verwertbaren Formen des Sachkapitals als illiquidesten Vermögensbestandteilen an; Hicks geht von einer engen Substitution zwischen Geld und Bonds aus, die Monetaristen leugnen diese Ähnlichkeit und betonen in Überschätzung des Transaktionsmotivs die Einzigartigkeit des Geldes. Im allgemeinen wird Geld desto weniger für ersetzbar gehalten, je stärker das Transaktionsmotiv betont wird; Vorsichts- und Spekulationskasse werden hingegen häufig in den zwar möglicherweise nicht sofort liquidisierbaren, doch zinstragenden Einlagenformen gehalten oder durch Kreditlinien und Promessen ersetzt. Die Argumentation mit der Einzigartigkeit und Unersetzbarkeit des Geldes, selbst als Transaktionsmedium, ist empirisch stark umstritten[52], geht häufig von US-amerikanischen Institutionen aus und übersieht die konkurrierende Bedeutung (vielfach sogar nichtverzinslicher) Kreditlinien und offener Kreditrahmen[53].

Die enge Substituierbarkeit zwischen verschiedenen Finanzaktiva kommt schon dadurch zum Ausdruck, daß es keine unumstrittene Definition der Geldmenge gibt und das Spektrum von *M 1* (Bargeld und Sichteinlagen) bis zum extremen *M 7* (fast alle Finanzanlagen) reicht. Die Definition von Geld als „checkable accounts", als Konten, von denen aus Überweisungen durchgeführt werden können, ist nur technisch-juristisch, nicht aber ökonomisch sinnvoll. Kredit hingegen ist in der gewählten Aggregation klar definiert (weniger gilt dies für die Kreditlinien), weil es nicht nur viel weniger Substitute gibt, sondern auch weil nicht benötigte Kredite wegen der hohen Kosten in der Regel sofort zurückgezahlt werden (siehe dazu Punkt e). Um den Transmissionsmechanismus von monetären Impulsen zu zusätzlichen Ausgaben mit Hilfe von *M* ähnlich exakt zu beschreiben wie mit Hilfe des Kreditvolumens, müßten Aggregate wie *M3* oder *M4* gewählt werden[54]. Dieses Aggregat würde auch der Größe nach dem Kreditvolumen nahekommen, während *M1* — wie erwähnt — bloß ein Drittel des Kreditvolumens ausmacht.

c) Das Kreditvolumen ist weniger komprimierbar als das Geldvolumen: Das Kreditvolumen hängt als Finanzierungsgröße mit den Ausgaben der Wirtschaftssubjekte und mit ihrer Planung eng zusammen.

[52] *E. L. Feige — D. K. Pierce:* The Substitutability of Money and Near-Monies: A Survey of the Time-Series Evidence. JEL XV/2 (June 1977), S. 439.

[53] Es sei hier auf die norwegische Praxis verwiesen, die Kreditlinien zur Geldmenge zu rechnen. Auch dabei handelt es sich natürlich nur um eine Teillösung, da sie etwa Überziehungsmöglichkeiten von Girokonten oder Ausgabenrahmen — etwa durch Kreditkarten — nicht erfassen kann.

[54] Über die damit verbundenen Nachteile siehe: *A. Oberhauser:* Liquiditätstheorie des Geldes als Gegenkonzept zum Monetarismus. Kredit und Kapital. 10. Jg. H. 2, (1977), S. 210 f.

Das Geldvolumen hingegen ist eine Reservegröße, die Planungsfehler und Unvorhergesehenes auffängt[55]. Reservegrößen schwanken zwangsläufig viel stärker als Finanzierungsgrößen, da sie nur teilweise geplant und stark komprimierbar sind; sie hängen bloß beschränkt mit der Nachfrage bzw. Ausgaben zusammen. Gemäß dem Charakter der Kredite als Finanzierungsgröße setzt der über sie laufende Transmissionsmechanismus weniger und auch weniger einschränkende Annahmen über die Erwartungsbildung voraus, als der über die Planungs- und Reservegröße Geldvolumen. Die *unsicherheits*theoretische Komponente, die in Europa fast unabschätzbar groß ist, ist in den USA viel eher kalkulierbar, da die US-Märkte wegen ihrer geringen Außenhandelsabhängigkeit und dem dominierenden Einfluß der *eigenen* Wirtschaftspolitik viel überschaubarer und kalkulierbarer sind[56].

d) Kreditkosten zwingen zu strafferer Planung als Opportunitätskosten der Geldhaltung: Der relativ straffe Zusammenhang zwischen Kreditvolumen und Ausgaben ergibt sich wohl nicht zuletzt daraus, daß für Kredite erhebliche Zinsen zu zahlen sind, und — zumindestens in den meisten Staaten Kontinentaleuropas — in der Regel eine jederzeitige Rückzahlungsmöglichkeit gegeben ist, so daß — von Ausnahmefällen abgesehen — nie mehr Kredit in Anspruch genommen als unbedingt benötigt wird[57]. Die Kosten der Geldhaltung hingegen sind relativ gering, da die kurzfristige Bindung kleinerer Beträge wenig Zinsen und dafür einen gewissen Arbeitsaufwand (Einlage und Abhebung) erfordert. Soweit die Geldtheorie anderer Meinung ist, geht sie offenbar von dem atypischen[58] Fall eines Großunternehmens mit Finanzdirektor aus, der nicht nur vollständigen Marktüberblick hat, sondern bei dem die Informations-, Kontroll- und Transaktionskosten infolge der Höhe der bewegten Beträge relativ zur Zinsdifferenz nicht ins Gewicht fallen. Privatpersonnen hingegen werden die Opportunitätskosten der Kassenhaltung bestenfalls bei Gehaltkonto-Überziehungen bewußt, oder besser, wenn die Zinsen dafür in Rechnung gestellt werden.

Überhaupt haben sich geldtheoretische und insbesondere Transmissionsüberlegungen bisher viel zu viel mit *dem* Zinssatz und viel zu wenig mit der Zins*spanne* beschäftigt: Angebots- und Nachfragepreis

---

[55] *E. Streissler:* Menger's Theory of Money and Uncertainty — A Modern Interpretation. In: J. R. Hicks und W. Weber, Carl Menger and the Austrian School of Economics, Oxford 1973, S. 164 ff.

[56] Das war eine wesentliche Voraussetzung für die viel bereitwilligere Aufnahme des Monetarismus in den USA.

[57] Das gilt zwar nicht für Darlehen, doch dürfte jedes Unternehmen (und sogar jeder Haushalt) genug Kontokorrentkredite und Überziehungsmöglichkeiten (eines Girokontos) haben, daß das Gesamtkreditvolumen den Bedürfnissen einseitig zumindest nach unten jederzeit angepaßt werden kann.

[58] Atypisch in bezug auf den Anteil an der gesamten Kassenhaltung.

von Liquidität (Einlagen- und Kreditzinssatz) klaffen weit auseinander, insbesondere die Opportunitätskosten der Geldhaltung sind daher in vielen Fällen relativ zu den Kreditkosten mehr oder weniger zu vernachlässigen[59]. Wieder dürfte es sich dabei um einen institutionellen Unterschied handeln, da im anglo-amerikanischen Wirtschaftsraum die Zinsspanne wegen der viel geringeren Gratisdienstleistungen (Kreditrahmen, Überziehungsmöglichkeit, kostenlose Überweisungen) viel knapper, ihre Vernachlässigung daher eher gerechtfertigt ist[60].

e) Keine Verzögerungen zwischen Krediten und Ausgaben: Die Komplementaritätsbeziehung zwischen Krediten und Ausgaben führt zu etwa gleichzeitigen Änderungen der beiden Aggregate (die nicht ausgenützten Rahmen und die Promessen eilen sogar voraus), wogegen zwischen den Veränderungen von Geldmenge und Ausgaben meist eine nicht unerhebliche Zeitverschiebung besteht; der ungewollt (unerwartet) hohe Kassenbestand setzt erst einen Entscheidungsprozeß in Gang, der zu höheren Ausgaben führen *kann.* Die Verzögerung ist daher nicht nur lang, sondern je nach Konjunkturlage und Erwartungshaltung (siehe Punkt c) auch variabel. Demgemäß ist das Geldvolumen eher ein Indikator für die *Absichten* der Wirtschaftspolitik, unbeschadet davon, ob die Wirtschaftssubjekte sich diesen Absichten konform verhalten[61], wogegen das Kreditvolumen Wirkungen auf die Ausgaben direkt, also schon einschließlich der Reaktionen der Wirtschaftssubjekte zeigt.

f) Kreditvolumen als monetäres Zwischenziel bei bloß beschränkt flexiblen Wechselkursen: Entgegen zahlreichen Behauptungen bilden sich die Wechselkurse in so gut wie keinem Land frei. Überall wird in erheblichem Maße interveniert und insbesondere Kleinstaaten richten ihre Wechselkurspolitik gemäß der Theorie des optimalen Währungsgebietes[62] an der Kursrelation zu ihren Handelspartnern aus. Für solche Länder — und das sind mehr als üblicherweise angenommen wird — ist wegen der offenen außenwirtschaftlichen Flanke des Inlandskreditvolumen eine zweckmäßigere Zielgröße der Wirtschaftspolitik[63].

---

59 Dazu kommt eine weitere Differenzierung zwischen Ertragsrate auf das Sachkapital und monetären Zinssätzen durch die unterschiedliche Besteuerung von Investitionen (Betriebsausgaben), Doppelbesteuerung der Eigenkapitalkosten und unterschiedliche Besteuerung der Zinserträge.

60 Höhe und Entwicklung der Zinsspanne werden von zahlreichen Faktoren bestimmt. Die deutsche These, daß die Zinsspanne mit steigenden Zinssätzen fällt und mit fallenden Zinssätzen steigt, ist viel zu einfach und wird durch die Daten, insbesondere seit die Sätze wieder fallen, nicht bestätigt (siehe die Tabelle im Anhang A).

61 Sie haben etwa bei der Absicht nach expansiver Wirtschaftspolitik die zusätzliche Geldmenge gehortet oder bei restriktiverer ihre Kassenbestände reduziert.

62 Siehe dazu: Y. *Ishiyama:* The Theory of Optimum Currency Areas: A Survey. IMF Staff Papers XXII/2 (July 1975).

g) Institutionelle Gegebenheiten in Mitteleuropa lassen den Geldmarkt als nicht repräsentativ erscheinen: Die Liquiditätshaltung in Form von Kreditlinien, der de-facto-Ausschluß von Nicht-Banken vom Geldmarkt und die Konzentration der Geldmarktgeschäfte auf wenige Geschäftsbanken und die Spitzenindustrie der Sektoren, lassen die europäischen Geldmärkte relativ klein und umsatzschwach erscheinen. Sie sind zur Bildung repräsentativer Preise, die die gesamten Beziehungen zwischen Geld- und Güterwirtschaft regeln, recht wenig geeignet.

Schwächen weist der Transmissionsmechanismus über die Kredite und damit auch die Verwendung des Kreditvolumens als Zwischenziel der Geldpolitik überall dort auf, wo — soferne man nicht das Gesamtaggregat wählt — Substitutionen von Auslands-, Wertpapier- und Lieferantenkrediten stattfinden, oder wo der Lieferant des Kreditnehmers mit dem Erlös Kredite tilgt. Dabei handelt es sich um das Phänomen, das Stützel als Spreizwirkung bezeichnet: Zahlungen an Kreditnehmer, die dadurch in die Lage versetzt werden, ihre Kredite zurückzuzahlen, verringern die Spreizwirkung (größerer Zahlungsgleichschritt), geringerer Zahlungsgleichschritt vergrößert sie. Empirische Tests der Bedeutung der Spreizwirkung sind den Autoren kaum bekannt. Die wenigen[64] messen sie an der Relation von Brutto- und Nettovermögensbildung der Sektoren, was nur in Ländern mit ausgebauter Geldstromrechnung möglich ist und auch dort auf arbiträren Zurechnungen beruht[65]. Hier wurde die Spreizwirkung daher — aushilfs- und annäherungsweise — durch die jährliche Streuung der Wachstumsraten der Industriebranchen bzw. der Wertschöpfung der Sektoren der volkswirtschaftlichen Gesamtrechnung geschätzt. Grafik 3 zeigt deulich Konjunktur- (aber auch längerfristige) Schwankungen der so definierten Spreizwirkung. Ihre Bedeutung ergibt sich daraus, daß sie die Residuen der Beziehung zwischen Inlandskrediten und Brutto-Nationalprodukt zu etwa einem Drittel erklären kann.

---

[63] Siehe dazu auch: *Bank für internationale Zahlungsausgleich.* 47. Jahresbericht (Basel, 13. Juni 1977), S. 170 f. Entsprechend findet auch *M. Gal,* „Erfahrungen der Schweiz mit der Kreditplafondierung“ KK 4. Jg., (1971), S. 195 ff., hier S. 210 ff., daß für die Schweiz Kredite stark mit Leistungsbilanzdefiziten korrelieren.

[64] Für die wenigen Beispiele: *Sachverständigenrat zur Begutachtung der gesamtwirtschaftlichen Entwicklung:* Stabilität im Wachstum (Jahresgutachten 1967/68) Stuttgart-Mainz 1967, TZ 204 und Schaubild 35; *H. Kleinewefers:* Die Politik der Deutschen Bundesbank in dem Konjunkturzyklus 1964 bis 1968. Kredit und Kapital 3. Jg. H. 1, (1970), S. 71 ff.

[65] Siehe dazu: *G. Tichy:* Einige Bemerkungen zur Geldstromrechnung — Gegenwärtiger Stand und künftige Möglichkeiten. In: G. Bombach Hrsg.: Studien zur Geldtheorie und monetäre Ökonometrie. Berlin 1972, S. 194 ff.

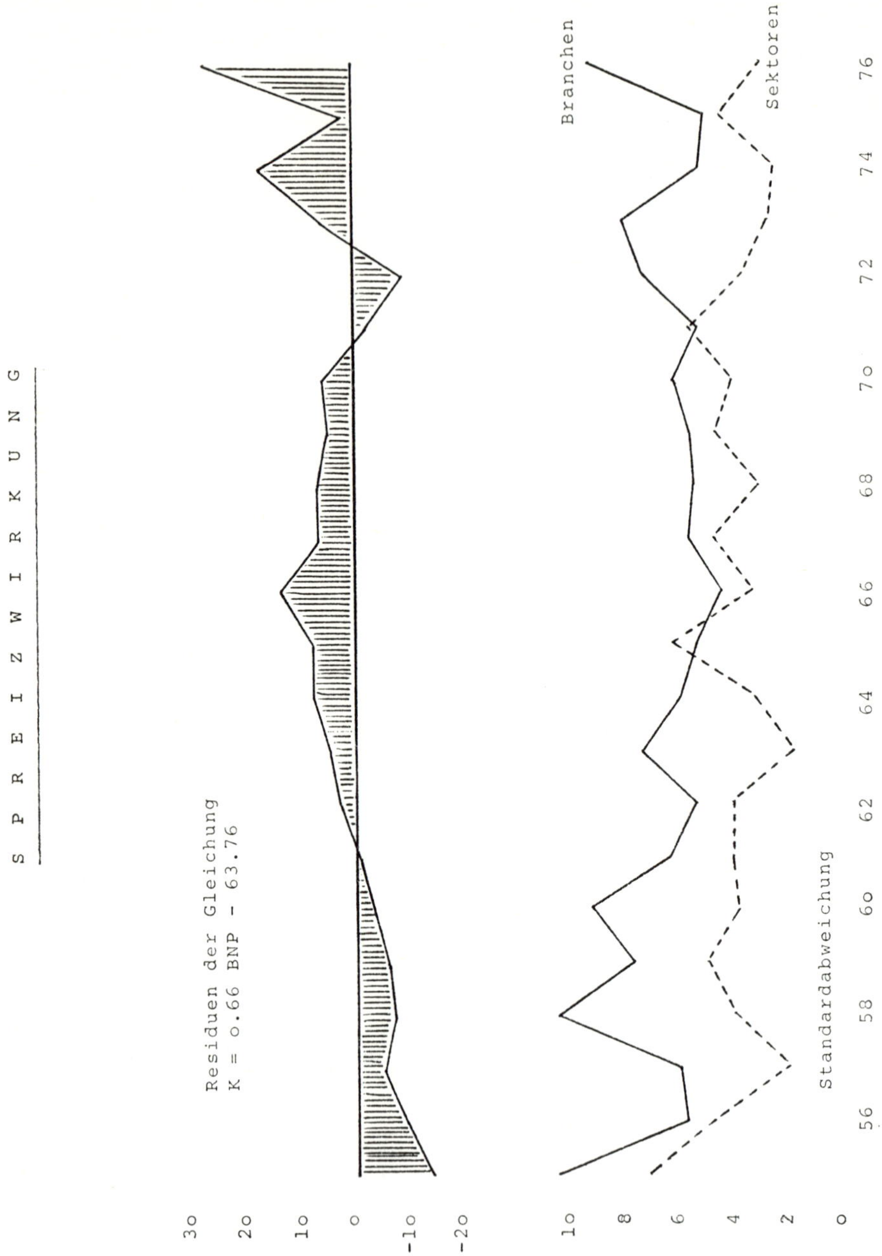
S P R E I Z W I R K U N G
Residuen der Gleichung
K = o.66 BNP - 63.76
3o
2o
1o
o
-1o
-2o
Branchen
Sektoren
Standardabweichung
1o
8
6
4
2
o
56
58
6o
62
64
66
68
7o
72
74
76

Abbildung 3

6. Gründe für die Variabilität der Transmission der Kredite

6.1 Überblick

Die vorangegangenen Abschnitte sollten zeigen, daß monetäre Transmissionen auf reale Größen stärker über die Kredite als über eine Geldmenge wirken dürften, zumindestens für manche Länder. Dieser Abschnitt soll hingegen begründen, warum selbst diese Transmission über die Kredite in ihren quantitativen Wirkungen, sei es auf das nominelle oder das reale Sozialprodukt, sei es auf die Investitionen, sei es auf die Beschäftigung, als variabel verstanden werden muß. Anders ausgedrückt entspricht einer Währungseinheit zusätzlichen Kredites *keineswegs* ein *gleichbleibendes Vielfaches* (oder gleichbleibender Bruchteil) zusätzlichen Sozialproduktes oder zusätzlicher Investitionen beziehungsweise ein gleichbleibendes Maß zusätzlicher Beschäftigung. Dies geht auf drei Typen von Ursachen zurück:

Erstens ist, entgegen simplifizierender Lehrbuchdarstellung, *der Kreditschöpfungsmultiplikator der Banken recht variabel.* Diese Tatsache ist primär Grund für den variablen Zusammenhang zwischen monetärer Basis und Krediten. Sekundär ist sie aber auch mit ein Grund für den variablen Zusammenhang zwischen Krediten und realen Größen. Variationen des Kreditschöpfungsmultiplikators sind Veränderungen der Kreditangebotsfunktion der Banken. Diese führen zu Umschichtungen in der relativen Zusammensetzung der Finanzanlagen und damit in der Struktur ihrer Preise, in der Zinsstruktur. Das hat reale Wirkungen. Variationen im Kreditschöpfungsmultiplikator führen aber auch zu Umschichtungen zwischen den Kreditnehmern, den Bankkunden: Angebotsänderungen, die von den Banken ausgehen, sind ja zum Teil nur dadurch möglich, daß weniger bevorzugte Kundentypen verstärkt oder vermindert versorgt werden. Umschichtungen in den Kunden sind aber auch Umschichtungen in den jeweils finanzierten Güterströmen.

Damit sind wir beim zweiten Typus von Variabilitäten der Transmission der Kredite auf reale Größen angelangt: Sei es durch Variationen des Angebotsverhaltens der Banken bedingt, sei es ausgelöst durch Verhaltensveränderungen der außerbankmäßigen Wirtschaftssubjekte, die zu einer Veränderung der relativen Nachfrage nach Krediten führen, werden die Kredite von unterschiedlichen Kreditnehmern aufgenommen, die mit diesen *unterschiedliche Güterströme* finanzieren. Importneigungen, kurzfristige Multiplikatoren und Beschäftigungswirkungen sind jedoch nicht invariant gegenüber der Güterstruktur: Ein Industrieinvestitionskredit hat andere globale Effekte als die gleiche Summe von Privatkrediten zur Finanzierung der Käufe dauerhafter Konsumgüter. Die Veränderungen in Kreditangebot und Kreditnachfrage, die mit Veränderungen in der finanzierten Güterstruktur einhergehen, schlagen sich in Globalmaßen, die stets Durchschnittsgrößen über verschiedene Feinstrukturen sind, unterschiedlich nieder.

Schließlich löst drittens eine gegebene Güternachfrageplanung selbst bei dem gleichen Typus von Wirtschaftssubjekten und bei dem gleichen Typus nachgefragter Güter eine von Zeit zu Zeit verschiedene Kreditnachfrage aus. Da aber unterschiedliche Kreditnachfrage nicht nur zu einer Preisvariation der Kredite, sondern auch zur Veränderung ihrer Menge führt, da also die aus der Güternachfrage resultierende unterschiedliche Kreditnachfrage im Regelfall zu gutem Teil befriedigt wird, gibt es aus Gründen der zeitlichen *Nachfragevariabilität* nach Krediten bei ähnlichen realen Prozessen ein Spiel in der Transmission der Kredite zu realen Größen.

Die drei geschilderten Typen von Variabilitäten der Transmission der Kredite, jeweils Spielräume in einer exakt gleichbleibenden Relation zwischen Kredit und realer Größe, können wir das *Kreditangebotsspiel*, das *Kreditstrukturspiel* und das *Kreditnachfragespiel* in der Transmission nennen.

6.2 Das Kreditangebotsspiel der Transmission:

Die übliche Lehrbuchtheorie des Kreditschöpfungsmultiplikators der Geschäftsbanken — abhängig von Mindestreserven der Banken und Barzahlungsneigung des Publikums in allbekannter und daher nicht rekapitulationsbedürftiger Manier — krankt an zwei entscheidenden Mängeln: Erstens tut sie so, als ob eine technische Kapazitätsgrenze[66] identisch wäre mit dem Wahlverhalten bezüglich des tatsächlichen Kreditangebots der Banken. In Wirklichkeit ist jedoch das Kreditangebot der Banken ein *Reservehaltungsproblem*, das bestimmt wird einerseits durch deren Annahmen über die Wahrscheinlichkeitsverteilungen der Zu- und Abströme von Geld und andererseits durch die von den Banken gewählten Sicherheitsgrenzen des Zahlungsrisikos sowie ihren Opportunitätskosten bei Illiquidität, alles Größen, die im Konjunkturverlauf verändert werden müssen. Mit einem Wort handelt es sich um eine Ertrags-Kosten-Optimierung in einem stochastischen Prozeß. Die übliche, die Streuung der Zahlungsströme außer Acht lassende, exakt

[66] Diese kann bei optimalem, d. h. gewinnmaximierenden Verhalten im übrigen nie erreicht werden. Siehe *D. Orr* und *W. G. Mellon*, „Stochastic Reserve Losses and Expansion of Bank Credit", AER LI (1961), S. 614 ff., hier S. 618 f. Ein interessantes, aber auch absichtlich sicherheitstheoretisch ausgerichtetes neues Modell des Kreditschöpfungsmultiplikators, in dem aus einer Kreditproduktionsfunktion der Bank der übliche Multiplikator als die kostenoptimale Größe statt als technische Grenze abgeleitet wird, bringt *T. R. Saving*, „A Theory of the Money Supply with Competitive Banking", JME 3 (1977), S. 289 ff.

mathematische Ableitung kann man manchmal als die Grenzverteilung eines Zufallsprozesse nach unendlich langer Zeit interpretieren, obwohl dies gerade im Falle des Kreditschöpfungsmultiplikators nur unter unsinnigen Annahmen möglich wäre[67]. Der zweite Fehler des Kreditschöpfungsmultiplikators des Lehrbuches liegt jedoch darin, daß gerade für die Untersuchung der zeitlichen Variabilität der Kreditschöpfungsmöglichkeit der Banken die stationäre Grenzverteilung ihres Reservehaltungsproblems nicht das relevante Konzept ist. Vielmehr muß hier der *zeitabhängige,* noch nicht im Gleichgewicht befindliche Zufallsprozeß untersucht werden.

Greifen wir das zweitgenannte Problem zuerst auf. Der Kreditschöpfungsmultiplikator des Lehrbuches geht hier von einer unzulässigen Dichotomisierung aus: Einerseits von der Bank gewährte Kredite, die voll und sofort abfließen, andererseits — je nach Darstellung — Einlagen oder doch deren Bodensatz, die voll und für immer der Bank verbleiben. In Wahrheit sind sowohl die Kredite wie die Einlagen Konten von Kunden bei der Bank, Konten, die nur einem *graduell* verschiedenen Schicksal unterliegen.

Bei den Krediten kommt es freilich auf ihre Definition beziehungsweise auf die Buchungsweise an. Wird ein Kredit erst dann als solcher definiert bzw. verbucht, wenn er tatsächlich in Anspruch genommen wird, dann natürlich ist Kredit und Geldabfluß von der Bank für eine atomistisch kleine Bank ein und dasselbe (für eine große Bank, zumal in einem kleinen Land, freilich auch dann nicht: Mit von Null verschiedener Wahrscheinlichkeit bleibt hier der Kredit eine bloße bankinterne Umbuchung[68]). Anders jedoch, wenn wir den Kreditschöpfungsmultiplikator auf Kreditlinien oder Kreditpromessen, ausgenützte und unausgenützte, als relevante Größe beziehen. Hier ist der Kreditschöpfungsmultiplikator der Banken bei hoher Liquidität der Wirtschaftssubjekte (weitgehend ident mit Rezession) hoch, weil eben nicht damit gerechnet werden muß, daß alle Promessen gleich in Anspruch genommen werden. In der Hochkonjunktur und der in der Finanzklemme, sinkt er hingegen möglicherweise stark, weil dann auf alte Kreditlinien zurückgegriffen wird.

[67] Nämlich dann, wenn die Reserven der Bank unendlich groß sind oder wenn es keinerlei Kosten der Illiquidität gäbe oder keinerlei Variabilität der Auszahlungsströme. Siehe *Orr* und *Mellon,* AER 1961, loc. cit. oder *M. H. Miller* — *D. Orr,* „A Model of the Demand for Money by Firms", QJE XXX (1966), S. 413 ff.

[68] Daher leiten *Orr* — *Mellon,* AER 1961, loc. cit., S. 620 mit Recht ab: „Total expansion of credit will be affected by the way in which new reserves are initially distributed among the banks". Eine Gleichverteilung der Reserven auf viele kleine Banken ist der ungünstigste Fall für eine Kreditexpansion!

Noch bedeutsamer ist das Problem der Einlagen. Es ist wohl bekannt, daß langfristig die Banken nicht mehr versuchen können, als den bei ihnen verbleibenden Bodensatz von Einlagen auszuleihen. Faßt jedoch jemand den Entschluß, eine neue oder eine zusätzliche Einlage bei einer Bank zu tätigen, so gibt er gerade damit zu erkennen, daß er beabsichtigt, diese Einlage nicht gleich (bis auf den Bodensatzbruchteil) wieder abzuheben. Der „Bodensatz" bezüglich *Neueinlagen* ist daher *zeitweilig* höher, bis sich nach einiger Zeit erst das durchschnittliche Abhebeverhalten eingependelt hat. Dies gilt insbesondere von Spar- und Terminkonten. Aber auch zusätzliche Einzahlungen auf einem Girokonto, die jemand erleidet, können anfänglich länger liegen bleiben, dann nämlich, wenn es sich um ein kleineres oder mittleres Wirtschaftssubjekt handelt, das sein Girokonto nur in Abständen näher kontrolliert und überdenkt. Selbst wenn die Regel gilt, Sichteinlagen jedesmal dann in höher verzinsliche Anlagen zu transferieren, wenn eine bestimmte vorgegebene Grenze eines Kontostandes erreicht wird, verbleibt auf diesem Konto dann tendenziell mehr, wenn es sich immer wieder zu dieser Grenze aufbaut, als wenn das nicht der Fall ist, das Konto vielmehr nur um Null fluktuiert[69].

Wir kommen also zu dem Schluß: Ein zusätzlicher Einstrom von Einlagen in die Banken erhöht nicht nur die Basis, auf die der Kreditschöpfungsmultiplikator wirkt, er erhöht vielmehr zeitweilig auch den möglichen Kreditschöpfungsmultiplikator selbst, solange nämlich, bis sich in bezug auf diese neuen Einlagen der übliche Bodensatz eingespielt hat. Aus demselben Grunde, aus dem bei gleichmäßig steigendem Investitionsstrom eines Unternehmens lineare Abschreibungen (bei Fehlen von Inflation) die Ersatzinvestitionen übertreffen, ist der durchschnittliche Bodensatz, mit dem die Banken rechnen können, schon bei einem gleichmäßig wachsenden Einlagenstrom größer, wenn dessen Wachstumsrate größer ist, sagen wir bei einer gleichbleibenden Wachstumsrate der Einlagen von 10 % pro Periode größer als bei 5 %: Weil nämlich der niedrigere Gleichgewichtsbodensatz erst für die kleineren alten Einlagengenerationen voll erreicht ist, noch nicht hingegen für die größeren neuen. Um so mehr ist der Bodensatz, mit dem die Banken zeitweilig rechnen können, dann ein größerer Bruchteil der Einlagen, wenn der Einlagenstrom sich *beschleunigt:* Ein Einlagenstrom, der bislang gleichmäßig mit 10 % wuchs und nunmehr sich auf 20 % beschleunigt, hat aus zweifacher Ursache einen höheren Bodensatz als einer, der

---

[69] Wenn der Kassenstand des Kontos einen zufälligen Irrweg ausführt mit der Wahrscheinlichkeit p um eine Geldeinheit zu steigen und der Wahrscheinlichkeit q um eine Geldeinheit zu fallen, und zwar zwischen den beiden reflektierenden Grenzen Kassenstand 0 einerseits und als obere Grenze Kassenstand S andererseits, so ist bei der sich bildenden stabilen Grenzverteilung der Mittelwert des Kontostandes um so größer, je größer der Bruch p/q ist.

gleichmäßig mit 5 % wächst. Das alles bedeutet, daß aus diesem Grund in Zeiten zunehmender wirtschaftlicher Aktivität der Kreditschöpfungsmultiplikator der Banken zunimmt, in stagnierender Wirtschaftslage hingegen fällt.

Bislang haben wir Übergänge von einer Wahrscheinlichkeitsverteilung der Ein- und Auszahlungen zur anderen betrachtet. Nunmehr kommen wir zu den Effekten auf den Kreditschöpfungsmultiplikator, die sich aus unterschiedlichen Wahrscheinlichkeitsverteilungen ergeben, wenn diese genügend lang (genau: unendlich lang) gleichbleibend fortdauern.

Wir können annehmen, die Banken unterliegen von ihnen primär (das heißt von neuer Kreditgewährung einmal abgesehen) nicht kontrollierbaren Zufallsprozessen von Ein- und Auszahlungsströmen (Soweit sie diese Zufallsprozesse doch kontrollieren, nämlich die Zahlungssitten des Publikums mitbestimmen, können sie dies nur sehr langfristig tun, so daß für eine mittelfristige Analyse die Wahrscheinlichkeitsverteilungen der Ein- und Auszahlungen ihnen als vorgegeben erscheinen müssen). Einzahlungen sind die Kontoerläge, Auszahlungen im Grunde ununterscheidbar einerseits Kontoabhebungen von einem Konto mit Aktivsaldo, andererseits die Inanspruchnahme von (alten) Krediten. Wären diese Einzahlungen und Auszahlungen an jedem Verrechnungstag in ihrer Höhe nach genau gleich groß, und wissen dies die Banken mit Sicherheit im voraus, wären also Ein- und Auszahlungen objektiv, sowie, gesehen aus dem Winkel der Geschäftspolitik der Banken, subjektiv genau synchron, so bedürften die Banken keinerlei Reserven. Ein Reservebedarf entsteht nur deshalb, weil entweder objektiv keine genaue Synchronisation von Ein- und Auszahlungen vorliegt, oder die Banken dies subjektiv befürchten; weil also mit einer bestimmten, aus den Wahrscheinlichkeitsverteilungen der Ein- und Auszahlungsströme ableitbaren Wahrscheinlichkeit Auszahlungsüberschüsse an bestimmten Tagen erwartet werden können, Auszahlungsüberschüsse, die sich möglicherweise über die Zeit kumulieren.

Bei nicht vollständiger Synchronisation von Einzahlungen und Auszahlungen können wir zwei Risikofälle unterscheiden: Erstens den Fall der „kleinen Not“, wo Auszahlungsprobleme zu zusätzlichen Kosten führen (Beschaffung von Geld auf angespanntem Geldmarkt, Verkauf von Wertpapieren etc.); zweitens den Fall der „großen Katastrophe“, wo Illiquidität zu einem unkalkulierbar großen und daher als (in Nutzen gemessen) unendlich angenommenen Verlust führt (bleibender Vertrauensschwund infolge Zahlungskrise, Konzessionsentzug, Konkurs). Die „kleine Not“ ist naturgemäß ein Ereignis mit viel größerer, mit durchaus als hinzunehmend, einkalkulierter Wahrscheinlichkeit, als die definitionsgemäß überaus selten auftretende „große Katastrophe". Man kann wohl davon ausgehen, daß die Bank in jeder Situation die „große Katastrophe" auf einem festen, sehr geringen Wahrscheinlichkeitsniveau halten will — ganz ausschließen kann sie sie bei einem Zufallsprozeß der Ein- und Auszahlungen freilich nie[70]. Die „große Katastrophe" wird in Rezessionen und Liquiditätskrisen bezogen auf gleichbleibendes Ausgangsniveau von Kontoständen wahrscheinlicher: Einerseits, weil hier ja Abhebungen zunehmen, Neueinlagen abnehmen; andererseits aber auch, weil es dann wohl wahrscheinlicher wird, daß die Mitkonkurrenten gezwungenermaßen oder auch gerne eine gefährdete Bank im Stich lassen, und aus einer potentiellen „kleinen Not" eine „große Katastrophe" werden lassen. Abgesehen davon, daß dieser Risikofall objektiv gesehen wahrscheinlicher wird, was die Bank zur Restriktion zwingt, ist es auch durchaus denkbar, daß Banken dann obendrein eine kleinere Wahrscheinlichkeit des Risikofalles anstreben, was bedeutet, daß Restriktionsanstrengungen verdoppelt werden müssen (höheres *Sicherheits*streben in der Rezession). Aus diesen Gründen muß in drohenden Rezessionen und Liquiditätsschwierigkeiten der Kreditschöpfungsmultiplikator bezüglich Zuströmen von Geld abnehmen, bezüglich Abströmen zunehmen.

Die „kleine Not" hingegen ist ein kühles Rechenproblem in Erträgen und Kosten[71]. Steigen die Sollzinsen für die Kredite, die man ausgibt, wird es rentabel, mehr „kleine Nöte" in Kauf zu nehmen. Höhere Erträge rechtfertigen auch höhere Kosten; der Kreditschöpfungsmultiplikator steigt. Steigen hingegen cet. par. die Zinsen, zu denen man selbst als Bank notfalls leihen muß, oder steigen nicht die proportionalen, sondern einmalige Kosten „kleiner Nöte", so sinkt der Multiplikator. Steigen die Sollzinsen, die man erhält und die Pönalezinsen, die man notfalls zahlen muß, um den gleichen absoluten Betrag, so steigt der Kreditschöpfungsmultiplikator (man zahlt ja im Schnitt selbst auf weniger Beträge Pönale, als die Kredite ausmachen, die man vergibt).

Es bleibt noch, die Auswirkungen von Veränderungen in den Wahrscheinlichkeitsverteilungen der Ein- und Auszahlungen selbst auf die

---

[70] So ein Modell der „großen Katastrophe" habe ich für *internationale* Reservehaltung untersucht in *E. Streissler:* „A Stochastic Model of International Reserve Requirements During Growth of World Trade", ZfN XXIX (1969), S. 347 ff.

[71] Diese untersuchen *Orr* und *Mellon,* AER 1961, loc. cit. und *Miller* und *Orr,* QJE 1966, loc. cit. Ihre Untersuchungen wurden weitergeführt durch *E. L. Whalen,* „A Rationalization of the Precautionary Demand for Cash", QJE LXXX (1966), S. 314 ff.; *P. A. Frost,* „Banking Services, Minimum Cash Balances and the Firm's Demand for Money", JF XXV (1970), S. 1029 ff.; *E. Baltensperger,* „The Precautionary Demand for Reserves", AER LXIV (1974), S. 205 ff., der vor allem auf die teilweise Kontrollierbarkeit des Zufallsprozesses selbst durch höheren Informationskostenaufwand eingeht.

Kreditschöpfung zu untersuchen. Von den mannigfachen möglichen Veränderungen können natürlich nur einige wenige herausgegriffen werden. Wenn sich erstens die Zahl der Ein- und Auszahlungen pro Periode (bei sonst gleicher Wahrscheinlichkeitsverteilung) erhöht, wenn also der Zahlungsstrom eine gleichbleibend größere Wachstumsrate annnimmt, ohne daß sich die Zahlungsumfänge pro Transaktion verändern, so bedarf es nur sehr geringer zusätzlicher Reserven: Beurteilt aus dem Blickwinkel der Wahrscheinlichkeit der „großen Katastrophe", die es abzuwenden gilt, ist die Elastizität der Zunahme der erforderlichen Reserven bei so zunehmendem Transaktionsvolumen sogar Null, aus dem Kostenblickwinkel der „kleinen Not" hingegen ein Drittel[72].

Steigen hingegen die durchschnittlichen Transaktionssummen pro Aus- und Einzahlung, so führt eine solche Veränderung des Transaktionsvolumens zu wesentlich höheren Reservebedarfen: Bezüglich der „großen Katastrophe" ist hier die Elastizität der erforderlichen Reserven eins, bezüglich der „kleinen Not" zwei Drittel[73]. Nimmt bei gleichem Transaktionsvolumen die Synchronisation der Ein- und Auszahlungen ab, steigt also die Streuung des Zahlungsstromes, so erhöht sich aus dem Blickwinkel einer kostenoptimalen Ausleihepolitik („kleine Not") der Reservebedarf mit Elastizität ein Drittel in bezug auf die Streuungserhöhung oder mit Elastizität zwei Drittel bezogen auf das absolute Ausmaß von Tagesspitzen, das der Standardabweichung des Zahlungsstromes proportional ist[74]. Ohne Veränderung des durchschnittlichen Transaktionsvolumens muß also das Kreditvolumen hier beschränkt werden. Diese Zunahme der Asynchronität der Zahlungen von Wirtschaftssubjekten tritt wahrscheinlich vor allem in späten Hochkonjunkturen und in der Rezession auf. Weiters gilt: Erhalten die Banken nur geringe zusätzliche Reserven, so vermögen sie interessanterweise ihre Kredite nur viel weniger auszudehnen, als wenn der Zuwachs sehr groß ist: Das hängt damit zusammen, daß geringe Reserven

[72] Für ersteren Fall siehe *E. Streissler:* ZfN 1969, loc. cit., für letzteren *Miller* und *Orr:* QJE 1966, loc. cit., S. 425. Letztere leiten für den optimalen Geldbedarf M eines Wirtschaftssubjektes, das einer gleich großen Auszahlungswahrscheinlichkeit p wie Einzahlungswahrscheinlichkeit q unterliegt (p = q) ab, wenn m die (gleichbleibende) Größe jeder Zahlung, t die durchschnittliche Häufigkeit von Zahlungen pro Zahlungsperiode ist, σ^2 die Streuung der täglichen Veränderung der Kassenhaltung ($\sigma^2 = m^2 t$), r der tägliche Habenzins und c einmalige Kosten pro Einzahlung oder Abhebung auf — sagen wir — ein Sparbuch oder sonstiges liquides Anlagekonto ist (r und c meine Symbole):

$$M = \frac{4}{3}\left[\frac{3\,c m^2 t}{4\,r}\right]^{1/3} = \frac{4}{3}\left(\frac{3\,c}{4\,r}\sigma^2\right)^{1/3}$$

[73] Siehe die in FN 1 zitierten Arbeiten.

[74] Siehe *Miller* und *Orr,* QJE 1966, loc. cit., S. 425.

viel wahrscheinlicher durch Spitzenkumulation aufgebracht werden, als große. Orr und Mellon betonen daher: „Uncertainty may have ... (a) great impact upon marginal credit changes, a result of some significance for monetary policy[75].“ Gerade die Wahrscheinlichkeitstheorie stützt den Gedanken, daß es sich, wenn schon, dann lohnt zu „klotzen“, weil sich zaghafte kleine Schritte leicht verzetteln können.

Überlegt man die unterschiedlichen Auswirkungen der Veränderungen der Zahl der Transaktionen und der Umfänge der einzelnen Transaktionen auf die Kreditschöpfungsmöglichkeit, so erkennt man, daß reales, nicht inflationäres Wirtschaftswachstum zu höheren Kreditschöpfungsmultiplikatoren führt als Inflation. Denn im Wirtschaftswachstum nimmt vor allem einmal die Zahl der abgewickelten Transaktionen zu; in der Inflation steigen hingegen in erster Annäherung nur die Geldbeträge jeder einzelnen Transaktion. Gegenüber der bloßen Verwaltung von Einlagen bedarf die Kreditgewährung höherer Reserven vor allem auch deshalb, weil hier viel größere Abhebungen zu erwarten sind als von laufenden Konten, womit der richtige Kern in der Behauptung herausgeschält ist, Kreditvergabe bedürfe eines hundertprozentigen Vorhandenseins verfügbarer Mittel, Einlagen hingegen nicht. Ebenso ist der Run auf die Bank ein Fall des gefährlichen Ansteigens der Größe der Abhebungen, der besonders hohe Reservebedarfe erheischt.

Faßt man die verschiedenen geschilderten Einflüsse zusammen, so sieht man, daß die meisten implizieren, im (frühen) Aufschwung wird der Kreditschöpfungsmultiplikator steigen, in der späten Hochkonjunktur, vor und in einer Liquiditätskrise und in Rezessionen hingegen fallen, wobei für die Liquiditätskrise einschränkend festgehalten werden muß, daß hier Kostengesichtspunkte (starkes Ansteigen der Sollzinsen) die Banken in die umgekehrte Richtung ziehen können. Vor allem sollte aber die hier vorgetragene Analyse die Vielfältigkeit der Einflüsse auf den Kreditschöpfungsmultiplikator aufzeigen. Mit einer stabilen Relation zur monetären Basis ist somit keinesfalls zu rechnen, das Vorausahnen des tatsächlichen Kreditschöpfungsmultiplikators in der Geldpolitik ein Wagnis des Einfühlungsvermögens.

6.3 Kreditstrukturspiel der Transmission

Versuche der Banken, die Kreditschöpfung zu variieren, implizieren zum Teil Umschichtungen zwischen verschiedenen Anlageformen der Banken. Scheinen etwa Industrie- und Handelskredite besonders riskant, oder, was wahrscheinlicher ist, finden sich in rezessiven Perioden

---

[75] Loc. cit. AER 1961, S. 619.

nur wenige Abnehmer für solche Kredite, so werden die Banken genötigt sein, in erhöhtem Maße Staatspapiere, in manchen Ländern vornehmlich solche kurzfristiger Art, zu erwerben, oder werden ihre Gelder mangels Inlandskonjunktur im Ausland veranlagen. Ebenso werden sie in solchen Zeiten geringer Kreditnachfrage den Hypothekarkredit und damit vornehmlich die Finanzierung des Wohnbaus sowie sogenannte „Privatkredite" und damit die Finanzierung der Käufe dauerhafter Konsumgüter vorantreiben. Da anzunehmen ist, daß die Nachfrage nach den jeweils betroffenen Gütern auch tatsächlich auf die vermehrten und verbilligten Kredite in einem gewissen Maße reagiert, kommt es zu Nachfrageumstrukturierungen. Ein gegebenes Kreditvolumen kann daher sehr unterschiedliche reale Effekte haben, je nach der Güterstruktur, die es stimuliert.

Wie wir im nächsten Abschnitt zeigen werden, müssen die Banken, allein um die Geldverteilung zwischen ihnen und dem Publikum einigermaßen zu stabilisieren, die Habenzinsen variieren, etwa bei Vergrößerung des Zahlungsungleichschrittes zwischen den Wirtschaftssubjekten die Habenzinsen erhöhen.

Wenn die Kosten steigen, müssen entsprechend auch die Sollzinsen mitgezogen werden. Die Nachfrage nach verschiedenen Gütern ist nun aber unterschiedlich zinselastisch. Wiederum ist der reale Effekt einer gleichen Kreditsumme strukturell verschieden und zeitigt daher, ausgedrückt in globalen Massen, einen unterschiedlichen Transmissionseffekt auf reale Größen.

Auch im Aggregat der Nachfragepläne der Wirtschaftssubjekte treten laufend Umstrukturierungen auf. Daß Konjunkturen Umschichtungen zwischen Investitionen und Konsum sind, ist wohl der Kerngedanke jeder vernünftigen Konjunkturtheorie. Aber auch die sogenannten „Konsumwellen" sind altbekannt und auch empirisch nachweisbar. Solche Nachfrageumstrukturierungen führen in sehr unterschiedlicher Weise zu Kreditbedarfen: Das Ausmaß der erwünschten Kredite pro geplanter gesamtwirtschaftlicher Nachfrageeinheit divergiert erheblich. Diese unterschiedliche Kreditbedürftigkeit hängt vor allem von der „Größe" des Preises der typischen Einheit dieser Güter relativ zu den periodendurchschnittlichen Transaktionen der Wirtschaftssubjekte ab: Je „größer" der Preis, desto höher cet. par. der Kreditbedarf. Wiederum zeitigt das gleiche Kreditvolumen eine ganz unterschiedliche reale Transmission.

6.4 Das Kreditnachfragespiel der Transmission

In diesem Unterabschnitt seien Aspekte der Nachfrageschwankung nach Krediten des gleichen Typus von Wirtschaftssubjekten, das den gleichen Typus von Transaktionen vornimmt, rekapituliert.

Immer wieder — etwa von Wolfgang Stützel — betont ist die kreditbedarfserhöhende Wirkung von *Spreizeffekten* in den Einzahlungs-/Auszahlungsströmen zwischen Wirtschaftssubjekten. Auf dem Hintergrund einer wahrscheinlichkeitstheoretischen Sicht von Zahlungsunsicherheiten gliedern sich die Spreizeffekte in zwei Untertypen: Erstens in den der „Differenzierung der Konjunktur“, das heißt, daß bei einer Art (mehreren Arten) von Wirtschaftssubjekten die Einzahlungswahrscheinlichkeit von Geld relativ zur Auszahlungswahrscheinlichkeit sinkt, umgekehrt und korrespondierend bei anderen Wirtschaftssubjekten sich die Einzahlungswahrscheinlichkeit relativ erhöht. Konnten beide Typen von Wirtschaftssubjekten bisher ihre Transaktionen ohne Kredite, sondern lediglich mittels eines Reservefonds finanzieren, so tritt nunmehr bei den erstgenannten Wirtschaftssubjekten notgedrungen ein Kreditbedarf auf, bei letzterem hingegen erhöhter Mittelanfall, der dem Bankapparat zugeleitet werden kann[76].

Der zweite Unterfall entspricht am ehesten dem, was heute gerne als „reine Mengenkonjunktur“ bezeichnet wird: Bei allen Unternehmern erhöhen sich Ein- und Auszahlungen pari passu, wobei jedoch die Einzahlungen nur den Auszahlungen entsprechen, also nur die Kosten decken. Besonders gravierende Probleme wirft die inflationäre Mengenkonjunktur auf, bei der die Zahlungsumfänge obendrein noch pari passu steigen. Und am ärgsten wäre schließlich „Slumpflation“ dergestalt, daß die Häufigkeit der Zahlungen in gleichem Maße abnimmt, wie die nominelle Zahlungshöhe zunimmt, so daß das nominelle Transaktionsvolumen konstant bleibt. Per Saldo überwiegen in allen diesen Fällen die Auszahlungen die Einzahlungen bei keinem Wirtschaftssubjekt, doch wird, weil Zahlungen rascher fließen und vielleicht auch an Umfang zunehmen, die Streuung der Zahlungsspitzen pro Zeiteinheit hier stets größer. Auch in den letztgenannten Fällen der „Mengenkonjunktur“ und der „Slumpflation“ tritt zusätzlicher Geld- oder Kreditbedarf auf. Das erkennt man gut aus der auf Seite 179 angeführten Formel von Miller und Orr. Nimmt die Streuung der Ein- und Auszahlungen zu, so erhöht sich die kostenbewußt im Optimum nachgefragte

---

[76] Wie das je nach den vorangegangenen Finanzierungskontrakten unterschiedlich auf die Geldmenge wirkt, zeigte *H. Rose:* „Liquidity Preference and Loanable Funds“, RES XXIV (1956-57), S. 111 ff., hier S. 113 f. et al. Weiters *N. K. A. Läufer:* „Liquidity Preference and Loanable Funds. The Theory of Neutral Revision Behaviour“, ZfN XXX, 1970, S. 291 ff.

Geldmenge der Wirtschaftssubjekte. Genau Umgekehrtes tritt übrigens auf bei der anhaltenden sogenannten „schlechten Zahlungsmoral" oder der Zahlungsstockung. Bezieht sich diese nicht nur auf Einzahlungen für die Unternehmungen, sondern ist die Unmoral „gleichmäßig" auch in den Auszahlungen, so *vermindert* sich der Reservebedarf, vorausgesetzt, daß keine zusätzlichen Kosten durch Zahlungsverzögerung entstehen. Hier vermindert sich nämlich die Zahlungsstreuung. Die Banken erleiden bei „reiner" oder inflationärer „Mengenkonjunktur" und „Slumpflation" cet. par. einen Bargeldabfluß oder zumindestens doch einen Abfluß längerfristig gebundener Mittel, der auf Depositenkonten übertragen wird: Mengenkonjunktur und Slumpflation bedeuten eine Erhöhung der Barzahlungsneigung des Publikums, „schlechte Zahlungsmoral" hingegen cet. par. eine Verminderung. Der Erhöhung der Barzahlungsneigung bei der Erhöhung der Streuung täglicher Ein- und Auszahlungen für die Wirtschaftssubjekte können die Banken nur dadurch entgegenwirken, daß sie die Habenzinsen entsprechend erhöhen (oder — wohl unrealistisch — einmalige Gebühren senken). Die Habenzinsen müssen dabei ebenso stark erhöht werden, wie die Varianz der Zahlungsströme, denen das Publikum unterliegt; oder wie das Quadrat der durchschnittlichen Spitzen. Nehmen zum Beispiel die Auszahlungs-Einzahlungsspitzen der durchschnittlichen Kunden um ein Viertel zu, so müßte zum Ausgleich ein Habenzins von einem Ausgangsniveau von 8 % auf $12^1/_2$ % erhöht werden, also sehr drastisch. Ist nur die Streuung der Zahlungsspitzen beim Publikum gestiegen, ohne daß die Transaktionsvolumina zunehmen, so können sich die Banken vor einem Bargeldabfluß durch Habenzinserhöhung schützen, nicht jedoch davor, daß die Einzahlungen und Abhebungen bei ihnen selbst auch stärker streuen, wodurch nunmehr die Banken einen höheren Reservebedarf erleiden. Das gleiche gilt bei trägem Verhalten des Publikums, bei einem solchen also, bei dem trotz Erhöhung der Zahlungsstreuung das Publikum einmal gewählte Kontrollgrenzen für die Einzahlung bzw. Abhebung auf ein Reservekonto nicht variiert, obwohl diese nicht mehr optimal sind: Auch hier würde das Publikum gleichviel Geld im Schnitt halten, jedoch Ein- und Auszahlungen häufiger oder unregelmäßiger vornehmen, und so die Banken zu erhöhter Reservehaltung zwingen. Die vorgehende Analyse nahm obendrein jedoch noch unrealistisch an, daß bei gleichmäßiger Erhöhung von Zahlungsstreuungen im Publikum ohne Erhöhung der Transaktionsvolumina Wirtschaftssubjekte stets über genügend Reserven (Spar- und Terminkonten, Wertpapiere etc.) verfügen, die sie auflösen können, wenn sie große Auszahlungsspitzen erleiden. Nimmt die Zahlungsstreuung zu, so ist es aber auch wahrscheinlicher, daß bisherige Reserven gänzlich aufgezehrt werden. Dann aber entsteht nicht nur eine stärkere Variation von Einzahlungen und

Abhebungen, die den Reservebedarf der Banken erhöht, sondern darüber hinaus auch ein zusätzlicher Kreditbedarf bei den betroffenen Wirtschaftssubjekten.

Ein zusätzlicher Kreditbedarf kann auch bei *Fehlplanungen* von Wirtschaftssubjekten entstehen. Ist ein Wirtschaftssubjekt eine Zahlungsverpflichtungen eingegangen, zum Beispiel für den Ankauf eines Investitionsgutes, und nimmt es dabei an, daß es nach Zeitpunkt und Höhe bestimmte Zahlungen erhalten wird, die dann nicht einlangen, so entsteht ein Kreditbedarf. Ohne Widerspruch zu der vorhin gemachten Feststellung, daß „schlechte Zahlungsmoral“ oder Zahlungsstockung, wenn sie einige Zeit *fortdauert,* den Reservebedarf senkt, wird der *Übergang* zu schlechterer Zahlungsmoral den Kreditbedarf erhöhen, weil dann erwartete Zahlungen nicht eintreffen, die Auszahlungsverpflichtungen hingegen bereits eingegangen sind. Ein weiterer generell, d. h. nicht nur bei einzelnen Wirtschaftssubjekten, sondern gehäuft bei vielen auftretender Kreditanlaß entsteht durch unerwartete *Inflation* bzw. deren unerwartete Beschleunigung. Auf Bestellung gefertigte Güter, insbesondere Investitionsgüter, haben oft keinen fest ausbedungenen Preis, sondern einen, der in Abhängigkeit von einem Lohn- oder Preisindex vereinbart ist (z. B. Bauten zu einem mit dem Baukostenindex variierenden Preis). Ebenso ist es leicht denkbar, daß Kostenvoranschläge bei Inflationstendenzen stark überschritten werden. Ist nun der tatsächliche Preis höher als in der Planung erwartet, entsteht ein zusätzlicher Bedarf an Finanzmitteln, der sich oft als zusätzlicher Kreditbedarf niederschlägt. Werden Kredite nicht gewährt, muß die ganze Investition aufgeschoben oder gar vom Vertrag zurückgetreten werden. Bei dermaßen auftretenden Fehlplanungen haben Kredite somit, auch wenn sie nur einen kleinen Betrag der gesamten Ausgabe erreichen, unter Umständen einen sehr stark vervielfachten realen Effekt[77]. Sie überbrücken den Fehlbedarf bei Fehlplanung, der sonst voll zum Tragen käme. Diese Bedeutung von Krediten im Hinblick auf unerwartete Preisveränderungen geht auch aus Unternehmerbefragungen hervor[78]. Da solche Fehlplanungen vor allem bei Inflationsbeschleunigung auftreten, haben Kredite ganz unterschiedliche reale Multiplikatoren. Anders ausgedrückt: Der Saldo zwischen Einnahmen und Ausgaben, den sie abdecken, schwankt viel stärker, als die Ausgaben selbst, wobei die Ausgaben freilich stark schwanken würden, wenn dieser Saldo nicht abgedeckt werden würde.

---

[77] Siehe *E. Streissler:* Investitionsfinanzierung in einer wachsenden Wirtschaft, Wien 1963, S. 25.

[78] Siehe *K. Aiginger:* „Investitionspläne und Investitionen in der Industrie. Ursachen der Unterschätzungstendenz und ihre Korrektur für Prognosezwecke“, Monatsber. d. Ö. Inst. f. Wirtschaftsforschung 46 (1973), S. 339 ff., hier S. 342.

Die Analyse der unternehmerischen Ausgabenplanung bei Unsicherheit erklärt auch, warum eine versuchte Kredit*expansion* in *rezessiver* Situation oft viel *weniger* starke reale Effekte zeigt als eine Kredit*restriktion* in Zeiten der Hochkonjunktur, besonders der inflationären Hochkonjunktur. Haben nämlich Wirtschaftssubjekte in Hinblick auf einen erwarteten Einnahmenstrom bestimmte Ausgaben fest eingeplant und ist hier eine Kreditaufnahme einprogrammiert, oder erweisen sich ohne beabsichtigte Kreditfinanzierung die tatsächlich erforderlichen Ausgaben höher als erwartet, so daß diese nur mittels Kredit voll finanziert werden können, so führt die Nichterhältlichkeit von Krediten unter Umständen zu starker Ausgabeneinschränkung. Anders ausgedrückt sind Kreditrestriktionen in einer Expansion meist effektiv, weil im Hinblick auf erwartete Kredite bereits geplant wurde, eine Planung, die bei Inflationsbeschleunigung meist obendrein in der dargestellten Weise noch einen überproportionalen erwünschten Kreditanstieg impliziert. Umgekehrt planen in Rezessionen Unternehmer meist ihre (reduzierten) Ausgaben ohne Kreditaufnahme. Da Planungen immer eine gewisse Starre bezüglich Datenvariation aufweisen, führt in Rezessionen das Angebot zusätzlicher Kredite nicht oder doch nicht so bald zu einer Umplanung und induziert daher geringe zusätzliche Ausgabenwirkungen.

Der häufige Einsatz des Mittels der Kreditrestriktionen zur konjunkturpolitischen Dämpfung führt freilich dazu, daß die Wirtschaftssubjekte ihre *Pläne* gegen störende restriktive Eingriffe *abzusichern suchen* werden: Sie bilden *zusätzliche,* etwas weniger liquide gehaltene Reserven. Kreditrestriktionen führen dann bei den vorausplanenden Wirtschaftssubjekten, und das sind vor allem größere Unternehmen, nur zur Auflösung dieser Reserven, ohne daß die Planerfüllung abgebrochen wird. Sie haben dann bei diesen Wirtschaftssubjekten keine ausgabeneinschränkende Wirkung. Die Auflösung von Reserven führt jedoch dazu, daß es vor allem zu *Verlagerungseffekten* der Finanzierung zwischen (Typen von) Wirtschaftssubjekten kommt: Was der eine als Finanzierung „erzwingt“, fehlt dem anderen um so mehr. Wenn jedoch die Reserven auslaufen bzw. die Notwendigkeit zu ihrer Wiederauffüllung drängend wird, kann eine länger vorgenommene Kreditrestriktion, die zuerst anscheinend real nur wenig wirkte, plötzlich kumulativ ihren gesamten Effekt auf die Ausgaben entladen[79]. So können somit Kreditvolumensveränderungen, je nachdem wie sie in das Gesamtmuster der Planung der Wirtschaftssubjekte bei Unsicherheit hineinpassen, ganz unterschiedliche reale Abläufe induzieren.

---

[79] Siehe *E. Streissler:* „Investment Stimulation and the Hierarchy of Individual Plans“, in: W. Schmitz (Hrsg.), Convertibility, Multilateralism and Freedom, Essays in Honour of Reinhard Kamitz, Wien, New York 1972, S. 49 ff., hier S. 54 ff.

7. Offene Fragen

Hinter der Konkurrenz von Geldmengen- und Kreditmarkt-Transmissionsmechanismus steht als wahrscheinlich größtes ungelöstes Problem der Geld- und Kredittheorie die Frage nach der *Sicherung* der Zahlungsbereitschaft. Die traditionelle Geldtheorie sieht das Halten von Kassenreserven als die einzige direkte Möglichkeit an, den Liquiditätsbedarf zu befriedigen und ein Portefeuille von Bonds als einzige Substitutionsmöglichkeit. Das mag für anglo-amerikanische-institutionelle Voraussetzungen sogar stimmen, in Europa scheinen neben Kasse, also Geld im engeren Sinn, auch nicht ausgenützte Kreditrahmen als Liquidität ersten Grades Bedeutung zu haben. Ein guter Bankkontakt (bei Bedarf bekommt man Kredit mit sehr großer Wahrscheinlichkeit) dürfte für viele Firmen als Substitut mehr Bedeutung haben als Geldmarktanlagen; sicherlich haben in Europa auch Spar- und Termineinlagen als Liquidität zweiten Grades für Firmen größere Bedeutung als Geldmarktanlagen (Bonds). Aus diesen Unterschieden europäischer und amerikanischer Institutionen ergeben sich verschiedene Fragen:

a) Ob für bestimmte Arten des Liquiditätsbedarfes („normale“ Transaktionskasse, Transaktionsspitzenbedarf, Kasse für „bargains“, für unvorhergesehene Notfälle) verschiedene Arten von Liquiditätshaltung bevorzugt werden?

b) Ob es Präferenzen für die eine oder andere Form der Liquiditätshaltung gibt, und wie weit Zinsdifferenzen, Erwartungen, Konjunkturlage bzw. Verfügbarkeit (availability etwa von Kreditlinien) die Wahl der einen oder anderen Form bestimmen?

c) Ob es Gruppen von Wirtschaftssubjekten gibt, die ihren Liquiditätsbedarf primär durch die eine oder andere Form befriedigen?

d) Ob es Rigiditäten gibt, die einen Wechsel der Form der Liquiditätshaltung behindern (Kreditrückzahlung, Einräumung oder Löschung einer Kreditlinie, Kündigung von Einlagen)?

e) Weiters gilt es, eine Theorie der Zinsspanne und der Zinsstruktur zu entwickeln. Soweit die Theorie derzeit nicht überhaupt nur mit einem Zinssatz arbeitet, beschränkt sich die Theorie der Zinsstruktur auf die Finanzaktiva, also auf die Überlegungen beim Aufbau eines Portefeuilles von Aktiva verschiedener Verzinsung unterschiedlich hohen Risikos. Eine Unterscheidung zwischen Kredit- und Einlagen- bzw. Aktiv- und Passivzinssätzen sowie eine explizite Berücksichtigung der Bankkalkulation (Zinsspanne) findet in der Regel nicht statt.

Untersuchungen dieser Art wären für die Art des Transmissionsmechanismus überaus wichtig. Schränkt etwa die Notenbank die Liquidität des Kreditapparates ein, so daß dieser gezwungen ist, Kreditrahmen zu kürzen oder auch nur für bisher kostenlose Kreditlinien Zinsen zu verlangen, werden die Kunden im ersten Fall gezwungen (im zweiten Fall könnte es für sie zweckmäßig sein), auf andere Formen der Liquiditätshaltung auszuweichen. Das ist entweder möglich durch Inanspruchnahme zusätzlicher Kredite, den Fall der positiven Spreizwirkung: Das Kreditvolumen steigt, ohne unmittelbare Folgen im Güterbereich; sind zusätzliche Kredite nicht verfügbar, wird die Kürzung von Ausgaben unvermeidlich. Da es sich dabei jedoch um das typische Beispiel einer mikroökonomischen Falle handelt und alle zugleich höhere Kasse durch Ausgabenkürzung nicht erreichen können, beginnt damit ein kontraktiver Prozeß nach unten.

Anhang A:

Monetärer Zinssatz und Ertragsrate des Kapitals

Die Hypothese, daß die Ertragsrate des Kapitals sehr viel stärker schwankt als die monetären Zinssätze, wurde anhand österreichischer Daten näherungsweise überprüft. Zur Verfügung standen die primerate für die Jahre 1970—1976, die Sekundärmarktrendite für die Jahre 1959—1976 sowie eine Annäherung für die Ertragsrate des Kapitals für die Jahre 1959—1974. Dieser Näherungswert wurde gewonnen, indem der Betriebsüberschuß der Industrieaktiengesellschaften durch den Kapitalstock der Industrie dividiert wurde[80]. Die Ertragsrate hat einen Niveaufehler (sie ist zu niedrig), da der Betriebsüberschuß der Aktiengesellschaften durch den Kapitalstock der gesamten Industrie (also Aktiengesellschaften plus sonstige Betriebe) dividiert wurde. Da jedoch anzunehmen ist, daß sich der Anteil der Industrieaktiengesellschaften nicht nennenswert geändert hat, dürfte die Reihe die Entwicklung der Ertragsrate vernünftig wiedergeben.

Die Tabelle zeigt, daß die Sekundärmarktrendite eine vernünftige Annäherung für die prime-rate darstellen dürfte. Die Regression (Prime-rate = 1,45 + 0,84 Sekundärmarktrendite) läßt einen halbwegs guten Zusammenhang erkennen (r = 0,87); die prime-rate liegt zwar im Niveau höher als die Sekundärmarktrendite, schwankt jedoch *weniger* (!) als die Wertpapierrendite. Letzteres zeigt sowohl der Regressionskoeffizient der obigen Gleichung als auch die Variationskoeffizienten am Fuß der folgenden Tabelle. Die Ertragsrate des Kapitals, die

[80] Beide Zahlenreihen wurden vom Institut für Wirtschaftsforschung geschätzt.

Zinssätze und ihre Streuung

	Österreich			Bundesrepublik Deutschland						
	Ertrags-rate des Kapitals[1]	Sekundär-markt-rendite	Prime rate	Kontokorrent-Kredite		Hypo-theken-kredite	3-Monatsgelder		Spareinlagen	
				— 1 Mio. DM	1—3 Mio. DM		— 1 Mio. DM	1—3 Mio. DM	gesetzl.	12 Monate
1959	126	87	.	.	.	.	.	.	.	.
1960	167	89	.	.	.	.	.	.	.	.
1961	112	93	.	.	.	.	.	.	.	.
1962	102	92	.	.	.	.	.	.	.	.
1963	95	87	.	.	.	.	.	.	.	.
1964	105	82		.	.	.	.	.	.	.
1965	81	83	.	.	.	.	.	.	.	.
1966	71	89	.	.	.	.	.	.	.	.
1967	48	93	.	67	63	81	40	53	70	70
1968	41	99	.	66	64	79	41	56	70	70
1969	79	96	.	85	83	85	65	79	80	77
1970	100	100	100	100	100	100	100	100	100	100
1971	79	99	101	84	80	96	81	81	90	91
1972	83	94	101	80	77	96	84	86	80	84
1973	74	106	103	123	128	118	148	155	110	108
1974	98	125	118	116	113	118	103	102	120	108
1975	.	123	127	78	72	94	50	54	80	78
1976	.	112	113	74	68	87	53	56	70	70
1977	.	.	.	69	63	75	48	51	60	72
VK[2] 1959/74	42,2	25,6	.		.	.	.	.	.	.
1970/76	.	10,3	8,9	19,3	23,3	11,1	35,2	34,8	16,0	15,1
1967/77	.	.	.	18,0	25,1	14,6	43,0	38,1	19,2	18,6

1) Betriebsüberschuß der Industrie in % des Kapitalstocks. — 2) $\frac{\text{Standardabweichung} \cdot 100}{\text{Mittelwert}}$

Quelle: Österr. Daten: Inst. f. Wirtschaftsforschung und eigene Erhebungen. — Deutsche Daten: Deutsche Bundesbank Monatsberichte Tab. V/6.

über die längere Periode mit der Sekundärmarktrendite verglichen wurde, schwankt um gut die Hälfte stärker als die Sekundärmarktrendite, also vermutlich etwa doppelt so stark wie die prime-rate. Die Aggregation läßt jedoch die Unterschiede geringer erscheinen, als sie tatsächlich sein dürften. Zu jedem einzelnen Zeitpunkt nämlich (Querschnittsuntersuchung) dürfte der Kreditzinssatz zwischen den einzelnen Banken und den verschiedenen Kreditnehmern relativ wenig variieren, die Ertragsrate des Kapitals dagegen sehr stark. Für jeden einzelnen Kreditnehmer entwickelt sich daher die Spanne zwischen Ertragsrate und monetärem Zinssatz noch viel erratischer. Weiters wird die Investitionsneigung wohl eher von der erwarteten Differenz zwischen Ertragsrate und Zinssatz abhängen als von der tatsächlichen. Ob die erwartete Ertragsrate stärker oder schwächer schwankt als die tatsächliche, läßt sich nicht a priori entscheiden. Es hängt davon ab, ob der Unternehmer die jeweils tatsächlich erzielten Sätze extrapoliert (was wohl eher nicht zu erwarten ist), oder sich an einem langfristigen Durchschnittssatz orientiert.

Die deutschen Daten über monetäre Zinssätze im rechten Teil der Tabelle bestätigen die Hypothese, die schon die österreichischen Daten vermuten ließen, daß nämlich die Kreditzinssätze weniger stark schwanken als die Einlage- und Wertpapierzinssätze. Bewußt wurde diese Untersuchung auf die Periode freier Zinsbildung beschränkt. Es zeigte sich, daß in dieser Periode die deutschen Sätze erheblich stärker schwanken als die gebundenen österreichischen; die Relation der Schwankungen von Aktiv- und Passivzinsen zueinander ändert sich jedoch nicht.

Anhang B:

Lohnt sich eine Zinssenkung zwecks Aufbringung höherer Mittel?

Betrachten wir eine Bank als bloßen Zwischenhändler in Krediten. Angenommen die Nachfrage nach Krediten der Bank steigt, ist es dann für die Bank gewinnoptimal, höhere Habenzinsen zu bieten, um mehr Mittel anzuziehen, die sie zu den nunmehr möglichen höheren Sollzinsen unter Erhöhung ihres Gesamtgewinnes weiterverleihen kann?

Die Gewinnmaximierung für einen Zwischenhändler sieht wie folgt aus. Es sei p_V der Vorproduktenpreis, p_E der Endproduktenpreis, das

[81] Gesetz zur Förderung der Stabilität und des Wachstums der Wirtschaft

heißt der derselben Warenmenge x nunmehr mit Aufschlag weiterverhandelt, p_E+ und p_V+ jeweils der optimale Preis, e_V die Angebotspreiselastizität des Vorproduktenlieferanten (in der Regel positiv), e_E die Nachfragepreiselastizität nach dem Endprodukt (in der Regel negativ), e_V+ und e_E+ die Elastizitäten im Optimum, C fixe Verwaltungskosten, G der Gesamtgewinn, so gilt (3 und 4 im Gewinnmaximum):

$$G = (p_E - p_V)\, x - C \tag{1}$$

$$\frac{dG}{dx} = \left(\frac{dp_E}{dx} - \frac{dp_V}{dx}\right) x + (p_E - p_V) \tag{2}$$

$$\frac{dG}{dx} = 0 = p_E^+\left(1 + \frac{1}{e_E^+}\right) - p_V^+\left(1 + \frac{1}{e_V^+}\right) \tag{3}$$

$$p_E^+ = p_V^+ \frac{1 + \frac{1}{e_V^+}}{1 + \frac{1}{e_E^+}} = a p_V^+ \qquad a = \frac{1 + \frac{1}{e_V^+}}{1 + \frac{1}{e_E^+}} \tag{4}$$

Steigt die Nachfrage, das heißt sinkt die Nachfrageelastizität e_E+ und bleibt die Angebotspreiselastizität e_V+ konstant, so steigt der für das Vorprodukt gebotene Preis p_V+, um eine höhere verhandelbare Gütermenge x in das Unternehmen zu ziehen. Der Endproduktenpreis p_E+ steigt noch stärker, weil auch der Aufschlagsfaktor a zunimmt. Der Händler verhandelt also höhere Mengen zu einer höheren Spanne.

Dieser Gedanke auf die Bank angewendet, muß jedoch etwas modifiziert werden. Bezeichnen wir (p_E entsprechend) den Sollzins mit r_S, den Habenzins (p_V entsprechend) mit r_H, mit e_H die Angebotselastizität des Publikums bezüglich der Einlagen in die Bank, mit e_S die Nachfrageelastizität nach Krediten der Bank und mit x das insgesamt bereits verliehene „Sparvolumen" oder die Gesamtsumme aushaftender Kredite. Die vorangegangene Analyse unserers Zwischenhändlers war eine reine Stromanalyse. Die aushaftenden Kredite (vermittelten „Ersparnisse") sind jedoch eine Vorratsgröße. Der Strom der neuen Kredite pro (passend gewählter) Periode sei Δx. Nun ist zu beachten, daß bei steigender Kreditnachfrage die Bank bei den Ausleihungen Preisdifferenzierung betreiben kann, ja muß: Neue Kredite werden teurer vergeben, die Kunden wehren sich hingegen nicht, wenn alte Kredite sich nicht verteuern. Ja (je nach institutionellen Gegebenheiten) ist eine solche Verteuerung alter Kredite sogar schwer oder rechtlich unmöglich. Hingegen kann die Bank auf ihrer Nachfrageseite nach „Sparmitteln" keine Preisdifferenzierung betreiben: Bisherige Einleger verlangen unter der Drohung des Mittelabrufes die nunmehr geltenden höheren Habenzinsen, wobei hier vereinfachend ein Einlagenmodell mit kurzer Fälligkeit angenommen ist. Bezeichnen wir mit $\bar{r}_S$ die bisherigen Sollzinsen vor Erhöhung der Kreditnachfrage, so gilt:

$$G = r_s \Delta x + \bar{r}_s x - r_H (x + \Delta x) - C \tag{5}$$

$$\frac{dG}{d(\Delta x)} = r_S\left(1 + \frac{1}{e_S}\right) - r_H\left(1 + \frac{1}{e_H}\right) - r_H \frac{x}{\Delta x} \frac{1}{e_H} \tag{6}$$

Da die aushaftenden Kredite x (Vorratsgröße) groß sind relativ zum neuverleihbaren Kreditvolumen Δx (Stromgröße), da weiters e_H klein und positiv ist, ist der letzte Faktor auf der rechten Seite von (6), also $- r_H \frac{x}{\Delta x} \frac{1}{e_H}$ groß und immer negativ. Der Ausdruck (6) wird nie Null. Gewinnmaximierung wird erreicht, indem r_H *nicht variiert* wird und einfach das normal hereinströmende „Sparvolumen" zu günstigeren Konditionen verliehen wird. Zwar wäre es bei lang anhaltender hoher Kreditnachfrage günstiger, den Habenzins zu steigern, weil über lange Perioden Δx sich x angleicht. Doch ist es nie gewinnbringend, zu dem höheren Habenzins *überzugehen,* weil für jede kurze Periode Δx klein ist. Wir haben es mit einer geknickten Nachfragekurve der Bank am gegenwärtigen Habenzins zu tun. Analog gilt Umgekehrtes, wenn das Angebot an Mitteln zunimmt. Neue Anleger erhalten schlechtere Bedingungen, alte Anleger wehren sich nicht gegen die Beibehaltung der günstigeren alten Anlagebedingungen. Eine Weitergabe der Zinssenkung bei neuen Krediten lohnt sich jedoch nicht. Die Bank hat eine geknickte Angebotskurve beim gegenwärtigen Sollzins.

In beiden Fällen (Erhöhung des Habenzinses, Senkung des Sollzinses) wird die mikroökonomisch nicht rationale Zinsänderung nur durch den Wettbewerb (Abwanderung der Kunden) erzwungen.

Schriften des Vereins für Socialpolitik

Gesellschaft für Wirtschafts- und Sozialwissenschaften

1 **Volkswirtschaftliche Probleme des deutschen Außenhandels. — Bericht über die erste Mitgliederversammlung des Vereins für Socialpolitik.** Hrsg. von G. Albrecht und H. Arndt. 136 S. 1949. DM 16,80

2 **Untersuchungen zur sozialen Gestaltung der Wirtschaftsordnung.** Hrsg. von W. Weddigen. VII, 418 S. 1950. vergr.

3 **Die Problematik der Vollbeschäftigung.** Verhandlungen auf der Tagung in Bad Pyrmont 1950. Hrsg. von G. Albrecht. 220 S. 1951. 2. Aufl. in Vorb.

4 **Die Berliner Wirtschaft zwischen Ost und West. — Die Reform der Sozialpolitik durch einen deutschen Sozialplan.** Verhandlungen auf der Tagung in Berlin 1952. Hrsg. von G. Albrecht. 90 S. 1952. vergr.

5 **Kapitalbildung und Kapitalverwendung.** Verhandlungen auf der Tagung in Salzburg 1952. Hrsg. von G. Albrecht und H. Arndt. 272 S. 1953. DM 31,60

6 **Untersuchungen zum deutschen Vertriebenen- und Flüchtlingsproblem.** Hrsg. von B. Pfister.

Erste Abteilung: Grundfragen

I: Die volkswirtschaftliche Eingliederung eines Bevölkerungsstromes. Wirtschaftstheoretische Einführung in das Vertriebenen- und Flüchtlingsproblem. Von H. Arndt. 134 S. 1954. DM 14,—

II: Finanzierungsprobleme im Zusammenhang mit der wirtschaftlichen Eingliederung der Heimatvertriebenen. Von G. Schmölders. Unter Mitarbeit von H. Müller und H. Friedrichs. 168 S. 1955. DM 16,60

III: Die Heimatvertriebenen im Spiegel der Statistik. Von G. Reichling. 462 S. 1958. DM 67,60

7 **Zweite Abteilung: Einzeldarstellungen**

I: Die Heimatvertriebenen in der Sowjetzone. Von P.-H. Seraphim. 202 S. 1954. DM 22,60

II: Die wirtschaftliche Eingliederung der Heimatvertriebenen in Hessen. Von G. Albrecht. Unter Mitarbeit von H.-W. Behnke und R. Burchard. 184 S. 1954. DM 19,60

III: Die Heimatvertriebenen und Flüchtlinge aus der Sowjetzone in Westberlin. Von H. J. v. Koerber. Unter Mitwirkung von K. C. Thalheim. 156 S. 1954. DM 16,60

IV: Die Eingliederung der Flüchtlinge in die Stadtstaaten Bremen und Hamburg. Von I. Esenwein-Rothe. 140 S. 1965. DM 15,60

V: Die wirtschaftliche Eingliederung der Vertriebenen und Flüchtlinge in Schleswig-Holstein. Von F. Edding. 132 S. 1955. DM 15,60

VI: Untersuchungen zum bayerischen Flüchtlingsproblem. Von B. K. Spiethoff. 124 S. 1955. DM 15,60

VII: Die Heimatvertriebenen und Sowjetzonenflüchtlinge in Rheinland-Pfalz. Von H. Wagner. 182 S. 1956. DM 19,80

VIII: Die Vertriebenen in Nordrhein-Westfalen. Von G. Stahlberg. 156 S. 1959. DM 22,60

IX: Die Eingliederung der Vertriebenen und Zuwanderer in Niedersachsen. Von H. R. Kollai. 160 S. 1959. DM 28,80

X: Die Heimatvertriebenen in Baden-Württemberg. Von E. Müller. 185 S. 1962. DM 39,80

8 **Die Verflechtung der Sozialleistungen.** Ergebnisse einer Stichprobe. Von G. Mackenroth und Mitarbeitern. 84 S. 1954. vergr.

9 **Beiträge zur Multiplikatortheorie.** Von H. Giersch und R. Richter. Hrsg. von E. Schneider. 48 S. 1954. DM 6,80

10 **Deutschland und die Weltwirtschaft.** Verhandlungen auf der Tagung in Bad Nauheim 1954. Hrsg. von G. Albrecht. 272 S. 1954. DM 28,80

11 **Lohnhöhe und Beschäftigung.** Von W. Krelle und H. Haller. Hrsg. von E. Schneider. 79 S. 1955. DM 16,00

12 **Beiträge zur Theorie der Produktion und der Einkommensverteilung.** Von K. Brandt. J. H. Müller, W. Krelle. Hrsg. von E. Schneider. 96 S. 1956. DM 14,60

13 **Einkommensbildung und Einkommensverteilung.** Verhandlungen auf der Tagung in Köln 1956. Hrsg. von W. G. Hoffmann. 212 S. 1957. vergr.

14 **Probleme des räumlichen Gleichgewichts in der Wirtschaftswissenschaft.** Verhandlungen auf der Tagung in Göttingen 1958. Hrsg. von W. G. Hoffmann. 151 S. 1959. DM 19,80

15 **Finanz- und Währungspolitische Bedingungen stetigen Wirtschaftswachstums.** Verhandlungen auf der Tagung in Baden-Baden 1958. Hrsg. von W. G. Hoffmann. 354 S. 1959. vergr.

16 **Probleme der Finanzierung von Investitionen in Entwicklungsländern.** Von R. Meimberg und H. Jürgensen. Hrsg. von R. Stucken. 80 S. 1959. DM 15,60

17 **Einkommensverteilung und technischer Fortschritt.** Von J. Niehans, G. Bombach und A. E. Ott. Hrsg. von E. Schneider. 202 S. 1959. vergr.

18 **Zur Grundlegung wirtschaftspolitischer Konzeptionen.** Hrsg. von H.-J. Seraphim. 291 S. 1960. DM 38,60

19 **Probleme der Willensbildung und der wirtschaftspolitischen Führung.** Hrsg. von H.-J. Seraphim. 161 S. 1959. DM 23,80

20 **Die Konzentration in der Wirtschaft.** On Economic Concentration. Hrsg. von H. Arndt unter redaktioneller Mitarbeit von H.-J. Scheler. Zweite völlig neu bearbeitete Aufl. 1971. I: XVIII, 966 S. Lw. DM 89,—; II: VI, 736 S. Lw. DM 78,—

21 **Untersuchungen einzelner Entwicklungsländer.** Peru—Tunesien—Ägypten und Syrien. Von E. Egner, G. Seiler und R. Stucken. Hrsg. von R. Stucken. 132 S. 1960. DM 19,80

22 **Die Konzentration in der Wirtschaft.** Verhandlungen auf der Tagung in Bad Kissingen. 1960. Hrsg. von F. Neumark. 396 S. 1961. vergr.

23 **Die Wirtschaftssysteme der Staaten Osteuropas und der Volksrepublik China.** Untersuchungen über Entstehung, Entfaltung und Wandlung sozialistischer Wirtschaftssysteme. 1. Bd. Hrsg. von G. Jahn und W. M. Frhr. v. Bissing. XII, 397 S. 1961. DM 53,60. 2. Bd. Hrsg. von G. Jahn. XII, 510 S. 1962. DM 69,80

24 **Zur Theorie und Praxis der Mitbestimmung.** Hrsg. von W. Weddigen. 1. Bd. 556 S. 1962. 2. Aufl. in Vorb.; 2. Bd. 271 S. 1964. Lw. DM 34,60

25 **Diagnose und Prognose als wirtschaftswissenschaftliches Methodenproblem.** Verhandlungen auf der Arbeitstagung in Garmisch-Partenkirchen 1961. Hrsg. von H. Giersch und K. Borchardt. XV, 593 S. 1962. vergr.

26 **Wandlungen der Wirtschaftsstruktur in der Bundesrepublik Deutschland.** Hrsg. von H. König. VIII, 620 S. 1962. Lw. DM 92,60

27 **Optimales Wachstum und optimale Standortverteilung.** Von R. Henn, G. Bombach und E. v. Böventer. Hrsg. von E. Schneider. 133 S. 1962. DM 27,—

28 **Entwicklungsbedingungen und Entwicklungschancen der Republik Sudan.** Hrsg. von R. Stucken. 265 S. 1963. DM 44,—

29 **Probleme der normativen Ökonomik und der wirtschaftspolitischen Beratung.** Verhandlungen auf der Arbeitstagung in Bad Homburg 1962. Hrsg. von E. v. Beckerath und H. Giersch in Verbindung mit H. Lampert. XV, 614 S. 1963. Lw. DM 94,60

30 **Strukturwandlungen einer wachsenden Wirtschaft.** Verhandlungen auf der Tagung in Luzern 1962. Hrsg. von F. Neumark. 1. Halbbd.: VIII, S. 1 - 526. 1964. Lw. DM 83,80. 2. Halbbd.: VI, S. 527 - 1118. 1964. Lw. DM 106,60

31 **Probleme des öffentlichen Budgets.** Hrsg. von H. Jecht. 101 S. 1964. DM 15,60

32 **Kommunale Finanzen und Finanzausgleich.** Hrsg. von H. Timm und H. Jecht. 300 S. 1964. DM 56,60

33 **Das Verhältnis der Wirtschaftswissenschaft zur Rechtswissenschaft, Soziologie und Statistik.** Verhandlungen auf der Arbeitstagung in Würzburg 1963. Hrsg. von L. Raiser, H. Sauermann und E. Schneider. XII, 434 S. 1964. DM 68,60

34 **Theorien des einzelwirtschaftlichen und des gesamtwirtschaftlichen Wachstums.** Von H. Albach, M. Beckmann, K. Borchardt und W. Krelle. Hrsg. von W. Krelle. 148 S. 1965. vergr.

35 **Weltwirtschaftliche Probleme der Gegenwart.** Verhandlungen auf der Tagung in Travemünde 1964. Hrsg. von E. Schneider. VII, 680 S. 1965. Lw. DM 94,60

36 **Entstehung, Struktur und Funktion der Verbände.** Von H. S. Seidenfus. In Vorb.

37 **Die Wirtschaftsverbände von 1933 bis 1945.** Von I. Esenwein-Rothe. XVI, 209 S. 1965. Lw. DM 44,—

38 **Das Selbstbild der Verbände.** Wiss. Leitung G. Schmölders. XII, 377 S. 1965. Lw. DM 59,60

39 **Verbände und Wirtschaftspolitik in Österreich.** Wiss. Leitung Th. Pütz. XVIII, 713 S. 1966. Lw. DM 111,60

40 **Zur Problematik der Sozialinvestitionen.** Hrsg. von H. Sanmann. 144 S. 1971. DM 33,60

41 **Beiträge zur Regionalpolitik.** Hrsg. von H. K. Schneider. VIII, 181 S. 1968. DM 34,60

42 **Multiplikator, Gleichgewicht, optimale Wachstumsrate und Standortverteilung.** Hrsg. von W. Krelle. 137 S. 1965. DM 31,60

43 **Die Stellung von Landwirtschaft und Industrie im Wachstumsprozeß der Entwicklungsländer.** Hrsg. von W. Guth. 69 S. 1965. DM 14,—

44 **Beiträge zur Produktions- und Wachstumstheorie.** Hrsg. von W. Krelle. 64 S. 1966. DM 22,60

45 **Rationale Wirtschaftspolitik und Planung in der Wirtschaft von heute.** Verhandlungen auf der Tagung in Hannover 1966. Hrsg. von E. Schneider. VI, 567 S. 1967. Lw. DM 92,60

46 **Probleme der Wirtschaftspolitik in Entwicklungsländern.** Beiträge zu Fragen der Entwicklungsplanung und regionalen Integration. Hrsg. von W. Guth. 173 S. 1967. DM 31,60

47 **Beiträge zur Theorie der öffentlichen Ausgaben.** Hrsg. von H. Timm und H. Haller. 344 S. 1967. DM 58,60

48 **Grundlagen der Wettbewerbspolitik.** Hrsg. von H. K. Schneider. 136 S. 1968. DM 27,—

49 **Grundsatzprobleme wirtschaftspolitischer Beratung.** Das Beispiel der Stabilisierungspolitik, Verhandlungen auf der Tagung des Vereins für Socialpolitik, Gesellschaft für Wirtschafts- und Sozialwissenschaften in Baden-Baden 1967. Hrsg. von H. K. Schneider. VIII, 473 S. 1968. Lw. DM 83,60

50 **Wachstumsprobleme in den osteuropäischen Volkswirtschaften.** Hrsg. von K. C. Thalheim. 1. Bd.: XII, 228 S. 1968. DM 47,60; 2. Bd.: X, 376 S. 1970. DM 71,60

51 **Lohnpolitik und Einkommensverteilung.** Verhandlungen auf der Tagung in Berlin 1968. Hrsg. von H. Arndt. IV, 852 S. 1969. Lw. DM 128,—

52 **Probleme der Haushalts- und Finanzplanung.** Hrsg. von H. Haller. 174 S. 1969. DM 34,60

53 **Wachstum, Einkommensverteilung und wirtschaftliches Gleichgewicht.** Hrsg. von G. Bombach. 72 S. 1969. DM 22,60

54 **Theorie und Praxis der Infrastrukturpolitik.** Hrsg. von R. Jochimsen und U. E. Simonis. XVI, 846 S. u. 22 S. Abb. 1970. Brosch. DM 79,80; Lw. DM 105,60

55 **Beiträge zur Wachstumspolitik.** Hrsg. von H. K. Schneider. VII, 264 S. 1970. DM 58,—

56 **Beiträge zur Theorie der Außenwirtschaft.** Hrsg. von G. Bombach. 89 S. 1970. DM 26,80

57 **Beiträge zum Vergleich der Wirtschaftssysteme.** Hrsg. von E. Boettcher. 320 S. 1970. DM 59,60

58 **Grundfragen der Infrastrukturplanung für wachsende Wirtschaften.** Verhandlungen auf der Tagung des Vereins für Socialpolitik, Gesellschaft für Wirtschafts- und Sozialwissenschaften in Innsbruck 1970. Hrsg. von H. Arndt und D. Swatek. XII, 738 S. 1971. Lw. DM 88,60

59 **Voraussetzungen einer globalen Entwicklungspolitik und Beiträge zur Kosten- und Nutzenanalyse.** Hrsg. von R. Meimberg. 211 S. 1971. DM 36,60

60 **Investitions- und Industrialisierungsprobleme in Entwicklungsländern.** Hrsg. von B. Pfister. VIII, 172 S. 1971. DM 29,60

61 **Probleme der Staatsverschuldung.** Hrsg. von H. Haller und W. Albers. 214 S. 1972. DM 48,60

62 **Rationalisierung durch Kartelle?** Hrsg. von E. Hoppmann unter Mitarbeit von H. Schlögl. 460 S. 1971. DM 59,80

63 **Beiträge zu Wirtschaftswachstum und Wirtschaftsstruktur im 16. und 19. Jahrhundert.** Hrsg. von W. Fischer. 279 S. 1971. DM 52,60

64 **Aspekte der Friedensforschung und Entscheidungsprobleme in der Sozialpolitik.** Hrsg. von H. Sanmann. 109 S. 1971. DM 22,60

65 **Wettbewerbsprobleme der Elektrizitätsversorgung.** Der Begriff Monopolgrad. Hrsg. von B. Röper. 147 S. 1972. DM 26,60

66 **Studien zur Geldtheorie und monetäre Ökonometrie.** Hrsg. von G. Bombach. 225 S. 1972. DM 44,60

67 **Neue Wege der Wirtschaftspolitik.** Hrsg. von E. Dürr. 328 S. 1972. DM 52,80

68 **Besteuerung und Zahlungsbilanz.** Hrsg. von W. Albers. 84 S. 1972. DM 16,80

69 **Das Eigenpotential im Entwicklungsprozeß.** Hrsg. von H. Priebe. 100 S. 1972. DM 15,60

70 **Information, Motivation und Entscheidung.** Studien zum Vergleich von Wirtschaftssystemen. Hrsg. von Ch. Watrin. 214 S. 1973. DM 36,60

71 **Wachstumszyklen.** Über die neue Form der Konjunkturschwankungen. Theoretische und empirische Beiträge. Hrsg. von A. E. Ott. 269 S. 1973. DM 53,20

72 **Leitbilder und Zielsysteme der Sozialpolitik.** Hrsg. von H. Sanmann. 232 S. 1973. DM 39,80

73 **Finanz- und wirtschaftspolitische Fragen der Zwischenkriegszeit.** Hrsg. von H. Winkel. 208 S. 1973. DM 39,60

74 **Macht und ökonomisches Gesetz.** Verhandlungen auf der Jubiläumstagung in Bonn 1972 aus Anlaß des Eisenacher Kongresses von 1872. Hrsg. von H. K. Schneider und Ch. Watrin. I: XII, S. 1 - 734. 1973. Lw. DM 129,—; II: X, S. 735 - 1468. 1973. Lw. DM 129,—

75 **Öffentliche Finanzwirtschaft und Verteilung.** I: Hrsg. von W. Albers. 164 S. 1974. DM 36,60. II: Hrsg. von W. Albers. 144 S. 1974. DM 38,—. III: Hrsg. von W. Dreißig. 82 S. 1975. DM 26,60. IV: Hrsg. von W. Dreißig. 150 S. 1976. DM 42,60. V: Hrsg. von W. Dreißig. 202 S. 1977. DM 59,80

76 **Struktur- und stabilitätspolitische Probleme in alternativen Wirtschaftssystemen.** Hrsg. von Ch. Watrin. 161 S. 1974. DM 38,60

77 **Beiträge zur Beurteilung von Entwicklungsstrategien.** Hrsg. von H. Priebe. 150 S. 1974. DM 36,60